沉浮

主编 江波

中共中央党校出版社

图书在版编目（CIP）数据

沉浮 / 江波主编 . —北京：中共中央党校出版社，
2023.10

ISBN 978-7-5035-7615-7

Ⅰ.①沉… Ⅱ.①江… Ⅲ.①政党–研究–世界
Ⅳ.①D564

中国国家版本馆 CIP 数据核字（2023）第 176560 号

沉浮

策划统筹	郭海涌
责任编辑	郭海涌　曾忆梦
责任印制	陈梦楠
责任校对	王　微
出版发行	中共中央党校出版社
地　　址	北京市海淀区长春桥路 6 号
电　　话	（010）68922815（总编室）　　（010）68922233（发行部）
传　　真	（010）68922814
经　　销	全国新华书店
印　　刷	天津画中画印刷有限公司
开　　本	710 毫米×1000 毫米　1/16
字　　数	239千字
印　　张	19
版　　次	2023 年 10 月第 1 版　　2023 年 10 月第 1 次印刷
定　　价	82.00 元

微 信 ID：中共中央党校出版社　　　邮　　箱：zydxcbs2018@163.com

目　　录

沉 浮

引　言

从世界上的百年政党谈起

斗转星移、山河巨变，中国共产党已经成立 100 多年。

回眸 1921 年，中国共产党正式成立的那一刻。在古老的中国大地上出现了完全新式的，以马克思主义为行动指南的，统一的和唯一的中国工人阶级的政党。"自从有了中国共产党，中国革命的面目就焕然一新了。"① 中国共产党不仅代表着工人阶级的利益，而且代表着整个中华民族的利益，因而能够得到广大人民的拥护；中国共产党从一开始就拥有马克思主义这个最先进的思想武器，因而能够给中国革命指明前进的方向；中国共产党从一开始就制定彻底的反帝反封建的革命纲领，因而能够带领中国人民进行坚决的彻底的反帝反封建斗争，直至革命胜利。正是这个革命政党，给灾难深重的中国人民带来了光明和希望。从此，领导反帝反封建的革命斗争、争取民族独立和人民解放、实现中华民族伟大复兴的使命，历史地落到了中国共产党的身上，中国革命进入了崭新的发展阶段。

与中国共产党一样，目前，还有许许多多的政党活跃在世界各国和地区的政治舞台上，是各国和地区政治生活中长期起作用的政治力量，对各国和地区的政治、经济、社会发展和内外政策，具有重要的甚至是决定性的影响。据统计，目前世界政党的总数已近万个，除了20 多个国家尚没有政党外，其他国家和地区都有数量不等的政党，

---

① 《毛泽东选集》第 4 卷，人民出版社 1991 年版，第 1357 页。

1

有的国家政党多达数百个。在这些政党中，既有组建不久的新党、小党，也有历史悠久的老党、大党；既有无产阶级政党，也有资产阶级政党；既有民族主义政党，也有带宗教色彩的政党；既有执政党，也有在野党。

不管这些政党性质如何、立场如何、意识形态如何、组织结构如何、活动方式如何，都有一些共同的规律可循。尤其是那些党龄超过100年的老党、大党，其兴衰沉浮的经验教训，很值得我们借鉴与吸取。

百年政党凤毛麟角，类型各异

翻开世界政党史不难发现，现代意义上的政党最早出现在英、美两国，是资产阶级性质的政党。在英国，政党是在英国资产阶级革命以后封建贵族势力与工商业资产阶级、新贵族之间进行的复辟与反复辟的斗争中发展起来的。1679 年成立的"托利党"代表地主和封建贵族势力的利益，而同时成立的"辉格党"则代表了新兴资产阶级和新贵族的利益。这两党分别是英国保守党和自由党的前身。

和英国不同，美国的两党是在围绕建立一个什么样的国家这样一个重大问题上进行争论时产生的。美国建国初期在讨论宪法时，资产阶级内部形成了两派意见：以汉密尔顿为代表的一派主张权力集中，建立中央集权的政治；以杰斐逊为代表的另一派强调保障人民权利，主张权力不应过分集中于联邦。前者自称"联邦党人"，把对方称为"反联邦党人"。但这并不意味着美国此时已经形成了两个政党。只是在杰斐逊做了大量的组织工作，并在 1792 年正式建立民主共和党之后，美国政党才得以诞生。在 1800 年美国总统大选中，杰斐逊利用民主共和党组织的力量取得了选举胜利，第一次显示了政党作为参与政治的工具作用。

引言　从世界上的百年政党谈起

从时间上看，英国政党的出现要早于美国。但从组织上看，美国政党出现后不久就有了一些现代政党的特征。相比之下，英国政党更像是政党的萌芽。直到19世纪30年代，英国的两党才发展成为比较健全的有组织系统的现代意义上的政党。

无产阶级政党的出现要比资产阶级政党晚些。一般认为，1847年成立的"共产主义者同盟"是世界上第一个无产阶级政党。不过，如果把民族性作为政党的一个特点的话，1869年成立的德国社会民主工人党则是第一个民族国家范围内产生的无产阶级政党。该党是在德国若干工人组织联合会的基础上形成的，受到了马克思、恩格斯领导的第一国际的影响与支持。1875年该党与全德工人联合会合并，成立了德国社会主义工人党。不过，在日后的发展中，该党逐渐受到其他思想的影响，由无产阶级政党转变为社会民主党。

经过无数风雨的洗礼与考验，一些政党逐渐消失，一些政党则转换门庭，而历经100年沧桑依旧活跃在政治舞台上的政党已为数不多。目前在世界上近万个政党中，大约35％是在冷战之后建立起来的。因此，超过100年历史的老党无疑更值得我们关注与研究。这些老党尽管凤毛麟角，但类型各异，从性质上看，可分为资产阶级政党、社会民主党、无产阶级政党三类。

（一）资产阶级政党

资产阶级政党是代表资产阶级、阶层或社会集团并为其利益而斗争的政治组织。它的根本目的是实现、维护和巩固资产阶级统治，维护现有的政治秩序。众所周知，政党是资产阶级的伴生物。从世界范围看，资产阶级政党的历史比无产阶级政党的历史要久远得多。其中时间超过100年依旧发挥着重要作用的资产阶级政党主要有英国保守党、英国自由党、美国民主党、美国共和党、印度国大党等。

英国保守党是英国的老牌大党，距今已有300多年的历史，也是英

沉浮

国拥有最多党员的政党。其前身是 1679 年成立的托利党，1833 年改称保守党。在 20 世纪，该党是英国占主导地位的政党，出过丘吉尔和撒切尔夫人等著名首相，并在 1979 年至 1997 年创下了 4 次连续执政的业绩。该党奉行传统的资产阶级意识形态，坚持保守主义与自由资本主义制度。其支持者一般来自企业界和富裕阶层。目前是英国的执政党。

英国自由党前身是 1679 年成立的辉格党。1832 年英国议会改革后，辉格党逐渐转向自由主义，要求自由贸易和自由政治。1839 年开始使用自由党名称。1867 年第二次议会改革后，该党领袖格莱斯顿曾 4 次出任英国首相。1886 年因爱尔兰问题，该党分裂，以张伯伦为首的一批自由党人组成自由联盟党。1905 年该党重新执政，并把英国推入第一次世界大战。1922 年以后，该党因分裂加剧而日益衰落。1988 年 3 月该党与社会民主党结成联盟，改称自由民主党。2010 年英国大选后，自由民主党首次与保守党组成联合政府。目前是英国议会的第四大党。

美国民主党是世界最古老的政党之一，其前身是托马斯·杰斐逊 1792 年创立的民主共和党。1825 年，该党发生分裂，其中一派自称国民共和党，后改称辉格党；以安德鲁·杰克逊为首的另一派则在 1828 年建立民主党，并于 1840 年正式定名。从历史上看，民主党主要得到美国南部财团的支持。从社会阶层上看，南部各州农村人、黑人农场主大多支持民主党，其他地方则是工人、少数民族集团、黑人、未受过高等教育的人支持民主党。目前，这一结构已开始发生变化，越来越多的受过高等教育的人与富有的自由派人士也开始支持民主党。民主党以改良作为旗帜，对外主张缓和，通常被称为"鸽派"。目前是美国的执政党。

美国共和党前身也是托马斯·杰斐逊 1792 年创立的民主共和党。1825 年，该党发生分裂，其中一派组成国民共和党，1834 年改称辉格党。1854 年 7 月，辉格党与北部民主党和其他反对奴隶制的派别联合组成了共和党。1861 年在大选中获胜的该党领导人林肯正式就任美国总统，这是该党首次执政。从历史上看，共和党主要得到美国东部财团的支持与资助。从社会阶层看，实业界人士、经济保守者、收入较高的中上层人士、自由职业者和受过高等教育的人，大多支持共和党。与民主党相比，共和党相对保守，主张维持现状，反对改良，对外则主张强硬，通常被称为"鹰派"。

印度国大党是印度现存历史最久的政治组织，也是印度主要政党之一。成立于 1885 年 12 月，创始人是英籍印度退休文官休谟。国大党最初的目标是为受过良好教育的印度人争取分享政府权力，后来则以反对英国殖民统治、争取民族独立为目标，是印度民族运动的领导者。印度独立后，国大党曾长期执政，1969 年出现分裂，1977 年在大选中失败。1978 年英迪拉·甘地组建新党，即国大党（英迪拉派）。国大党主张实行"民族主义、议会民主、社会主义和世俗主义"四项原则；在坚持"混合经济"和"计划经济"的前提下，突出改革和发展；以互不干涉、和平共处和不结盟为其对外关系的指导原则。

（二）社会民主党

社会民主党这一名称最早出现于 19 世纪 40 年代。"民主党"当时在法国指无产阶级社会主义者，"社会党"指具有社会主义色彩的民主共和主义者，两者联盟，合称社会民主党或民主社会党。它是民主社会主义的改良党。社会民主党自称代表工人阶级的利益，相对于资产阶级政党来说，它在理论上是激进的、革命的，对资本主义持批判态度，主张对资本主义进行改造；相对于无产阶级政党来说，它又是保守的、改良主义的，在社会主义运动的实践中反对采取直接的行动或用暴力革命的方式取得政权。在当代，社会民主党通常是对以民主社会主义或社会民主主义为指导思想的政党的泛称，其中包括社会民主党、社会党、工

沉浮

党、独立社会党、社会劳动人民党等。在众多的社会民主党中，党龄超过 100 年的有德国社会民主党、瑞典社会民主党、芬兰社会民主党、英国工党、法国社会党等。

德国社会民主党是德国现存的最古老的政党，也是世界上最古老、最大的政党之一。其前身是 1875 年 5 月由全德工人联合会和社会民主工人党合并而成立的德国社会主义工人党。其中，全德工人联合会成立于 1863 年 5 月，社会民主工人党成立于 1869 年 8 月。在俾斯麦时代，德国社会民主党曾被禁止过。第一次世界大战期间，德国社会民主党又严重分裂。1966 年，德国社会民主党与基督教民主联盟合组大联合政府，1969 年作为主要执政党执政，1982 年丧失执政地位，1998 年重新上台执政，2005 年再次与其主要竞争对手联盟党组成大联合政府。2009 年沦为在野党。2013 年以后作为小伙伴两度参与默克尔领导的大联盟政府。2021 年 12 月，在选举中获胜的德国社会民主党与绿党、自由民主党组成新一届政府，德国社会民主党推出的总理候选人朔尔茨当选为政府总理。目前德国社会民主党是德国主要执政党。

瑞典社会民主党是瑞典社会民主工人党的简称，创建于 1889 年 4 月。该党成立后，多次领导瑞典工人罢工。自 20 世纪 20 年代起，该党一直保持瑞典第一大党的地位，并从 1932 年起连续执政 44 年。该党是"瑞典模式"的创造者。在长期执政中，该党以职能社会主义为指导，通过政府宏观调控，使经济基础和上层建筑矛盾、生产力和生产关系矛盾、劳动人民和资产阶级矛盾逐步缓和，有力促进了经济发展和社会进步，瑞典由"欧洲穷人"和"海盗国家"一跃变为"田园诗般的国家"和世界上人均产值最高、社会福利最发达的国家之一。

芬兰社会民主党前身是 1899 年成立的芬兰工人党，1903 年改用现名。20 世纪早期，该党曾组建过为期不长的两届政府。自 1937 年开始，该党参加了除 1957 年至 1966 年以外的每届政府的组阁，其中多数为联合政府，并为主要执政党。该党对内主张政治、经济民主，实现充分就业和公平分配，保障社会福利，发展社会民主主义；对外主张缓和、裁军，实现国际和平。

英国工党成立于 1900 年 2 月，最初称劳工代表委员会，1906 年改称工党。初期是工会组织与费边社、独立工党和社会民主同盟之间的联盟，只有集体党员，没有个人党员，也没有明确纲领。1918 年《工党与新社会制度》的纲领和新党章通过，工党公开承认自己是一个社会主义政党，开始吸收个人党员。1924 年 1 月，在自由党的支持下首次组阁，并从此开始与保守党轮流执政。1997 年至 2010 年连续执政 13 年，为英国社会经济的发展做出了贡献。

法国社会党是 1905 年 4 月在第二国际支持下，由革命的社会主义者盖德派和瓦扬派组成的"法国社会党"同由主张入阁和改良的饶勒斯派组成的"法兰西社会党"合并而成立的，当时取名为"工人国际法国支部"。1936 年，该党参与创建的反法西斯人民阵线在大选中获胜，党的领袖莱昂·勃鲁姆出任法国历史上第一位社会党总理。第二次世界大战后，该党在法兰西第四共和国时期的 27 届短暂政府中，参加了 21 届政府，并在其中 5 届政府中任总理。1959 年沦为在野党，组织日趋分裂。1971 年 6 月，该党和密特朗领导的共和制度大会党合并，实现了重建。1981 年该党候选人密特朗当选为法兰西第五共和国第四位总统，这是法国历史上第一位入主爱丽舍宫的社会党总统。随后密特朗又竞选连任成功。1995 年之后该党仅在 2012 年获得一次总统大选胜利，其余时间一直在野。

（三）无产阶级政党

无产阶级政党是无产阶级的先锋队，是无产阶级的阶级组织的最高形式。它的指导思想是马克思列宁主义，目的是领导无产阶级和其他一切被压迫的劳动人民，用无产阶级专政代替资产阶级专政，实现社会主

沉浮

义和共产主义。以 1847 年"共产主义者同盟"的建立为开端，无产阶级政党陆续在一些国家建立起来。其中建党历史超过 100 年的主要有希腊共产党、德国共产党、印度共产党、法国共产党、意大利共产党、俄罗斯共产党和中国共产党等。

希腊共产党前身是 1918 年 11 月 23 日成立的希腊社会主义工人党，1920 年加入共产国际，1924 年改称希腊共产党。该党积极争取民族独立、人民民主，是劳动人民利益的忠实捍卫者。第二次世界大战期间，该党积极开展反对意大利、德国占领者的武装斗争，解放了大片国土。战争后期，党员人数高达 40 万。1944 年该党领导的民族解放阵线参加了民族团结政府。1946 年 2 月该党开展反对英美扶持的保皇势力的武装斗争，斗争失败后，大批党员和领导人流亡苏联和东欧国家，中央机构也移往国外，直到 1974 年该党才重新取得合法地位。1989 年东欧剧变后，该党内部以法拉科斯为首的"革新派"要求全面否定马列主义理论及党的基本原则，导致党的分裂。1991 年召开的党的十四大，重申坚持马克思主义理论和社会主义目标。目前，该党在希腊还有较大影响，是希腊第三大党。

德国共产党是德国的无产阶级政党，1918 年 12 月 30 日由李卜克内西和卢森堡领导的左派组织斯巴达克同盟与不来梅左派合并成立，1919 年加入共产国际，1920 年 12 月同德国独立社会民主党左翼联合成立德国统一共产党，1921 年又改称德国共产党。德国共产党在共产国际创建中发挥了重要作用，在德国国内多次领导工人罢工与起义，组织开展反法西斯斗争。在与法西斯斗争中，该党付出了 1/3 党员被杀害的重大代价。法西斯德国战败后，在东部苏联占领区的德共组织于 1946 年 4 月和德国社会民主党合并成立了德国统一社会党。在西部的美、英、法占领区的德共组织于 1949 年 1 月建立独立组织，仍称德国共产党。同年 3 月，该党提出了维护德国统一，反对分裂的主张。1956 年 8

月该党被联邦德国取缔。1968 年在联邦德国成立的"德国的共产党"是对该党的继承。两德统一后，德国的共产党着手到东部地区发展组织，与 1990 年在柏林新成立的德国共产党合并。目前，德国共产党在德国影响有限。

印度共产党的前身是 1920 年 10 月 17 日由印度著名革命家罗易在塔什干创立的印度侨民共产党，1933 年加入共产国际。印度共产党成立后，曾领导过工人罢工运动。第二次世界大战期间，宣布支持英国政府反法西斯战争，从而获得合法地位。由于党内派系众多，思想各异，内部斗争一直十分激烈。印度独立后，该党时而提出要采取俄国十月革命的道路，时而提出要采取中国农村包围城市的道路，时而提出要与宣称建立社会主义类型社会的国大党左翼结成统一战线。1964 年该党一分为二，以党的总书记南布迪里巴德为首的一派单独在加尔各答召开党的第七次代表大会，成立以普·孔达拉雅为总书记、起初仍用印度共产党原名的新党派，后于 1966 年 11 月改称印度共产党（马克思主义），简称印度共产党（马）或印共（马）。以党的主席丹吉为首的另一派则在孟买召开的第七次代表大会，选举丹吉为党的总书记，该派继续沿用印度共产党名称。1969 年 4 月，印度共产党（马）内部发生第二次分裂，产生了以查鲁·马宗达为首的印度共产党（马克思列宁主义者），即印共（马列）。

法国共产党创建于 1920 年 12 月 29 日。在较长一段时间里，法国共产党曾是法国政坛党员人数最多、组织最严密、活动能力最强、最富战斗性的政党，并多次在法国国内大选中占据第一大党地位。从 20 世纪 50 年代末开始探索法国式的社会主义道路，到 70 年代提出建设"法国色彩的社会主义"，法国共产党在国际工运和世界社会主义运动史上产生过较大影响。目前，法国共产党的影响大不如前，处境比较艰难。

意大利共产党由意大利社会党的左翼于 1921 年 1 月组建。曾是西欧共产主义运动中最大和最有影响的共产党，也是意大利国内第二大党。意大利共产党成立后，一直坚持反法西斯立场。1944 年 4 月参加联合政府，党的领导人陶里亚蒂先后任副总理等职。1947 年被排挤出政府，此后很长一段时间处于反对党地位。20 世纪 80 年代以来，该党在国内提出"民主替代"战略，试图联合左翼民主力量，取代以天主教民主党为中心的政权体系；在国际上提出"新国际主义"概念，呼吁加强国际合作；在国际共产主义运动中，主张各国共产党和工人党自主、平等、互不干涉内部事务。东欧剧变后，该党上下经过长达 14 个月的激烈辩论，最终决定解散党组织。1991 年 2 月代替该党的意大利左翼民主党正式成立。

百年政党历经沧桑，话题众多

当今世界，政党的影子无处不在，无时不有。可以毫不夸张地说，我们所处的时代就是政党政治的时代。那些历经沧桑、党龄超过 100 年的政党，又往往成为人们关注的重点。人们迫切需要了解那些长盛不衰的政党秘诀何在？人们也想了解那些历经 100 年之后却迅速走向衰落的政党到底出了什么问题？党龄超过 100 年的政党的确具有许多说不完、道不尽的话题，需要我们进行比较研究。

话题之一：资产阶级政党为何在 100 年之后老而不衰

翻开资产阶级政党发展史，不难发现，许多党龄超过 100 年的政党依旧活跃在政治舞台上。如英国保守党尽管历经 330 多年风风雨雨，但仍保持英国第一大党的地位，2010 年 5 月在经历 13 年在野之后重新上台执政；美国民主和共和党轮流执政的历史始于 1861 年，并一直延续至今，美国也有一些政党想打破民主、共和党这两大政党的垄断局面，可是至今仍没有一个第三党能够与之抗衡，更不用说取而代之了；

引言　从世界上的百年政党谈起

印度国大党在 100 年之后曾经由盛转衰，多次在选举中失利，但 2004 年与 2009 年的两次大选该党都获得了胜利并执政。

那么，为什么这些老牌的资产阶级政党能够经得起风吹雨打，既长命又长盛呢？其老而不衰的秘诀究竟是什么？除了各自不同的政党文化和各国与地区特殊的国情政情外，它们又有着许多共同点。下面仅从这些政党自身改革的角度略作分析。

首先，这些老党都普遍改革党的纲领、理念，扩大政策的包容性。如，在美国，自由主义长期以来是民主党的信条，而保守主义则与共和党联系在一起。但进入 20 世纪 90 年代以后，两党都强调要进行改革，两党界限变得十分模糊，并且在一系列国内外政策主张上变得很相近，诸如控制犯罪、平衡预算、加强美国的"世界领导者"地位、对中产阶级减税、强调人权等。再如，英国保守党尽管名字带有"保守"二字，但在理论发展与政策调整上绝不保守，绝不搞教条主义，而是与时俱进。它常常根据时代发展和形势需要来革新党的理论，使党摆脱理论教条的束缚，甚至奉行"拿来主义"，吸收自己政敌理论中的合理成分。如此一来，保守党在不同的社会发展阶段，理论上都能推陈出新、有所建树，各种"主义"纷纷出笼，像 20 世纪 70 年代中期出现的"撒切尔主义"，不仅给保守党带来生机，使其顺利进入 80 年代的黄金时代，而且也使英国这个 20 世纪 60 年代末及整个 70 年代的"欧洲病夫"，摆脱了"病魔"。

其次，这些老党都加大了体制改革的力度，使党的组织机制和活动方式适应形势需要。如，英国保守党组织架构中有三个彼此独立的系统，这就是议会党团、中央党部和全国联合会。在这三驾马车中，议会党团是全党的核心，无论执政还是在野，党的主要工作都由议会党团来承担。全国联合会主要是吸收、扩大党员队伍，并通过自己的工作，影响和争取选民。中央党部则起连接议会党团和群众组织的桥梁作用。

沉浮

1996年大选失败后，英国保守党痛下决心，整顿、革新党的组织，把过去各自为政的议会党团、中央党部和全国联合会合并为"保守党管理委员会"，从而使党有了一个组织上实行一元化领导的机构。同时还对如何严格执行党的纪律，吸收党员作了新的规定，允许有色人种与妇女入党。这些措施彻底改变了保守党以前基层组织的普通党员缺乏民主，党的议员各自为政、我行我素，组织比较松散，没有一个集中有力的党中央的局面。再如，美国的民主党与共和党，过去都是组织松散的政党，而现在面临日益复杂的社会，它们都感到要加强党的团结。为此，都调整了一些习惯做法，使党能更好地适应激烈的选举环境与不断发展变化的新形势。

再次，这些老党都能适时调整党与国家权力主体及其他利益群体之间的关系，增强党协调社会利益关系的能力。为适应新形势下的发展需要与选举上台后的执政需要，这些老党越来越重视处理各种权力主体和社会集团的关系。有的党建立了与政府、议会的协调机制，以保证政府与议会的有效运行。有的政党甚至在自己是多数党的情况下，为了扩大自己的执政基础，为了加强与在野党或少数党的协调与沟通，在保证本党对政府控制的前提下，也拉个别少数党外人士参加政府。如美国共和党在2000年总统选举获胜后，小布什任命了一位民主党人为内阁成员。美国民主党在2008年总统选举获胜后，奥巴马也是如此，他任命了共和党人希尔达·索利斯为劳工部长。此外，这些老党为谋求进一步发展，都非常重视与媒体搞好关系。

话题之二：社会民主党为何在100年之后继续焕发政治生命力

社会民主党大多是历史悠久的老党，许多都已超过了100年，这些老党目前虽然面临着各种各样的严峻考验，社会影响力有一定的下降，但总体而言依旧青春焕发，斗志昂扬。如德国社会民主党前后相加有50多年的执政史，在100年之后又作为主要执政党长期执政，其推出

引言 从世界上的百年政党谈起

的总理维利·勃兰特、赫尔穆特·施密特、格哈德·施罗德等都深受德国人民尊重与爱戴，其中维利·勃兰特还获得了1971年诺贝尔和平奖；瑞典社会民主党则创造了在多党制下一党单独连续执政和联合执政长达44年的纪录，建立起了令世人称道的"瑞典模式"，100年之后，该党又多次执政，为瑞典社会的发展进步立下了汗马功劳；英国工党组建后，在较短的时间就取代了老牌的自由党，成为有重要影响的大党，100年之后，该党在布莱尔的领导下，创造了新的奇迹，自身也由"只会花钱不会赚钱"的党变成了"会花钱也会赚钱"的党，等等。那么，社会民主党在100年之后为什么能够继续焕发政治生命力？最主要原因就是党能够顺应时代变化及"治理"理念的变迁，在组织结构、纲领理念、宣传策略等方面及时转型。

首先，这些政党都在适应性上求突破。适应性是政党生存的前提。社会民主党现在大多实现了从革命党向改良党、从工人阶级政党向人民党的转型。这种转型与其说是党的个别领袖的"修正"与"工人贵族"的背叛，不如说是社会民主党人顺应、适应时代发展的需要而做出的努力，是主观愿望适应客观发展、寻求党的发展新的突破口的结果。事实上，第二次世界大战结束尤其是冷战结束以后，时代主题已整体上由战争与革命转向和平与发展。西方资本主义世界的整体稳定发展以及随之而来的阶级、阶层的多元化、"模糊化"，已使传统西方社会实施暴力革命的可行性降低。相反，只有利用现存的民主条件，参与和平的竞争选举，才有取得执政的可能；而在议会民主制条件下，一个政党要上台执政，就必须争取到大多数选民的支持，单靠传统意义上数量不断减少的工人阶级，则达不到这样的多数。正是在这一背景下，德国社会民主党早在20世纪50年代至60年代就不再强调自己是工人阶级的政党，到20世纪90年代，进一步放弃"左"的立场，组建"在社会和文化上更加复杂、更加多元化的公民联盟"，以力争得到多个社会群体的支持。

沉浮

法国社会党也宣布建立跨阶级的新联盟，强调自己是"跨阶级的政党"，认为中产阶级已经成为社会主体和稳定因素，必须更加关注他们的利益。该党还制定了以中产阶级为基本依靠力量，在调和被社会排斥者、平民阶层和中产阶级利益与愿望的基础上建立新型联盟的战略。由此可见，社会民主党的转型，是对时代变迁的主动适应。

其次，这些政党都在民主性上下功夫。民主性是政党发展的根本。西方国家市场经济的深入发展，促进了市场主体多元化和民众经济独立性的增强，而经济民主的增强势必引发对政治民主的渴望。在这样一个民主的、多元化的社会形态下，为了扩大政党组织规模、吸收更多的人入党或挽留住在党成员，社会民主党纷纷进行组织变革，核心就是提高基层组织的地位，注重基层党员民主权利的运用和发挥。鉴于传统党的"垂直型"组织结构存在的集权倾向严重、信息传达不畅、压制基层党员的声音等缺陷，社会民主党开始重视改善组织结构，注重向民主化、分权化的"扁平式的网络结构"发展，主张党务透明，重视基层回应。在具体的组织制度改善方面，法国、英国、德国等社会民主党均把党的全国书记由执行委员会选举改由全体党员直接选举，在委托民主的基础上扩大直接的参与民主和社会民主，以增加基层党员的代表性。如英国工党的基层组织机构比较健全，有党员年会和执委会。执委会由主席、副主席、司库和书记等若干人组成，这些人都由党员年会选举产生。布莱尔成为工党领袖后，为了把基层组织真正建设成为党员之家，对工党的基层组织进行改造，在全国各地建立了多种形式的俱乐部，以取代组织较严密的支部。俱乐部提供书报阅览、电视节目欣赏或其他娱乐活动及设备，欢迎当地的党员和非党人士参加，把党务活动融入社交活动之中。德国社会民主党允许各级党组织成立各种论坛，允许这些论坛向同级党代会提交议案、派送代表等。该党还强调保留党内公决形式，以使每个党员都有机会参与到重大决策中去。法国社会党则规定党的重要决议交由全党表决，除了每两年一次的党代表大会以外，全党每年至少要举行一次全国性大讨论，就重大问题征求全党的意见，以使党的政策反映民意。社会民主党采取的这些举措，既提高了党员参加党的活动的积极性，同时也扩大了党员的影响力。从这个角度看，基层民主的发展的确为社会民主党的发展提供了长盛不衰的生命力。

再次，这些政党都在创新性上求实效。创新性是政党活力的源泉。社会民主党影响力的不断扩大与党的创新有着紧密联系。社会民主党的创新不仅体现在对政党组织结构的改善与变革方面，还体现为紧随信息社会发展的潮流，对传统党的宣传动员方式进行大刀阔斧的变革，如重视对现代传媒的运用，重视改善与媒体之间的关系，在党的纲领政策的宣传中重视运用媒体包装的艺术。而且，社会民主党普遍都针对互联网的广泛性、及时性等特点，纷纷建立政党网页和网站，用以扩大党的宣传阵地。如针对电脑、手机在社会上的日益普及，德国社会民主党大胆而前卫地推出了"红色电脑"计划和"红色手机"计划，一方面把党的纲领、近期活动等信息及时发布或传送给广大党员；另一方面又能够及时收到分布在各地的众多党员通过电子邮件或手机信息反馈给党的总部的意见、建议及其他信息，为党的决策部门提供宝贵的资料和依据。同时，还利用手机短信、网络博客、在线交流等形式拉近与选民的距离，其"网络党"和"媒体党"的色彩愈加明显。法国社会党也在网络利用方面采取了许多具体措施：创建全国所有省委和总支的社会党人都能共享的网站，定期或不定期组织各级领导人与党员、党的同情者之间的网上见面会，让党的领导人直接回答人们所关心的问题，利用互联网宣传党的思想与历史等。社会民主党采取的这些创新举措，效果十分明显。既扩大了党的影响力，又吸引了许多民众尤其是年轻人对党的关注。

最后，这些政党都在包容性上做文章。包容性是政党壮大的保证。在民主选举、多党竞争的政治体制下，一个政党很难长期保持执政地位。在这样的前提下，社会民主党为了执掌政权或实现连续执政，都在党的包容性方面迈出了一大步。如英国工党，基本上已经演变成为一个"大联邦"，党内的成分非常复杂，其中既有力量庞大的工会组织，又有形形色色的社会主义团体；既有大量个人党员，又有众多集体党员。典型的工党党员大多数来自中产阶级，在地方政府、国有公司、健康保健部门和大学等非私有企业中工作。法国社会党则重视引导青年入党，将年满 18 岁的青年人自动纳入选举名单，建立青少年"虚拟议会"，培养青年人参与政治的兴趣。德国社会民主党则实行"项目党员"制，设想在继续以居住地原则设置党组织的前提下，按照人们感兴趣的问题或项目设立党组织，允许那些对党的部分政策主张持赞成态度但又不准备承担党员所有义务的人在一段时间里入党并随时退党。而且这些社会民主党的包容性，不仅体现在对不同政治立场、不同意识形态、不同价值取向的选民的争取、吸收上，还体现在对另一政党的包容、接纳上。如1997 年，法国社会党和法国共产党联合执政，实行与右派总统的"共处"；1998 年德国社会民主党在大选中获胜，与"90 年联盟—绿党"组成第一届"红绿联合政府"等，都是这一包容性的反映。可以说一定程度上正是由于社会民主党在竞争国家政权方面的"包容"，才有了 20 世纪后期以来"神奇回归"局面的出现。

话题之三：无产阶级政党为何在 100 年之后变化巨大

与资产阶级政党及社会民主党不同，无产阶级政党中的一些老党、大党在 100 年之后却出现了巨大变化，有的已经退出了历史舞台。法国共产党 2020 年迎来建党 100 周年，而党的处境却异常艰难，接二连三的选举失利、不同派别的党内纷争以及党的社会认同和信任感的急剧下降，使其陷入了全面危机之中，其未来发展充满着许多变数；印度共产党（马）是目前资本主义世界中最大的共产党，2020 年也迎来了建党100 周年，而党同样处在异常艰难之中，在 2019 年 5 月举行的第 17 次印度人民院选举中，印度共产党（马）及其领导的左翼民主阵线遭到惨败，得票率不足 2％，在人民院 543 个席位中，仅仅获得 3 个席位，在传统左翼运动的优势地区——喀拉拉邦、西孟加拉邦和特里普拉邦，印度共产党（马）及其领导的左翼民主阵线在地方议员选举中也都遭遇了重大挫折；意大利共产党 2021 年迎来建党 100 周年，这个曾是西欧共产主义运动中最大的共产党，现在不仅党的名称进行了更改，变为左翼民主党，而且党的性质也发生了根本性的变化，已不再是传统的共产党了。那么，无产阶级政党中的一些老党、大党为什么在 100 年之后却出现了如此巨大的变化呢？

从客观原因看，首先，资本主义发展迅速使一些人对无产阶级政党的前途感到担忧。当今世界以信息技术、生物技术和新材料为代表的高新技术及其产业突飞猛进，科技创新和科技成果转化为现实生产力的周期大大缩短，那些发达的资本主义国家利用科技优势，强化了对全球技术、市场的垄断地位，其生产力获得了前所未有的发展，这就使得资本主义赢得了相对于社会主义的巨大优势，使得一些人对无产阶级政党的前途忧心忡忡。其次，一些国家的无产阶级政党的阶级基础——工人阶级队伍和影响一直在缩小。无产阶级政党是以工人阶级为阶级基础的政党，长期以来，依靠着工人阶级的力量，无产阶级政党才得以发展壮大。然而，随着科技的日新月异，第三产业的迅速发展以及资本全球化，许多国家的经济结构、生产结构和劳动力组织都出现了较大调整，阶级结构出现了许多新变化。如法国共产党的阶级基础一直是产业工人，特别是被称为"蓝领工人"的矿工、冶金工人、建筑工人、纺织工人。但当今时代产业工人的人数大幅度减少，"蓝领工人"在数量和影响力上都失去了原先的优势，而且个人主义严重和激烈的竞争使工人阶级队伍日趋分散，他们中许多人不想加入法国共产党。在这种情况下，法国共产党如果继续固守原有的传统工人阶级队伍，其阶级基础和社会基础就会越来越缩小，如此一来，也就越来越被边缘化了。

从主观原因看，首先，有些无产阶级政党的思想出现僵化。当今世界正处在百年未有之大变局中，新情况新问题层出不穷。需要无产阶级政党用马克思主义宽广眼界观察世界，准确把握世界发展趋势，推进适合形势发展和本国人民需要的理论与实践创新。但有些无产阶级政党却做不到这一点。如，印度共产党（马）党内的改革意识不强，思想比较僵化，未能做到与时俱进，这样一来党的处境必然艰难。其次，党内分裂不断加剧。法国共产党、意大利共产党等内部都出现了许多矛盾，有的甚至是难以调解的矛盾，这种内耗使党的发展受到了重大影响。如，法国共产党20世纪90年代以来，由于在党的革新、联盟策略等问题上存在原则性分歧，党内一直存在着不同路线的矛盾和斗争，目前党内还有"多数派""正统派""重建派""再造派""反驳派"等诸多派别，斗争十分激烈。再次，党内腐败之风蔓延，其败亡的根本原因不是存在于外部，而是发生在内部。其内部早就存在着一种自我瓦解、自掘坟墓的否定势力，这种势力就是其内部官僚特权阶层和腐败分子。再如，印度共产党（马）也存在着一些腐败问题。以前印度共产党（马）干部的清廉能干是出了名的。印度政府每年下拨的扶贫和农村发展款项，在许多邦都被腐败官员层层吞吃，中饱私囊，而在印度共产党（马）执政的邦都被悉数发放到群众手中。正因为如此，许多老百姓把选票投给了印度共产党（马）。但近年来，官僚主义、贪污腐败、任人唯亲、玩忽职守等不正之风在一些领导干部中滋生和蔓延，这使得选民对其支持度大幅缩水。

百年政党底蕴厚重，启示深邃

100年在人类历史长河中只是短暂的一瞬，但对于一个政党而言，100年却是不短的时光。要知道，世界上许多政党起起伏伏，变化极快，犹如昙花一现，能迈过 100 年门槛的政党实属不易，而且这些历史悠久、底蕴厚重的老党在其兴衰沉浮的过程中，必定留下了许许多多的经验教训。虽然每个政党的经验教训是其特殊社会历史环境的产物，但不可否认的是这些经验教训也具有一定的普遍意义。他山之石，可以攻玉。对于迈过 100 年门槛的中国共产党而言，学习这些老党的经验，吸取这些老党的教训，无疑十分重要。因为这样可以避免走弯路，可以以最小的代价获得最大的成功。我们对党龄超过 100 年的老党、大党进行比较尤其是对其建党 100 年前后的情况进行比较，主要目的就在于此。那么，这些老党给我们留下了哪些启示呢？

（一）必须紧扣时代脉搏，推进党的理论纲领革新

一个政党的理论纲领是其立党的旗帜，也是其进行有效行动的指针。党的理论纲领合理、符合实际，可以凝聚党心、赢得民心，使党在政坛上积极发挥作用，取得重大成就。一个政党能否随着时代的变迁和社会的演化，适时制定出符合现实发展要求的理论纲领，是关乎其前途命运的重大问题。纵观党龄超过 100 年政党的兴衰沉浮历史，可以看出，那些在 100 年之后依旧风光无限的政党，往往都善于通过革新党的理论纲领，来达到争取政权，巩固执政的目的。如德国社会民主党之所以能够较长一段时间成为主要执政党，很重要的一条经验就是进行纲领革新。德国社会民主党从成立迄今为止已出台了多个纲领。通过革新纲领不断赢得多数民众的支持，1998 年与绿党联合共同执政，2002 年继续执政，2005 年 10 月和联盟党组建大联合政府。虽然当时联盟党的默克尔出任总理，但德国社会民主党在内阁中占有 8 个席位，多出联盟党 2 个席位。英国工党的成功执政也得益于此。1994 年布莱尔当选党领袖之后利用工党在野 18 年，党心思变的机会，打出了"新英国，新工党"的旗帜，领导工党进行理论革新，提出了第三条道路理论，由此拉开了欧洲社会民主党第二次理论革新序幕，改变了工党老左翼政党的形象，

沉浮

重新获得了生机和活力。

中国共产党是一个与时俱进、不断创新的党。以毛泽东同志为主要代表的中国共产党人把马列主义基本原理同中国革命具体实际相结合，在新民主主义革命时期，探索出了一条以农村包围城市、武装夺取政权的中国革命新道路，建立了人民民主专政的中华人民共和国，并在新中国成立后顺利地进行了社会主义改造，确立了社会主义基本制度。党的十一届三中全会以来，以邓小平同志为主要代表的中国共产党人，果断地从"以阶级斗争为纲"转到"以经济建设为中心"，成功地完成了由计划经济体制向社会主义市场经济体制的转变，开辟了社会主义事业发展的新时期，开创了中国特色社会主义。党的十三届四中全会以来，以江泽民同志为主要代表的中国共产党人，形成了"三个代表"重要思想，成功把中国特色社会主义推向 21 世纪。党的十六大以来，以胡锦涛同志为主要代表的中国共产党人，形成了科学发展观，成功在新形势下坚持和发展了中国特色社会主义。党的十八大以来，以习近平同志为主要代表的中国共产党人，坚持把马克思主义基本原理同中国具体实际相结合、同中华优秀传统文化相结合，坚持毛泽东思想、邓小平理论、"三个代表"重要思想、科学发展观，深刻总结并充分运用党成立以来的历史经验，从新的实际出发，创立了习近平新时代中国特色社会主义思想。以伟大的历史主动精神、巨大的政治勇气、强烈的责任担当，统筹国内国际两个大局，贯彻党的基本理论、基本路线、基本方略，统揽伟大斗争、伟大工程、伟大事业、伟大梦想，坚持稳中求进工作总基调，出台一系列重大方针政策，推出一系列重大举措，推进一系列重大工作，战胜一系列重大风险挑战，解决了许多长期想解决而没有解决的难题，办成了许多过去想办而没有办成的大事，推动党和国家事业取得历史性成就、发生历史性变革，开创了中国特色社会主义新时代。

实践永无止境，创新永无止境。我们深信迈过 100 年门槛的中国共产党一定会倍加珍惜、长期坚持和不断发展党历经艰辛开创的中国特色社会主义道路和中国特色社会主义理论体系，一定会使中国特色社会主义道路越走越宽广，让当代中国马克思主义放射出更加灿烂的真理光芒。

（二）必须加强党内民主建设，扩大党的阶级基础和群众基础

众所周知，一个政党的生存和发展有赖于党内民主建设的好坏。党的民主制度健全，民主作风良好，就能使广大党员心情舒畅，团结一心，忠诚于党的事业，全心全意为党工作。否则，如果党内缺乏民主，权力过分集中，广大党员就会心灰意冷，失去对党的信任和追求，使党丧失生机与活力。同时，一个政党的生存和发展取决于广大党员和群众的支持与否。广大党员和群众的拥护和支持是一个党的生命之基、力量之源。党的阶级基础和群众基础宽厚、巩固，是壮大党的队伍、发挥党的作用、成就党的事业的根本保证。否则，如果党的阶级基础和群众基础薄弱，甚至严重脱离群众，受到群众的厌恶和反对，那么，无论这个党如何卖力地工作，也是没有发展前途的。纵观党龄超过 100 年政党的兴衰沉浮历史，可以看出，那些在 100 年之后依旧长盛不衰的政党，既重视党内民主建设，又重视党的阶级基础和群众基础的拓展。如 1996 年布莱尔把全民公决的模式引入英国工党党内，通过书面形式，要求全体党员对选举纲领进行表决，党员只提供"是""否"的选择来回答一些问题，从而把普通党员的意见和想法及时、迅速地反馈到了党的中央决策层。德国社会民主党则提出了建立"网络党"的主张，利用互联网和现代通信技术为党的领导层和普通党员搭建了一个交流和对话的平台，加强了中央与地方、党员与公众的沟通，同时通过各种先进信息技术手段及时把党的信息向公众传播。此举不仅夯实了党的阶级基础，而且扩大了党的群众基础。那些本来并非党员的民众现在也关心起德国社会民主党了。

中国共产党十分注重加强党内民主建设与扩大党的阶级基础和群众基础。在党内民主建设方面，早在抗日战争时期，毛泽东就指出："处

沉浮

在伟大斗争面前的中国共产党，要求整个党的领导机关，全党的党员和干部，高度地发挥其积极性，才能取得胜利⋯⋯而这些积极性的发挥，有赖于党内生活的民主化。党内缺乏民主生活，发挥积极性的目的就不能达到。"① 党的十八大报告明确提出："党内民主是党的生命。要坚持民主集中制，健全党内民主制度体系，以党内民主带动人民民主。"党的十九大报告强调：完善和落实民主集中制的各项制度，坚持民主基础上的集中和集中指导下的民主相结合，既充分发扬民主，又善于集中统一。党的二十大报告中进一步强调："全党必须牢记，全面从严治党永远在路上，党的自我革命永远在路上，决不能有松劲歇脚、疲劳厌战的情绪，必须持之以恒推进全面从严治党，深入推进新时代党的建设新的伟大工程，以党的自我革命引领社会革命。"在扩大党的阶级基础和群众基础方面，中国共产党时刻没有忘记无产阶级政党的阶级属性，一直强调把工人、农民、知识分子、军人等视为党的最基本力量，同时高度重视我国社会结构的新变化，努力扩大党的群众基础。这无疑是中国共产党在深谙世界政党建设规律基础上的远见卓识。我们深信，随着形势的发展，中国共产党在推进党内民主建设、扩大党的阶级基础和群众基础方面一定会采取更多切实可行的举措。

（三）必须把经济搞上去，满足人民日益增长的美好生活需要

发展生产力，把经济搞上去，满足人民日益增长的美好生活需要，是最基本的问题，是硬道理，是任何一个政党都无法回避的问题。对一个政党而言，不论它是执政党，还是在野党，其所作所为都必须有利于本国经济的发展，有利于本国民众物质文化利益增长的需要。只有这样，它才能得到广大民众的信任和支持，才有发展前途。反之，如果一个政党不能促进本国经济发展，不关心民众的利益需求，甚至还侵犯民众的

---

① 《毛泽东选集》第 2 卷，人民出版社 1991 年版，第 528—529 页。

利益，就会遭到民众的唾弃。齐奥塞斯库被推翻后，在出逃的路上，问一名工人为什么要推翻他们，工人回答很坦率，我们为什么不推翻你们，一是面包不够吃，二是冬天没有暖气。可见，人民是看政绩的，是讲实惠的，而不是光看一个政党口头怎样说。其实，那些党龄超过100年的老党之所以还活跃在世界政治舞台上，与它们把推动本国经济发展、满足民众日益增长的美好生活需要，作为自己竞选上台并维持执政地位的重要策略方针是密不可分的。如美国民主、共和两党都宣称自己最关心经济发展问题，也最有能力解决美国经济发展中的难题。2004年美国总统大选时，两党都不遗余力地标榜自己的经济纲领，指责和抨击对方的经济政策。民主党提出了"让美国更强大，在世界上更受人尊敬"的竞选纲领，认为创造更多就业机会和培育更壮大的中产阶级是使美国经济实力不断增强的根本，并突出强调要建设一个更美好、公正和自由的美国社会。共和党提出的竞选纲领主题是"一个更安全的世界，一个更有希望的美国"，强调以减税为纲促进私有经济发展，使美国更充满希望。2020年美国大选时，民主党强调"更好地重建（美国）"，共和党则强调"美国优先"。由此可见，每次大选，尽管美国民主、共和两党在经济政策上的较劲有明显的为竞选服务的功利目的，但这也确实促使两党在经济发展方面不敢忽视和懈怠，从而保持了美国在世界经济发展中的领先势头。

中国共产党在发展生产力问题上，曾走过相当长的弯路。党的十一届三中全会以后，党认真总结历史经验，坚持以经济建设为中心，坚持改革开放，中国的面貌发生了翻天覆地的变化。到2020年，全面建成小康社会取得了伟大历史性成就，决战脱贫攻坚取得了决定性胜利。现行标准下近1亿农村贫困人口全部脱贫，832个贫困县全部摘帽，国内生产总值迈上百万亿元新台阶。① 这是中国共产党经受住各种考验最基

---

① 习近平：《2021年新年贺词》，《人民日报》2021年1月1日。

本的物质条件。在党的二十大报告中，又强调指出，到二〇三五年，我国发展的总体目标是：经济实力、科技实力、综合国力大幅跃升，人均国内生产总值迈上新的大台阶，达到中等发达国家水平；实现高水平科技自立自强，进入创新型国家前列；建成现代化经济体系，形成新发展格局，基本实现新型工业化、信息化、城镇化、农业现代化；基本实现国家治理体系和治理能力现代化，全过程人民民主制度更加健全，基本建成法治国家、法治政府、法治社会；建成教育强国、科技强国、人才强国、文化强国、体育强国、健康中国，国家文化软实力显著增强；人民生活更加幸福美好，居民人均可支配收入再上新台阶，中等收入群体比重明显提高，基本公共服务实现均等化，农村基本具备现代生活条件，社会保持长期稳定，人的全面发展、全体人民共同富裕取得更为明显的实质性进展；广泛形成绿色生产生活方式，碳排放达峰后稳中有降，生态环境根本好转，美丽中国目标基本实现；国家安全体系和能力全面加强，基本实现国防和军队现代化。

我们深信，在中国共产党的正确领导下，人民生活一定会更加美好，我们的国家一定会更加强大，中华民族伟大复兴的中国梦一定能够实现。

（四）必须严厉惩治党内腐败，保持清正廉洁的党风

腐败问题是任何政党建设中都无法回避的问题，腐败也是任何一个政党生存和发展的大敌，而清正廉洁则是一个政党健康发展和有所作为的保障。从那些失去执政地位的政党发展可以看出，一个政党的生命力，不在于人数的多少，也不在于其性质如何，而在于其是否清正廉洁。可以说，腐败既可能成为导致执政党下台的潜在因素，也可能成为执政党下台的直接原因或导火索。如果没有对权力腐蚀作用的充分认识，并自觉地采取有效的防范措施，政党就很难长期执政下去。所以，严格防范并严厉惩治党内腐败，保持清廉党风，是任何一个政党要健康发展所必须解决好的重大课题。在防范与惩治党内腐败方面，一些党龄超过 100 年的政党为我们树立了榜样。如瑞典社会民主党始终保持"富而不奢、社会公正"的形象，长期以来严格按照瑞典国内的《政党法》来开展党的一切活动，绝不擅自向社会募集资金，政府官员的财产都公开透明，而且接待外宾的地方通常只能在工会的休养所，这里没有围墙，没有警卫，服务员也很少，这就排除了搞特殊化的可能。

中国共产党也一直高度关注党内出现的腐败问题。这些年来，尤其是党的十八大以来，以习近平同志为核心的党中央站在党和国家事业发展的战略高度，以鲜明的政治立场、超人的政治勇气、坚韧的政治定力，以刀刃向内的自我革命精神惩治腐败，扎实推进反腐倡廉建设，反腐败斗争取得了压倒性胜利。不过，党风廉政建设永远在路上，反腐败斗争永远在路上。我们必须清醒看到，腐败这个党执政的最大风险仍然存在。政治问题和经济问题交织，威胁党和国家政治安全。传统腐败和新型腐败交织，贪腐行为更加隐蔽复杂。腐败问题和不正之风交织，"四风"成为腐败滋长的温床。腐蚀和反腐蚀斗争长期存在，稍有松懈就可能前功尽弃。

我们深信，中国共产党的性质和宗旨，决定了党同各种消极腐败现象是水火不相容的。只要我们深入贯彻全面从严治党方针，充分发挥全面从严治党引领保障作用，坚定政治方向，保持政治定力，把严的主基调长期坚持下去，以系统施治、标本兼治的理念正风肃纪反腐，不断实现不敢腐、不能腐、不想腐一体推进战略目标，反腐败斗争就一定能够取得伟大胜利。

一、法国共产党：雄关漫道真如铁

一、法国共产党：雄关漫道真如铁

法国是个富有工人运动和社会主义传统的国度，第二国际诞生于法国，影响十分深远。创建于 1920 年 12 月 29 日的法国共产党在第二次世界大战结束后，多次在法国国内大选中占据第一大党地位，一度是法国政坛上党员人数最多、组织最严密、活动能力最强、最富战斗性的政党，而且也是欧洲少数几个坚持共产党称号和共产主义目标的共产党中的第一大党。从 20 世纪 50 年代末开始探索法国式的社会主义道路，到 70 年代提出建设"法国色彩的社会主义"，法国共产党在国际工人运动和国际共产主义运动中产生过较大的影响。然而，冷战结束以后，在经济全球化兴起、西欧共产主义运动处于低潮和法国社会经济危机加深的历史条件下，法国共产党面临着越来越严峻的考验。

2020 年，法国共产党迎来了建党 100 周年。但党员人数的锐减、选举业绩的下滑、党内斗争的加剧，使得这个欧洲著名的百年老党面临着日趋边缘化的政治风险。由于欧洲政治形势发生了许多新变化与欧洲整体左翼力量长期处于弱势地位，法国共产党要想实现其"革新""重建"的目标，还有相当长的路要走。我们希望法国共产党能够做到雄关漫道真如铁，而今迈步从头越，逐渐摆脱目前的困境和危机，为国际共产主义的发展做出新贡献。

曲折的发展之路

翻开历史，不难发现，法国共产党走过了一段漫长而又曲折的道路。

1905 年法国各社会主义政党和小组合并成立了第二国际法国支

沉浮

部——"工人国际法国支部"，这就是今天的法国社会党。随着十月革命的隆隆炮声，大部分法国社会党员准备选择走俄国人的道路。1920年12月29日，"工人国际法国支部"在图尔召开代表大会讨论是否加入共产国际，会上发生严重分歧，以保罗·福尔和莱昂·勃鲁姆为首的少数派（不到5万党员）主张继续保持"工人国际法国支部"的名称，而以弗罗萨尔和马塞尔·加香为代表的多数派（约12万党员）支持无条件加入共产国际，并根据列宁的建党原则，成立了法国共产党（当时称为"共产国际法国支部"，1943年共产国际解散后，才正式使用"法国共产党"这一名称），弗罗萨尔当选为法国共产党总书记。从此，法国工人运动分裂为由共产党和社会党分别领导的两大派别，开始了分裂与联合、斗争与合作的历史。

不过，由于对暴力革命的不同理解，法国共产党在最初阶段发展并不顺利。虽然在1924年法国国民议会选举中，法国共产党获得了26个席位；1925年因领导90万工人参加全国大罢工，反对法国政府对摩洛哥的战争，支持殖民地人民自觉斗争，而使自身的影响有所扩大，但由于法国共产党自1927年之后便以第三国际支部自居，遵循民主集中制，不排除暴力和非法革命行动，讲求阶级斗争，这些在许多信奉传统社会主义理论的法国人看来"不够正统"。因此，在1928年的选举中，法国共产党失去了一半的国民议会席位，党员的数量也一直在较低的水平上徘徊。据统计，1933年法国共产党的党员只有区区2.8万名。

1929年至1933年，资本主义国家爆发了严重的经济危机。在这场经济危机的冲击下，法国工农业生产与对外贸易损失惨重，国内矛盾异常尖锐，工人要求增加工资和减轻劳动强度的斗争不断高涨，各种游行示威活动此起彼伏，法国资产阶级政府对此束手无策，从1930年至1935年相继更换了10次内阁。这种非正常的动荡局面，为法西斯组织的快速兴起和发展提供了条件。而当时的国际形势是，早在 1922 年，意大利就建立了法西斯政权，德国法西斯头目希特勒也在 1933 年控制了政权。于是，法国一部分垄断资产阶级效仿德国与意大利，企图把法西斯作为挽救法国政局的灵丹妙药。

1934 年 1 月，侨居法国的白俄大投机商、曾用欺骗手段赚得 15 亿法郎巨额财富的斯达维斯基贿赂警察和司法部门头目的诈骗案被揭露，上千政界要员受到牵连。法国法西斯组织利用这一事件兴风作浪，鼓动民众向政府进攻，向议会进军。2 月 6 日，"全国军人联盟""法兰西团结""爱国青年""火十字团"等法西斯组织发动叛乱，2 万多名法西斯暴徒持武器包围了议会大厦波旁宫，企图取消议会制，建立法西斯政权。在这一严峻时刻，法国共产党挺身而出，在其强有力的号召与组织下，2.5 万多名工人与群众走上街头，为保卫共和制度与法西斯暴徒展开搏斗，终于粉碎了法西斯暴乱。2 月 9 日，法国共产党又在巴黎等大城市举行了大规模的反法西斯游行。许多法国社会党基层党员不顾其领导人禁令，和总工会成员一起，主动会合到游行队伍中去。这次行动使那些摇摆不定的反法西斯主义者看到了法国共产党与工人阶级的战斗力量，同时也使法国共产党人和法国人民认识到，同法西斯主义斗争必须团结一致。法国共产党由此公开号召工人阶级成立统一战线委员会，并决定在 2 月 12 日举行反法西斯同盟总罢工。

1934 年 2 月 12 日，法国共产党和其影响下的统一总工会与法国社会党及其总工会，分别举行游行和总罢工。由于法国共产党和法国社会党行动一致，这次斗争规模很大，据统计，法国全国有 21 个城镇举行了罢工，有 450 万人参加了罢工。在巴黎，法国共产党和法国社会党的游行队伍在行进中走到了一起，两党领导人走在游行队伍的前列，他们同声高呼："团结、统一！"并高唱《国际歌》。这次游行充分显示了法国共产党与法国社会党和工人阶级统一行动的愿望，促进了反法西斯人

沉 浮

民阵线的建立。

1934年6月24日，法国共产党在伊弗里召开全国会议，强调当前的主要危险是法西斯主义，一定要捍卫民主，实现社会各阶层的广泛团结，无论付出多大代价，都要实现工人阶级的统一行动。这次会议的召开标志着法国共产党在统战问题上纠正了"左"倾宗派主义的错误。7月27日，在法国共产党的积极努力以及法国社会党广大党员群众的压力下，出于共同的斗争目标，法国共产党和法国社会党签订了"统一行动公约"。公约的签订，标志着两党统一战线正式建立，这为建立更广泛的人民阵线奠定了坚实基础。

1935年7月14日，由法国共产党、法国社会党、激进党、激进社会党、共和社会党和其他左翼议会党团和总工会等69个党派、团体和协会组成的人民阵线正式宣告成立。这一阵线比列宁早先提出的工人统一战线的范围更加广泛、内容更加丰富和充实。它将广大工人、农民、城市小资产阶级、职员、知识分子等社会阶层会合成一支声势浩大的反法西斯大军。这一天正好是法国国庆节，法西斯分子又嚣张起来，3万多名法西斯分子在无名烈士墓前举行检阅。人民阵线组织了50多万人在巴士底广场举行示威游行，与法西斯分子对抗。与此同时，在全国各地也举行了拥护人民阵线和反法西斯的示威游行，有200多万人参加了这一行动。人民群众团结一致所显示出来的巨大力量，迫使法西斯分子不得不草草收场。

1936年1月，在共产国际七大精神的鼓舞下，法国共产党同法国社会党制定了人民阵线纲领。纲领特别要求解除法西斯组织的武装，解散法西斯组织，并在经济、军事、外交、税制改革、救济失业等方面提出了许多具体要求。这一纲领得到了广大人民群众的拥护，人民阵线的力量不断壮大。

1936年4月26日至5月3日，法国举行了国民议会选举，人民阵线在选举中获得重大胜利，共赢得 64％ 的选票，获得 381 个席位。其中，法国共产党获 150 万张选票，席位从 12 个增加到 72 个，法国社会党获得 146 个席位。人民阵线的这一胜利，对法国乃至世界的反法西斯运动都产生了巨大影响，而且鼓舞和增强了各国进步党和人民反法西斯信心。选举结束后组成了以法国社会党主席莱昂·勃鲁姆为首的依靠人民阵线的政府。由于共产国际的反对，法国共产党并未应邀参加勃鲁姆组阁的政府，只是表示了从外部支持政府行动的立场。

随着经济形势的恶化和西班牙战争的爆发，法国共产党和法国社会党政府之间出现了重大分歧，法国共产党对法国社会党政府奉行的纵容法西斯侵略的所谓"不干涉"政策进行了揭露和抨击。1937 年 3 月，勃鲁姆政府暂停实行人民阵线纲领。6 月 21 日，勃鲁姆政府因"整顿财政方案"被参议院否决不得不提出辞职，第一届人民阵线政府随之下台。1938 年 11 月，人民阵线最终解体。人民阵线虽然遭受重大挫折，但法国共产党由于坚持统战，努力维护工人、农民和中间阶级的权益，强调自己的民族特色和继承法兰西的伟大传统，从而赢得了民众的广泛支持，影响不断扩大，企业支部由 1934 年的 586 个，增加到 1937 年的 4000 多个。

1939 年 9 月，法西斯德国闪击波兰，第二次世界大战全面爆发。法国共产党认为这是一场帝国主义战争，党的首要任务是保卫苏联。由于法国共产党支持《苏德互不侵犯条约》，并奉命停止一切反纳粹宣传，转而抨击"帝国主义战争"，这不仅让它一夜间被几乎所有左翼盟友疏远，也让当时对德宣战的法国达拉第政府找到充分借口。法国政府随即宣布法国共产党为"非法"组织，下令取缔，法国共产党只好转入地下。

在纳粹坦克的横冲直撞下，法国仅 6 周就沦亡了。大敌当前，许多

沉浮

法国共产党基层组织和成员开始不顾"共产主义者无祖国"的说教,自发开展反抗纳粹的斗争。在马塞尔·保罗和哈维·奥古斯特等人的领导下,法国共产党开始组建反法西斯组织和武装,并成为 1943 年 5 月 27日成立的法兰西全国抵抗委员会的中坚,为最终战胜德、意法西斯做出了重大贡献。

第二次世界大战结束后,法国共产党接受了法国政府的决定,解散了多年建立起来的数十万武装力量,顺应了多数法国人厌战求和的心理。同时,由于法国共产党为捍卫法兰西民族的尊严和独立牺牲了 7.5万名党员,这种"被枪杀者的党"的身份更赢得了法国人民的尊敬和赞誉。因此,法国共产党的力量和影响大增。1945 年底党员人数发展到80 多万,在议会中占有 148 个席位。1945 年 11 月戴高乐组阁,新内阁中有 5 个部长来自法国共产党。1946 年戴高乐辞职,法国社会党人组阁,当时的法国共产党总书记莫理斯·多列士当上了副总理。在 1946年 11 月的大选中,法国共产党获得了 28.6% 的选票,创造了历史上得票率最高的纪录,并成为法国第一大党。

然而,冷战的爆发却使法国共产党再度陷入彷徨,最终它选择紧跟莫斯科路线,疏远战时的左翼盟友,退出联合政府,并重返在野党行列。20 世纪 50 年代,东欧先后发生波兹南事件和匈牙利事件,法国共产党选择了保持沉默,这被认为等于默认莫斯科的立场,令法国共产党在法国的支持率大幅下降。在 1958 年 11 月举行的大选中,法国共产党的得票率下降至 18.9%。这一时期党员的人数也减少了一半,只剩下约 40 万人。

20 世纪 60 年代阿尔及利亚战争成为许多法国人永远的梦魇。在这场战争中,法国共产党起先表现为首鼠两端,继而在莫斯科的引导下公开支持阿尔及利亚民族解放阵线,这引起了不少法国极端民族主义者的仇视。1963 年,部分"毛派"分裂出去,成立法国马列主义者联盟。

一、法国共产党：雄关漫道真如铁

1968 年 5 月，法国爆发了大规模的学生游行、工人罢工的"五月风暴"。在这场风暴中，法国共产党表现出相当的克制和理性，随后发生的布拉格之春事件，法国共产党选择与苏联保持距离，这些举动赢得不少法国人尤其法国知识分子的好感，法国共产党支持率再次回升，在1969 年的总统大选中，法国共产党候选人雅克·德洛尔获得了 21.27％的选票。

1972 年被认为是法国共产党的转折点。这一年，乔治·马歇当选为总书记，不久他提出"放弃无产阶级专政"，开始提倡"法国色彩的社会主义"，这被认为是欧洲共产主义运动开始转向的发端。马歇主张，法国共产党应该走"民主的、多元化的、自治管理的社会主义道路"，放弃非法和暴力斗争，谋求与法国社会党结盟，重新寻求入阁和议会斗争。在这一思路引导下，1975 年法国共产党开始批判斯大林主义，1979 年 5 月，法国共产党二十三大从党章中取消了"无产阶级专政"，并用"科学社会主义"代替"马克思列宁主义"的提法，强调建设社会主义没有样板、模式，主张实行"民主和自治管理的社会主义"。1981年 4 月，马歇在总统选举中仅获 15.34％的选票，法国社会党人密特朗当上了总统。这被认为是法国社会党全面取代法国共产党，成为左翼代表的信号。其实，在此之前的 3 年，也就是 1978 年举行的国民议会选举中，法国社会党获得了 22.6％的选票，法国共产党只得到20.6％的选票，在全国性选举中，法国社会党开始成为法国左翼第一大党。1981 年 6 月，法国社会党在国民议会选举中大获全胜，法国共产党应邀参加了法国社会党人莫鲁瓦的政府。1984 年，在欧洲议会选举中，马歇获得 11％的选票，和极右派候选人勒庞旗鼓相当，这被认为是法国共产党的奇耻大辱。随后，在 1986 年 3 月的大选中，法国共产党遭到惨败，只获得 9.8％的选票。1988 年的总统选举，法国共产党的候选人得票率更低，只获得 6.76％的选票。法国共产党已完全倒退到 20 世纪 20 年代建党初期的水平，其前途的确令人担忧。

"新共产主义"理论的提出

苏东剧变给法国共产党带来了巨大冲击。一方面，法国国内几乎所有的党派、组织和新闻媒体都对法国共产党展开猛烈攻击，声称共产主义已在莫斯科消亡，在巴黎也将灭亡，要求法国共产党解散或放弃共产党的称号。另一方面，法国共产党党内思想极度混乱，不少基层组织产生动摇、彷徨，一些党员脱离党组织，党员人数急剧下降。面对严峻的形势，法国共产党全党上下进行了千余次不同形式的讨论，参加的党员达 20 多万人次。经过激烈的思想交锋，法国共产党领导人感到，不能放弃共产主义的目标和共产党的称号，同时强调，面对困境，只有对党进行变革，才有出路。

1994 年，法国共产党二十八大宣布放弃民主集中制，代之以"民主"的运转原则，并由罗贝尔·于接替任期长达 22 年之久的乔治·马歇，担任法共全国书记（相当于总书记）。1995 年 4 月，罗贝尔·于参加总统选举，获得 8.46％的选票。同年 11 月，罗贝尔·于发表其第一部理论性著作《共产主义的变革》，提出了"新共产主义"的政治主张，并阐述了对法国共产党进行革新的思想，拉开了法国共产党变革的序幕。从 1996 年至 2001 年，法国共产党相继召开了党的二十九大、三十大和三十一大，不断提出对党进行变革的措施，试图遏制党衰退的趋势，继续保持党的力量和影响。经过几年的逐步探索，法国共产党的"新共产主义"已形成了一套较为系统的理论。

第一，"超越传统"，也就是对苏联东欧模式进行深刻反思，彻底摒弃苏联东欧的"共产主义模式"。1995 年 2 月，罗贝尔·于发表讲话，首次公开提出要彻底抛弃苏联东欧模式，强调苏联东欧搞的社会主义是"共产主义的蜕变"。之后，法共二十九大和三十大，均对苏联东欧模式持严厉的批评态度，认为这种模式不仅有缺点，而且不能回答当今法国社会和世界面临的问题。法国共产党要继续生存，就必须彻底超越这种模式。法国共产党强调，20世纪遭到失败的不是共产主义本身，而是苏联东欧模式的"共产主义观念"。法国共产党指出，"斯大林主义曾给法共打下过深刻的烙印"，苏联东欧模式导致法国共产党的理论和实践出现巨大的盲目性，严重阻碍了党的发展。"继续斯大林的'罪恶传统'，会给其他共产党和社会主义国家的某些政权，给本国人民和共产主义事业造成很多恶果"。① 选择什么样的社会变革道路实现社会主义目标，是国际共产主义运动中的一个重要问题，苏联东欧模式的社会主义坚持认为只有彻底打碎资本主义，才能建立社会主义新社会；而法国共产党针对法国社会变革动因和社会变革主体的新变化，认为无须打碎现存社会，并提出了自身变革的新观点，使其能迎接21世纪的挑战和要求，在观念、组织和实践上进行创新，从而为法国共产党乃至欧洲共产主义运动找出一条新的出路。

第二，"超越资本主义"，也就是对于资本主义不能消灭，只能超越。法国共产党认为，在马克思设想的共产主义社会和资本主义社会之间，不存在一个社会主义的过渡阶段，因此，再提建设社会主义已不合时宜，应摒弃社会主义过渡时期这种僵硬的阶段论。为此，罗贝尔·于等法国共产党领导人提出了"超越资本主义"的主张。他们认为，"超越资本主义"不是进行十月革命那种形式的革命，将现有社会打个落花流水的形式来建立共产主义，也不是通过法律的形式消灭资本主义，而

---

① 费新录：《法国共产党的兴衰之路》，人民出版社2008年版，第80—81页。

沉浮

是在斗争中依靠发展现有社会的"成果、需求和潜力"，来否定乃至取消剥削和资本主义统治，从而过渡到新社会。人类文明的发展不是先打破旧的一切，然后再建设新的东西，而是一边建设新世界，一边消灭旧世界。[①] 法国共产党还认为，"超越资本主义"是对政治、经济、文化等社会的一切领域进行变革。"超越"是超越资本主义的一切，特别是"超越"资本主义对社会和人的一切统治形式。同时，法国共产党强调，"超越资本主义"这种社会变革的节奏快慢和时间长短，不应该由法国共产党来规定，而应该由人民来选择和决定，以人民为动力，通过投票和斗争来实现。

第三，"超越马克思"，也就是将马克思主义与本民族的具体实践相结合。早在1979年党的二十三大上，法国共产党就放弃了"马克思列宁主义"的提法，代之以"科学社会主义"。法国共产党认为，只有将马克思主义与本民族的具体实践相结合，才能发展与超越马克思主义；只有实事求是地走自己本民族特色的社会主义道路，才是富有生命力的。如果遵循一个到处适用的"统一模式"，而把本民族的特点仅仅作为点缀，肯定适得其反。法国共产党还强调：共产党人的目标，不是去实现预先设计的某种社会模式，而是把马克思所设想的"每个人的自由发展是一切人自由发展的条件"作为目标和动力。

第四，放弃"法国色彩的社会主义"的提法，提出"新共产主义"社会的设想。法国共产党从20世纪70年代中期以来，一直坚持走"法国色彩的社会主义"，即"民主的、多元化的、自治管理的社会主义"道路，其主要内容包括：建立全体劳动人民政权和新型政治民主体制，以公有制为主体，以自治管理为基础的经济民主体制，发展自由公正的

---

① 肖枫主编：《社会主义向何处去——冷战后世界社会主义运动大扫描》，当代世界出版社1999年版，第549页。

社会民主。[①] 1996 年 12 月，法国共产党二十九大正式放弃马歇时代长期坚持的"法国色彩的社会主义"的提法，代之以"新共产主义"设想，也就是"建立一个男女自由、平等、尊重个人能力、更加文明和人道的社会"。法国共产党认为，共产党人继续保持共产党的称号是正确的。因为法国共产党的事业与法国人民的革命斗争传统一脉相传，法国共产党忠于人民为公正、自由、团结、和平而进行的斗争。为此，法国共产党应继续坚持共产主义目标、共产党的称号和反对资本主义的斗争，但强调自己主张的共产主义是有利于人类文明发展的"新共产主义"。法国共产党强调，之所以提"新共产主义"，是考虑到从当前法国的现实出发，要使共产主义的思想和行动继续充满活力，就要创新。这种具有创新性的"新共产主义"可以推动人类向真正的共产主义方向迈进。法国共产党提出，新共产主义奋斗目标是建立"一个男女自由、联合和平等的社会；一个发展和尊重个人的能力，使人类进行合作，分担费用，共享资源、知识、信息和权力的社会；一个没有失业，没有压迫，没有就业不稳定，没有不公正，没有暴力和没有武器的社会与世界"[②]。法国共产党还认为，共产主义社会应是在资本主义之后，摆脱了资本主义的倒退、对抗和资本主义逻辑的，更加文明和更加人道的社会前景。

第五，提出"新共产主义计划"。法国共产党认为，要建设"新共产主义"社会，就要根据法国的现实情况，提出新的社会变革纲领。为此，法国共产党制定了"新共产主义计划"，主张建立一个负责任和互助的社会和世界，争取人类的可持续发展。在政治上，主张

① 范雅康：《法共"新共产主义"理论的演进、实践与评述》，《法国研究》2020年第 2 期。

② 曹松豪：《法共二十九大用"新共产主义"取代"法国色彩的社会主义"的提法》，《国外理论动态》1997 年第 6 期。

沉 浮

革新国家机构，使国家和全部社会生活实现民主化，保证公共生活的透明度；赋予工薪阶层、公民和民选代表监督、参与、决策的权利，确保公民的自由与平等；改进代议制民主，发展直接民主，并制定现代共和国的新宪法。在经济社会政策上，主张发展以公有制为主的混合经济，反对私有化和国家干涉主义，既不要实行"统制经济"，也不要屈从于市场法则；摆脱金融资本的统治，对公用事业部门和国有企业实行革新和民主化，发挥其动力作用；建立新的劳动关系，反对解雇，确保充分就业，建立保障终生就业和培训的机制。在国际政策上，主张建立一个共同发展的欧洲与世界；开展反对贫困、争取发展的斗争；保护生态，实现能源政策多样化；实行裁军，特别是要消灭核武器，以保障世界安全，促进和平；反对受资本主义操纵、由少数大国起主导作用的唯利是图的全球化，争取人类共同发展、可调控的全球化。

随着时代的发展与形势的变化，法国共产党的"新共产主义"理论也在不断发展。2006 年，在"新共产主义"理论提出 10 周年之际，新任总书记玛丽—乔治·比费在法国共产党三十三大上公布了《我们的目标是彻底改变生活（七点重要建议）》《四个诺言——要成为一个真正能改变现状的左翼党》《共产主义的展望》等多项文件，针对法律建设、社会歧视、提高工人工资和增强职工购买力等问题，制定了新的目标规划，并对共产主义新的特点进行了展望。在 2016 年召开的三十六大上，法国共产党结合"新共产主义"20 年的发展情况以及面临的新形势，提出了要建立一个平等和分享的共同世界，并明确了三个方面的努力方向：一要与所有权威和不平等进行斗争，建立真正的民主制度，确保人民不受约束的自由权利以及真正的平等；二要实施确保人类幸福，保护环境与资源的经济与社会发展方式，让人民全部进入保障体系；三要推进劳动、知识、教育和文化的发展，以促进个人和全人类的解放。①

　　与此同时，围绕实现"新共产主义"的奋斗目标与如何建设一个"新型共产党"，法国共产党在党的建设方面进行了一系列变革探索，以确保把党建设成为一个现代的、开放的、充满活力的、民主的新型共产党。

　　最重大的变革就是放弃 1920 年建党以来一直坚持的"民主集中制"的组织原则，代之以民主的运行原则。苏东剧变后，法国共产党党内就民主集中制问题进行了广泛和激烈的讨论。1994 年法国共产党召开二十八大修改党章，正式决定取消民主集中制，采用民主的运行机制。其主要做法：一是实行党员当家作主，改变那种自上而下的"传声筒"的领导方式。法国共产党自筹备二十九大起，就开始改变过去那种自上而下先由中央拟定大会文件草案再交基层党员讨论的习惯做法，开始采取自下而上的做法，先将代表大会要解决的主要问题交由基层党员进行广泛讨论，再由中央根据基层支部党员提出的观点、意见来起草代表大会文件，然后再提交全体党员讨论、修改。如，党的二十九大召开之前，在长达 4 个多月的全党讨论期间，广大党员就自己关心的重要问题交换意见，共有 1232 篇个人意见书和 2150 份讨论纪要提交到全国委员会专设机构，这些材料随后印发给广大党员。全国委员会综合全体党员的想法和意见，起草出大会文件，并就法国共产党政策制定提出全国委员会的建议，再交由各支部、总支和省委大会讨论、修改、补充和表决，最后将讨论修改意见集中，在对其中 2/3 以上的意见进行吸纳的基础上形成最后文件。这份名为《法国共产党的政策》的大会文件最终在党的二十九大上以 1090 票赞成、43 票反对、31 票弃权的形式获得通过。再

---

　　① 余维海等：《法国共产党三十七大以来的发展新趋向述评》，《理论与评论》2018 年第 5 期。

沉浮

如，法国共产党三十三大上获得 63.4％支持率后被确定为大会筹备文件的《共产主义的目标》，以及处理 13843 份问卷、获得 96.23％党员同意而确定的 2018 年特别大会的三大主题，即：共产主义斗争的意义和现状、法共政治方针的评估和未来、法共转型方案等，都是这样产生的。1997 年 6 月，法国共产党对是否参加法国社会党政府的问题，也是先在党内广泛征询党员的意见，得到大多数党员的赞同后才作出决定的。法国共产党称，这一自下而上的决策方法旨在充分听取党员的意见，发扬党内民主，鼓励党员的创新和主动精神。此外，罗贝尔·于上台后对法国共产党党代会举行的程序和形式也进行了改革。如法国共产党的二十九大取消了以往设置的主席台，领导人和普通代表一样，都按会议安排就座开会，体现了民主和平等。在党的三十大上不论领导人或普通代表只要登记就可以在会上发言，一律限时 7 分钟。在民主运行机制方面采取的第二个做法是提出党内生活多样化的原则。法国共产党认为，对党内的不同意见，不仅应允许和接受，而且应视为一种财富。党员观点和思想的多样化可以丰富全党的思想。同时法国共产党强调，多样化不是把不同的观点简单地相加，这样会导致产生对立的派别和结党营私，而应将不同观点汇集加以利用，以达到统一。

另一项变革措施就是调整党的领导机构。为了体现民主，同时也是为了表示真正放弃民主集中制，法国共产党自 20 世纪 90 年代中期以来，对党的机构进行了多次调整。1994 年召开的二十八大对党的全国领导机构进行改革，取消了中央委员会、政治局和中央书记处，改设全国委员会、全国局和全国书记处，党的总书记改称全国书记；确立了党的高层领导年轻化、男女人数对等、代表广泛化等原则。2000 年召开的三十大和 2001 年召开的三十一大继续对全国性的领导机构进行改革，设立全国理事会、执行委员会，来取代全国委员会和全国局，全国书记不再由全国委员会而改由全国代表大会选举产生；全国理事会由 264 名成员组成，在代表大会闭幕期间履行党的政治领导机构的职能；执行委员会由全国理事会内部选举产生的包括全国书记在内的 46 名成员组成，负责党的日常工作；为了改变党员年龄老化、组织形式僵化等弊端，党的三十大将一大批妇女、青年、知识分子、新社会运动领导人选进领导机构，其中有 1/3 在 55 岁以下。党的三十一大召开时又对党章进行了修改，增设党的全国委员会主席一职，实行由全国书记玛丽—乔治·比费夫人与党的全国委员会主席罗贝尔·于共同负责的双重领导制。法国共产党表示，调整领导机构的目的是强调集体领导，防止权力过分集中和独断专行。目前，法国共产党全国书记是法比安·鲁塞尔，党的全国委员会主席是皮埃尔·洛朗。

对基层组织也做出相应调整，不再强调传统支部的作用，也不再对党员参加基层支部活动作硬性规定。法国共产党提出，根据当前社会的变化，除支部外，党员也可成立其他形式的集体组织来开展活动，并可吸收非党群众参加。法国共产党还强调扩大党的开放性。在 2001 年 5 月召开的全国理事会会议上，法国共产党通过了《法共新党章草案》，提出法国共产党"向一切社会运动力量和一切公民力量开放"，向共产党党员、妇女、青年和移民开放，向社会下层的人们和全社会开放，"使法共成为一个为所有那些拒绝被剥夺其干预权和选举权的人服务的政党，成为一个人们无须放弃任何哲学信仰或宗教信仰便可加入，并可以进行无拘束的讨论和交换意见的政治组织；成为一个把人际关系建立在博爱、互助、尊重他人、促进个人在有效的集体行动中作出贡献和自我肯定的集体；成为一个充分考虑党员工作方法和根本利益的多样性、促进党员创造性的活动场所"①。法国共产党表示，向社会开放是一个

---

① 中联部课题组：《全球信息化背景下法国共产党组织发展趋势研究》，《当代世界与社会主义》2008 年第 3 期。

沉浮

长久的和首要的问题，不是一时的权宜之策，法国共产党将持之以恒地坚持这一政策。1996年在党的二十九大上悄悄取消党旗上的镰刀斧头图案，1999年和2013年又取消《人道报》头版和党员证上的标志，法国共产党开始由工人阶级的先锋队向女权主义者、人道主义者、反种族主义者、生态学派、和平主义者等一切社会运动者和公民开放。三十二大后，法国共产党以"工作室"的形式试验性地设立了一个"园地"，让更多人参与到对共产主义纲领、战略和组织问题进行的辩论和思考中来。在党向社会开放的问题上，法国共产党最引人注目的做法是在1999年欧洲议会选举时，其竞选名单上一半是党外人士，这在法国共产党历史上尚属首次。

除了上述这些措施外，法国共产党还利用现代媒体和网络技术，改进党的宣传工作，以灵活的组织形式发展新党员。为扩大党的影响、加强党的组织建设，法国共产党积极利用现代传媒宣传自己的政策主张，扩大党的力量和影响。除了办好《人道报》《视野》《土地》等党报党刊外，法国共产党还设有自己的网站。民众通过访问其网页，可以随时了解党的组织结构和活动情况，从而缩小党中央与各省区委之间的距离；通过网络来开展党的组织生活和党内讨论，在网上组织党的领导人与基层党员及支持者的实时见面会，讨论共同关心的问题，使互联网成为法国共产党进行宣传、交流和党内讨论的政治工具；法国共产党还在网上办理程序简便的入党手续，以吸引更多的年轻人和其他人士加入党组织。除了利用网络系统外，法国共产党在支部之外还成立了形式多样的活动小组，讨论基层党员和民众关心的问题。还利用专题研讨会和党报来宣传党的政策，吸引群众特别是青年和妇女入党。法国共产党采取的这些组织宣传新措施，一定程度上扩大了党中央与基层党员及民众的联系和沟通渠道。

此外，法国共产党对党的联盟政策也进行了变革。自20世纪80

一、法国共产党：雄关漫道真如铁

年代初与法国社会党联合执政破裂后，法国共产党对同属左翼阵营的法国社会党一直怀有抵触情绪。90年代中期后，面对右翼总统的上台和国内左右力量对比的变动，法国共产党开始对其联盟政策进行调整，提出了把各种左翼进步力量联合起来，建立"左翼进步力量联盟"的策略，认为"只有实现法国人民的多数联合，实现左翼、进步力量和生态党派那种尊重多元化和拒绝任何领导权的联盟，才能实行真正的变革"①。为此，在二十九大上，法国共产党制定了"左翼进步力量联盟"和"建设性参政"方针，并于1997年4月，同法国社会党摒弃分歧，在反对右翼和极右翼、实行改革、增加就业等问题上达成共识，实现了再一次合作，共有4名法国共产党领导人进入以法国社会党人若斯潘为总理的左翼联合政府担任部长。通过建设性参政，帮助左翼政府在实施政策方面进一步"向左倾斜"。随后，法国共产党着手一种全新的尝试。2008年在三十四大上，法国共产党向全体左翼发出呼吁，建立一个"捍卫自由和民主的进步阵线"。由此，以推动社会变革，反对法国社会党对左翼权力垄断为目的的"左翼阵线"选举联盟正式成立，对助推苏东剧变后激进左翼在选举中取得好成绩发挥了重大作用。2016年初，法国共产党中央委员会全体会议提出，"左翼阵线"无法有效地将变革力量凝聚在一起，特别是那些对奥朗德失望的力量与人士，故而难以实现真正的变革目标。因此，在三十七大上，法国共产党又提出了成立"人民公民阵线"的新方案，意图将此阵线建构成"主权在民"式的政治组织，以改变资本控制法国政治的逻辑，让政治回归本位，实现全体民众的参与。

---

① 中联部课题组：《全球信息化背景下法国共产党组织发展趋势研究》，《当代世界与社会主义》2008年第3期。

"变革"的成效尚不明显

自 20 世纪 90 年代中期实施"变革"以来，法国共产党在"新共产主义"理论的指导下，在罗贝尔·于、玛丽—乔治·比费、皮埃尔·洛朗以及新任全国书记法比安·鲁塞尔的带领下，已走过了 20 多年的发展历程。

20 多年来，法国共产党一方面批判和否定苏联社会主义模式，一方面主张进行共产主义变革，努力探索符合法国国情的发展之路，重塑自身形象。尤其是近年来，不断丰富和发展"新共产主义"理论，倡导对资本主义进行全面改革，坚持用"超越资本主义"取代"消灭资本主义"，主张依靠民主力量和人民运动，通过完善马克龙政策的社会替代方案、建立参与式民主等方式不间断地对经济、政治、文化等一切领域进行变革。与此同时，在欧洲主权债务危机、难民危机爆发后，作为法国激进左翼力量的重要代表，法国共产党在本国和国际上积极发声，一方面批判和揭露资本主义制度存在的矛盾和弊端，另一方面多次组织罢工、游行、示威等斗争活动。如 2019 年 12 月初，法国爆发了 25 年来最大规模罢工，80 万人走上街头反对政府的养老金改革计划。法国共产党不仅参与这场罢工运动，而且提出了"既要生态又要社会"，"具有效率而非遵循资本主义获利能力逻辑"等诸多重要建议。法国共产党的这些探索与努力，得到了法国国内普通民众和法国共产党的普通党员认可。而且，这些探索对法国共产党今后的生存与发展必将产生重要影响。

不过，自 20 世纪 80 年代以来，法国共产党力量和影响不断下降也是不争的事实。不少人认为法国共产党正在日益衰退，已由以前的主流左翼政党沦落为边缘性小党。其中党员人数锐减、选举业绩下滑就充分说明了这一点。

一、法国共产党：雄关漫道真如铁

从党员人数看，1920 年至 1947 年，法国共产党党员人数持续增长，从当初的 12 万人增长至 90.7 万人。1947 年美苏冷战开始后，法国共产党被排挤出左翼政府，成为在野党。在国内外反共浪潮的影响下，到了 1952 年，党员只有 50 万，降幅达 44％。后又经历了 1956 年匈牙利事件，大批党员退党，党员人数降至 42.9 万。到 20 世纪 70 年代，在乔治·马歇领导下，法国共产党与法国社会党、左翼激进党组建"左翼联盟"，法国共产党也因此出现了新的发展势头。1977 年党员人数回升至 60 万人。苏东剧变后，法国国内出现新的反共反社会主义浪潮，不少党员因此退党，1991 年法国共产党仅剩区区 10 万党员，较 1947 年最高峰值减少了 80 多万人，降幅高达 89％。随后几年党员人数一直在 10 万上下徘徊，如 2002 年为 13.3 万，2008 年为 13.4 万，其中交纳党费的党员只有 6.6 万，2016 年交纳党费的党员只剩下 5.7 万。[1] 2018 年 10 月，法国共产党全国书记皮埃尔·洛朗在提交给法共全国委员会的一份报告中指出，法国共产党目前的党员数是 4.9 万，而且其中大部分都是老党员，年轻党员所占的比重非常小。[2] 近些年来，世界许多发达国家共产党的党员人数都呈下降趋势，但党员人数减少如此之快也只有法国共产党。

从国民议会选举业绩看，1924—2017 年的 90 多年里，法国一共举行了 24 次国民议会选举，法国共产党参加了 24 次。在 1924 年、1928 年、1932 年的 3 次国民议会选举的第一轮投票中，法国共产党的得票数约为 100 万张，得票率保持在 10％左右，赢得席位比例都在 5％以下。第二次世界大战结束后，法国共产党在国民议会选举中的表现有了

---

① 陈刚：《近百年来法国共产党选举市场表现分析》，《法国研究》2017 年第 4 期。

② 赵婷、周月：《欧洲激进左翼政治中的法国共产党与希腊共产党：殊途同归？》，《当代世界社会主义问题》2019 年第 4 期。

大幅度提升。在 1945—1956 年的 5 次国民议会选举的第一轮投票中，法国共产党的得票率和赢得席位比例（1951 年除外）均在 25％左右，最高得票率为 1946 年 11 月的 28.3％，627 个席位中获得了 182 个，赢得席位比例达 29％，达到历史峰值。1956 年至 1981 年的 7 次国民议会选举的第一轮投票中，法国共产党的得票率有所下降，但下降的幅度不大，基本保持在 20％左右，只是获席位情况却变化极大。1958 年仅赢得席位 10 个，获席位比例为 1.8％，接近历史最低值。1986—1997 年的 4 次国民议会选举的第一轮投票中，法国共产党的得票率和获席位比例又有所下降，得票率仅保持在 10％左右，获席位比例保持在 5％左右。如 1997 年得票率为 9.88％，席位为 36 个。进入 21 世纪以来的 4 次国民议会选举的第一轮投票中，法国共产党的得票率和获席位比例进一步下降，得票率不足 7％，获席位比例仅在 2.7％左右。如 2007 年只有 4.29％的得票率与 15 个席位。根据法国法律规定，在议会中至少拥有 20 个席位才能够单独组建党团，因此，这一选举结果直接导致法国共产党失去在议会中单独组建党团的实力，只能与其他左翼政党以及绿党联合组建党团。这也是法国共产党自 1958 年后首次出现这一情况。2017 年的选举虽然得票率略有回升，但 17 个席位依旧难以扭转与其他政党组成一个联合议会党团的命运。①

　　从欧洲议会选举业绩看，欧洲议会选举开始于 1979 年 6 月。法国是欧盟最早的成员国，法国共产党从 1979 年起即参加了欧洲议会的选举。从 1979 年至 2019 年，欧盟总共举行了 9 次欧洲议会选举，法国共产党参加了 9 次。其中，2009 年、2014 年、2019 年的欧洲议会选举法国共产党是以左翼阵线（FDG）的身份参加的。1979 年的选举，法国

---

　　① 陈刚：《近百年来法国共产党选举市场表现分析》，《法国研究》2017 年第 4 期。

共产党得票率为 20.5％，获得席位 19 个，随后直线下降。1984 年得票率为 11.2％，获得席位 10 个。1989 年得票率为 7.7％，席位为 7 个。1994—2014 年的 5 次欧洲议会选举，法国共产党的得票率基本保持在 6.3％左右，席位数都在 6 个以下，最少的为 2004 年，只获得 2 席。[①] 2019 年得票率为 2.49％，为历次参选的最低纪录。

从总统选举业绩看，从 1967 年至 2022 年的 50 多年间，法国一共进行了 10 次总统选举，法国共产党参加了其中的 9 次竞选。其中，2012 年的总统竞选是以左翼阵线（FDG）的身份参选，2017 年的总统竞选是以不屈法国（FI）的身份参选。在其单独参选的 7 次总统选举中，法国共产党的得票数总体上呈下降趋势，如：1969 年的总统选举，法国共产党候选人雅克·德洛尔获得 480 余万张选票，得票率为 21.27％；1981 年的总统选举，法国共产党候选人乔治·马歇获得 445 余万选票，得票率为 15.34％；2007 年的总统选举，法国共产党候选人玛丽—乔治·比费获得 70 余万张选票，得票率为 2.5％；2022 年的总统选举，法国共产党候选人法比安·鲁塞尔获得 80 余万张选票，得票率为 2.28％[②]。

由此可见，法国共产党的变革理论及其具体实践，并未从根本上改变自身的困境，其未来的发展依旧艰难。

百年之后何去何从

迈过百年门槛的法国共产党无疑正走在一个极为艰难的十字路口。

---

① 陈刚：《近百年来法国共产党选举市场表现分析》，《法国研究》2017 年第 4 期。

② https：//www.resultats-elections.interieur.gouv.fr/presidentielle-2022/FE.html.

沉浮

作为发达资本主义国家中一个具有光荣的革命斗争历史和传统的大党、老党，法国共产党如何发展令人瞩目。我们认为，法国共产党的前途的确充满着诸多不确定因素，但只要全党上下团结一致，勇于创新，积极探索符合本国实际的发展道路，继续进行理论探索和政策调整，革新党的组织机制和活动方式，有效扩大党的阶级基础和社会基础，更好地适应全球化和信息化时代人们思想观念的新变化，法国共产党的明天应该会更美好。

（一）要结合法国社会实际，科学确定党的纲领政策

法国共产党在长期的政治活动中并不僵化与保守，尤其是从 20 世纪后期开始，一直在进行调整和变革，先是逐步放弃"无产阶级专政"和"马克思列宁主义"这两个提法，提出建设"法国色彩的社会主义"思想，接着放弃建党以来一直坚持的"民主集中制"的组织原则，代之以"民主的运转原则"，以后又逐渐放弃"法国色彩的社会主义"，代之以"新共产主义"的提法，接着又提出"超越传统""超越马克思""超越资本主义"和"新共产主义"的理论。从表面上看，法国共产党似乎与时代发展联系很紧，但实际上许多思想只是一些拼凑成分庞杂、含糊不清的理论混合物。不少分析家认为，法国共产党对资本主义的变化把握不准，纲领模糊是妨碍其发展的一个重要原因。如，法国共产党没有明确界定"新共产主义"，只把它当作一种观念上的轮廓。再如，其所提出的每个人是社会的创造者，是生活的主人，人们要"共享知识，共享权力"，"超越资本主义"，但人们不知道法国共产党怎样实现这个纲领。如此一来，人们自然感到法国共产党只是在泛泛地谈些未来预测，虽然总是提出大量的问题，经常讲"利益""挑战""复杂性"，但都始终未作出正面回答。

与此同时，法国共产党由于放弃传统原则较多，被部分选民认为与其他政党没有明显的不同。法国共产党过去那种"左翼中的左翼"的身

份已模糊不清，社会认同急剧下降。这样一来，法国共产党不仅难以从其他政党那里争取到新选民，还会丧失自己的传统支持者。与法国共产党不一样，法国传统左翼政党如法国社会党通过纲领政策的改革，加大了对工人群众、中间阶层的吸引力度，许多在法国共产党与法国社会党之间徘徊的左翼选民最终投入了法国社会党的怀抱；而一些新兴左翼势力也赢得了相当数量没有归属感的选民的好感。在这些左翼力量的竞争压力面前，法国共产党的选民队伍大量流失，社会基础进一步缩小。

毫无疑问，政策和策略是党的生命力，要确保法国共产党作为一支重要的政治力量在法国政坛上继续存在，并发挥越来越大的作用，重现本党历史上的辉煌，就需要法国共产党在打破传统的同时，制定出更加科学明确的指导思想和纲领，坚决避免模糊性。这是法国共产党突破传统、实行变革后，急需解决的首要问题。

（二）要全力整合党内派别，形成统一的意志与行动

近些年来，由于在党的革新、联盟策略等问题上存在原则性分歧，法国共产党党内一直存在着不同路线的矛盾和斗争。目前，主要派别有6个：一是以玛丽—乔治·比费和皮埃尔·洛朗为核心的多数派（也称主流革新派），主张在"新共产主义"理论指导下对法国共产党进行全面改革与重塑，把法共建成"21世纪新型共产党"，并强烈支持通过左翼阵线与其他左翼政党结盟。二是以法国共产党加来海峡省委和巴黎十五区支部为代表的正统派（也称传统主义派），认为变革使法国共产党走向了"社会民主党化"的方向，主张回归马克思列宁主义传统，坚持以工人运动为中心的路线，反对法国共产党与法国社会党合作，批评法国共产党领导层组建左翼阵线的做法，寻求建立一个"既非社会民主党也非极左翼"的共产党。三是以历史学家罗歇·马尔泰利以及布拉乌泽克等为代表的重建派，坚持激进主义立场，认为目前法国共产党变革的力度不够，步伐太慢，主张加速变革与解散法国共产党，联合环保派和

沉浮

共和派人士重建一个新的左翼政党,以对抗国家自由主义和右翼势力。四是以尼古拉·马尔尚和伊夫·迪米特里等乔治·马歇旧部为代表的再造派(也称马歇派),主张重新回到法国共产党前总书记乔治·马歇所主张的通过"民主道路"建立"法国色彩的社会主义"的路线上来。五是以加入法国共产党的国际马克思主义倾向成员为代表的反驳派,该派反对与法国社会党合作,但又支持组建左翼阵线。六是以罗贝尔·于旧部为代表的于派,该派对内主张推进民主,对外主张同法国社会党结盟。

随着坚持"新共产主义"变革的主流革新派接连几次选举惨败,法国共产党内不同派别围绕着"变革"问题的争论更加激烈。反对进行"变革"的人认为,变革政策是造成法国共产党选举失败的根本原因,要解决法国共产党衰退的问题,就必须回归到基本的革命传统上来,进行纯粹的革命。在这部分人的压力下,法国共产党主流革新派不得不降低变革的调门,把反对自由主义作为党的旗帜和主要任务,进一步突出法国共产党的左翼色彩。但这又引起了同属主流革新派的罗贝尔·于等人的不满,他们之间的矛盾日益激化。罗贝尔·于由此退出了法国共产党全国委员会,他和他的支持者公开扬言"法共已死",并极力主张现有的法国共产党党员应与 20 世纪的共产党决裂,共同重组一个新的"进步党"。这个新政党的组织形式、运作方式、革命模式、社会理念以及与法国社会的关系等都有别于 20 世纪的法国共产党。这个新政党要有"共产主义的标志",但将不局限于此,应向现实世界的其他领域开放,并回答与保护地球等相关的新问题。它保留的共产主义理论应该是21 世纪的共产主义,即信息时代的思想而并非过去的共产主义。

法国共产党领导层内部也是矛盾重重。2018 年 11 月 25 日,法国共产党举行全国代表大会选举新一任全国书记,共有 569 名代表投票,49 岁的法国共产党北部分支负责人法比安·鲁塞尔获 442 票当选。在酝酿人选时，时任全国书记皮埃尔·洛朗不想离任，虽然他在党内只有37.9％的支持率，落后于法比安·鲁塞尔42.1％的支持率。法国共产党只好进行漫长的内部协商和谈判，皮埃尔·洛朗在得到保证将继续担任法国共产党全国委员会主席之后，才决定让出书记一职。[①] 法比安·鲁塞尔尽管当了全国书记，但他的党政发展策略还有许多人不接受。

当然，在困难时期党内出现各种各样的声音是正常的，对高举民主大旗的法国共产党来说，充分发扬党内民主，集中全党智慧也是完全必要的。但是，党内长时间的纷争必将影响党的团结与党的战斗力发挥。其实，法国共产党内部争斗与其自20世纪70年代放弃民主集中制，允许党内存在不同政治立场的组织和派别的举措大有关系。法国共产党过早地以"民主的运转原则"取代民主集中制，过于强调民主，忽视必要的集中统一，使得主流革新派在继续推动变革的过程中，必然会由于缺乏权威性，而无法有效地统一全党思想、凝聚全党意志，从而导致各项措施的推行面临重重阻碍，变革之路步履维艰。因此，在坚持"新共产主义"理论与实践的同时，如何妥善处理党内分歧和矛盾，整合党内派别，维护党的团结，巩固党的统一，是法国共产党必须抓紧解决的紧迫问题。

（三）要认识工人阶级新变化，不断扩大党的阶级基础

任何一个政党都是代表特定阶级、阶层或社会群体的政治组织，这就是政党的阶级特性。法国共产党以前是以传统的工人阶级为基础、代表法国工人阶级利益的主要政党，曾长期扎根于传统的工人阶级之中，特别是被称为"蓝领工人"的矿工、冶金工人、建筑工人、纺织工人之中。但随着科技的日新月异，第三产业的迅速发展以及资本全球化，法国的经济结构、生产结构和劳动力组织都出现了较大调整，阶级结构出

[①] 《欧洲时报》2018年11月26日。

沉浮

现了许多新变化，法国当代工人阶级出现了许多新情况、新特点和新问题。如产业工人的人数大幅度减少，"蓝领工人"在数量和影响力上都失去了原先的优势；个人主义和激烈的竞争使工人的队伍日趋分散，他们中许多人不想加入法国共产党，也不想加入代表中间阶层的其他政党，仅仅是在反对社会不公平时，才谈论阶级变化；由知识分子、中小企业主和中高级管理人员组成的中间阶层比例上升快，逐渐成为社会的主体，他们在经济生活和政治生活中起着日益重要的作用，成为各政党选票的主要来源等。

针对这些新情况，法国共产党提出要把党建设成为一个"现代的、开放的、充满活力和民主的"新型共产党，主张党的阶级基础应该扩大为一切被金融资产阶级奴役的人，扩大到整个雇佣劳动者，而不应该仍然仅仅局限于传统的工人阶级。同时，法国共产党还认为，工人阶级已经不再是唯一的革命力量，相反代表各阶层群众利益的社会运动正发挥着越来越大的政治影响，并进一步主张"将社会从资本主义阶级统治下解放出来，并不要求突出某一特定阶级的利益，而是要求采取行动，将遭受这一统治的人团结起来，以求实现解放社会的目标"①。而且还进一步强调，要将党从"领导的党"向"工具的党""服务的党"转变，将党的中心问题集中于对人民的"有用性"问题上，激发起反资本主义人民运动的活力，为今天被排斥在政治之外的千百万公民的政治参与创造条件，力争使更多的人承认共产党是一个反对资本主义的"有益"工具。

事实上，这些年来法国共产党开始由工人阶级的先锋队向女权主义者、人道主义者、反种族主义者、生态学派、和平主义者等一切社会运动者和公民开放，也采取了许多措施加大开放的力度，力图扩大党的阶

---

① 费新录：《法国共产党的兴衰之路》，人民出版社 2008 年版，第 108—109 页。

级基础和社会基础，但效果并不十分明显。毫无疑问，作为已明确表示绝不放弃共产主义目标和共产党称号的法国共产党，坚持工人阶级的权利要求和愿望应是其核心价值，如果不能代表广大左翼选民和中间阶层的要求和利益的话，其阶级基础和社会基础就会越来越缩小。因此，如何在坚守传统价值基础上，适应现代社会不断变化的新情况，尤其是多党制下的选民不再以政治分野和理想主张作为其政党选择的标准，而是越来越多地以经济、社会问题及其具体的解决方案，或是政党当政的政绩作为其投票的标准的新实际，使广大民众认同自己的价值追求，是迈过百年门槛的法国共产党需要解决的重大问题。如果解决不好，自己就会越来越被边缘化。

二、印度共产党（马）：
重整河山待后生

二、印度共产党（马）：重整河山待后生

在面积大、人口多、种族多、语言多、宗教多、政党多的印度，共产党是一支不可忽视的重要力量。由于政见不同，印度共产党分裂为多支，目前影响较大的主要是印度马克思主义共产党，简称印度共产党（马）或印共（马）；印度共产党，简称印共；印度共产党（马克思列宁主义者），简称印共（马列）；印度毛泽东思想共产党，简称印度共产党（毛）或印共（毛）。在这几支共产党力量中，印度共产党（马）的政治地位最高，得到的民众支持最多，在议会中所占的席位也最多。同时，印度共产党（马）也是南亚地区规模最大的共产党组织和国际共产主义运动中"议会道路"的典型代表。印度共产党（马）及其领导的左翼民主阵线曾在喀拉拉邦、西孟加拉邦和特里普拉邦长期执政，成为印度政坛仅次于印度国民大会党和印度人民党的"第三大力量"。

2020 年 10 月 17 日是印度共产党（马）成立 100 周年纪念日①，全党上下开展了一些纪念活动，但规模并不大。一年前也就是 2019 年 5 月举行的第十七次印度人民院选举，印度共产党（马）及其领导的左翼民主阵线遭到惨败，得票率不足 2%，创造了历史最低纪录。在传统左翼运动的优势地区——喀拉拉邦、西孟加拉邦和特里普拉邦，印度共产党（马）及其领导的左翼民主阵线在其地方议员选举中也都遭遇了重大挫折。全党上下对败选正在进行全面反思，已没有多少心思去隆重纪念

---

① 关于印度共产党成立的时间，众说纷纭，一种说法是 1920 年 10 月 17 日，这一天在苏联塔什干创建了印度第一个共产党组织——印度侨民共产党；另一种说法是 1925 年 12 月 26 日，这一天印度共产党人在康浦尔召开印度共产主义者第 1 次全国会议，会上成立了印度共产党（马）。不过，印度共产党（马）明确其建党时间为 1920 年 10 月 17 日。

沉浮

建党 100 周年了。

的确，100 年的印度共产党（马）面临着前所未有的冲击与考验，这个曾经走过一段非同寻常道路的马克思主义政党，能否在印度实现消灭阶级剥削和社会压迫、建立社会主义社会的目标，还需要全党上下付出艰辛的努力，甚至需要几代、几十代人的艰辛努力。

党的创建与分裂

第一次世界大战结束和俄国十月革命胜利之时，正是印度资本主义发展和工人运动兴起之时，这为社会主义和共产主义思潮在印度的传播提供了物质基础和社会土壤，一些小资产阶级秘密革命组织成员和国大党内的少数激进青年成为最早接受社会主义和共产主义思潮的人。这些人，有的在印度国外，有的在印度国内。在印度国外最重要的人就是罗易。

罗易其实是个化名，他的原名叫纳伦德拉·纳特·巴塔查尔亚，1887 年 2 月出生于印度加尔各答附近的一个婆罗门家庭，父亲是专门教授梵语的教师，具有一定的革新思想。从 14 岁开始，罗易就成为一名激烈反对英国殖民主义的狂热民族主义者。他不断参加暗杀英国官员、捣毁殖民机器、抢劫富人财产、自制和窃取武器等活动，并很快成为印度民族解放运动中"最大胆最勇敢的一员"。

1914 年第一次世界大战爆发后，为了给印度独立战争筹备军火和金钱，罗易奔走于马来西亚、印度尼西亚、印度支那、菲律宾等地。1915 年，他来到日本，并在日本拜会了中国资产阶级民主革命领袖孙中山，他们共同探讨了民族解放问题。罗易建议如果能从云南、四川运军火到印度，中印两国人民可以结成联盟共同争取民族解放。两人商定，由罗易前往北京与德国驻中国大使联系，请求德国拨款 500

二、印度共产党（马）：重整河山待后生

万美元支持印度购买中国军火。为此，罗易克服重重困难，取道朝鲜奔赴北京。但这一计划以失败而告终。为继续筹备军火，1916年，罗易从中国来到美国，并开始使用罗易这个化名。1917年罗易在美国被捕，他利用保释的机会冒险逃往墨西哥。没想到墨西哥却成了他的再生之地。

在墨西哥，罗易的性格、身份和思想都发生了重大变化。历经革命的磨难，这时的罗易更加沉稳、机智，朋友们戏称他为"忧郁的印度哲学家"。有人描述他的性格："从罗易自己和他的生活中也很难探出一些真实情况。如果说，连他在社会活动中的亲密同事也对他所知无几，这也不算言之过甚。由于这种特有的沉默，好事之徒和爱加评论的人都说他是印度政界的'神秘人物'。"① 而与以前的贫穷革命者相比，现在罗易成了大富翁。他的钱是由在墨西哥的德国人提供的。在第一次世界大战后期，随着德国在前线的崩溃，德国人幻想通过向罗易提供资金，策划在印度举行反英武装起义，使英国陷入腹背受敌的困境。罗易决定用这笔钱来促进革命事业。不久，俄国十月革命成功的消息传来。墨西哥的社会主义者兴高采烈，谈论社会主义成为一种时尚。在世界革命潮流的影响下，罗易接受了马克思主义，并与墨西哥社会党取得了联系。1918年12月，在罗易的资助下，墨西哥社会党第一次全国代表大会召开。来自中南美洲国家的几百名社会主义者代表出席了会议。会上，罗易当选为墨西哥社会党总书记。1919年初，共产国际密使鲍罗廷来到墨西哥，并很快与罗易建立了联系。他们一见如故，时常在一起讨论和研究马克思主义。罗易被这位具有"非凡的才智和百科全书般的博学"的人深深打动，更坚定了他对共产主义的信仰。10月，在鲍罗廷的帮助下，罗易提议召开了墨西哥社会党及其联合组织特别会议，会上成立

---

① 刘建美：《罗易与中国大革命》，《百年潮》2004年第5期。

沉浮

了墨西哥共产党，罗易当选为党的总书记。墨西哥共产党成为除苏联以外世界上的第一个共产党组织。墨西哥共产党成立后，立即宣布加入共产国际，并决定派以罗易为首的代表团去莫斯科参加即将召开的共产国际第二次代表大会。

1920年7月，共产国际第二次代表大会召开。会上，在讨论列宁的《民族和殖民地问题提纲初稿》时，第一次参加会议的罗易同列宁发生了争论。他们争论的焦点是殖民地国家民主革命中民族资产阶级的作用。列宁认为：共产国际应当同殖民地和落后国家的资产阶级民主派结成临时联盟，但不要同他们融合，甚至当无产阶级运动还处在萌芽状态时，也绝对要保持这一运动的独立性。罗易则认为：在殖民地国家中有两种不同的运动，一种是资产阶级民主的民族运动，其纲领是在资产阶级制度下实现政治的独立，另一种是贫穷无知的农民和工人为摆脱各种剥削而采取的群众运动。为了推翻外国资本主义，同资产阶级民族革命分子的合作是有益的，但只能是在开始阶段，且须小心谨慎。罗易的观点在今天看来有不少错误，但有一点是值得肯定的：他反复强调民族资产阶级的妥协性，认为民族资产阶级由于害怕革命，将会与帝国主义妥协，因此，无产阶级必须牢牢掌握民族解放运动的领导权，并将其转变为革命的群众运动。这一思想，恰恰造成了共产国际在后来指导中国革命时一再出现失误。

争论在友好的气氛中进行着。列宁虚心听取了罗易的意见，并建议罗易起草一个《补充提纲》，由他亲自修改后提交大会讨论。结果，会议同时通过了列宁的提纲和罗易的《补充提纲》。事实证明，这两个提纲均成为指导殖民地和半殖民地国家革命运动的纲领性文件。罗易由此闻名于共产国际。而列宁在共产国际第二次代表大会上表现出的民主作风和宽容态度，也深深感动了罗易。他后来回忆道："这也许是我一生中迄今为止的最有价值的经历了，我获得了受到一个伟大人物平等相待

二、印度共产党（马）：重整河山待后生

的非常难得的荣幸。"列宁则称赞罗易为"殖民地革命主义的最杰出代表"和"东方革命的象征"。① 从那以后，罗易在共产国际青云直上。他先后当选为共产国际执委会候补委员、委员和主席团委员，参加了共产国际第三次、四次和五次代表大会，并多次在大会上发表讲话。罗易成为"世界革命圣地"莫斯科的"赤都红人"。

共产国际第二次代表大会结束后，身为共产国际中亚局主要负责人之一的罗易被派往塔什干为印度革命者组织训练中心。1920 年 10 月 17 日，罗易在塔什干与一些决心反对帝国主义的印度侨民共同创立了印度侨民共产党，在侨民中间和印度国内广泛宣传和介绍马克思主义，阐述印度民族斗争的形势和任务。印度侨民共产党是印度第一个共产党组织，它的成立标志着印度共产党的诞生。从此，印度有了坚持以马克思列宁主义为行动指南，争取民族独立，争取实现社会主义并朝着共产主义的最终目标前进的马克思主义政党。

在印度侨民共产党的影响下，印度国内的一些先进知识分子开始接受马克思主义。1921 年至 1922 年间，加尔各答、孟买、拉合尔、马德拉斯和康浦尔等地都出现了马克思主义小组。罗易派回国的一些侨民共产党党员成为这些马克思主义小组的创建人。这些小组积极宣传社会主义和共产主义思想，创办了很多刊物，如孟加拉语的《人民之声》、英语的《社会主义者》和乌尔都语的《革命》等。与此同时，印度共产党人在印度第一个提出了完全独立的行动纲领，并在印度国大党 1921 年的阿迈达巴德年会上提出该议案。在要求完全独立的同时，印度共产党人还强调通过明确社会经济变革的计划以赋予"司瓦拉吉"② 激进的内容，包括消灭地主所有制、结束封建统治、消除种姓压迫等。此外，印

---

① 刘建美：《罗易与中国大革命》，《百年潮》2004 年第 5 期。

② "司瓦拉吉"意为"自立"，是 20 世纪初反对英国殖民统治的过程中，印度国大党内以提拉克为首的小资产阶级民主派提出的要求。

沉浮

度共产党人还努力把工会中的工人、工农党中的农民、学生会中的学生以及其他相应群众组织中的相应群体组织起来。有了这些努力，一些全国性的组织，如全印工农党和全印学生联合会建立了起来，全印工会国大党也得到巩固。

印度共产主义运动的兴起，引起了英国殖民当局的不安。他们在"粉碎布尔什维克阴谋"的叫嚣中，对年幼的共产主义小组进行了残酷镇压，1922年杀害了年轻领袖皮沙瓦尔，1924年又杀害了另一领袖坎普尔，并禁止共产主义文学作品的出版，以防止革命思想的传播。在这种情况下，印度共产主义小组不得不转入地下。

1925年，印度康浦尔的一个报纸编辑萨提亚·巴克塔宣布要建立一个合法的共产党。在得到当局允许后，于12月26日召开了印度共产主义者第一次全国会议。各地共产主义小组为防止共产主义旗帜被人利用，只得派人参加会议。会上成立了印度共产党，各共产主义小组的负责人都被选进了中央执行委员会。这次会议的召开，标志着印度共产主义运动进入了一个崭新的阶段。

1928年，印度共产党领导了震惊全国的有15万多孟买工人参加的大罢工，要求增加工资，改善劳动条件和工人地位。通过这次大罢工，印度共产党不但丰富了理论知识，而且增强了领导能力、组织力量和阶级力量，为以后工作的展开积累了宝贵经验。随着印度共产党的发展，印度的许多工人、农民、知识分子、政治活动家等各种阶层的人们，开始接触并接受马克思主义、社会主义思想。这些思想被不断传播，不仅深入广大下层群众的思想中，而且一些其他党派的高级领导人也宣称自己是社会主义的追随者和信奉者。

面对影响越来越大的印度共产党，英国殖民当局采取了更加严厉的打压政策。1929年，英国殖民当局以"密拉特谋叛案"为借口，对印度共产党进行全面镇压。1934年7月，又宣布印度共产党为非法组织。

二、印度共产党（马）：重整河山待后生

为了摆脱困境，寻求更大的发展空间，1936 年，印度共产党决定党员以个人名义加入国大社会党和国大党。1940 年 3 月，因与国大社会党发生分歧，印共党员被该党开除。1941 年 6 月苏德战争爆发后，印度共产党不失时机地公开承认第二次世界大战是世界人民反对德日意的反法西斯战争，提出了"一切为了前线""一切服从前线"的战斗口号，积极开展大生产运动，实行禁止工人罢工、为前线征兵、提供力所能及的帮助等一系列战时政策，并接受英国共产党"人民战争"政策，宣布支持英国政府反法西斯战争。这些举措既为反法西斯战争的胜利做出了自己的贡献，又使自己获得了合法地位。

印度独立后，印度共产党又一度被宣布为非法的政治组织，其政治活动被迫转入地下，只得在农村开展反对地主阶级和资本家阶级的武装斗争，以求解放广大的工人阶级及农民群众。1948 年至 1951 年间，印度共产党在印度南部安得拉邦特仑甘纳地区发动了大规模的农民武装起义，希望通过武装斗争的方式推翻资产阶级统治，在印度建立起社会主义制度，但在敌我力量悬殊的情况下，起义以失败而告终。起义的失败加剧了印度共产党内部的纷争。

其实，从成立那一天开始，印度共产党内部就存在着各种各样的派别和斗争。第一次较大规模的理论分歧就是关于走俄国式的"以城市为中心"道路还是走中国式的"农村包围城市"道路的"道路之争"。经过反复辩论，到 1950 年底，这一问题以印共中央通过《纲领草案》和《政策声明》而告一段落。纲领指出：印度革命走的既不是俄国道路，也不是中国道路，而是适用于印度情况的列宁主义的道路。第二次争论的焦点是走"武装斗争道路"还是走议会式的、体制内夺权的"和平道路"。特仑甘纳起义的失败，使印度共产党认识到武装夺取政权的道路已不适合印度国情。在 1951 年召开的全国代表会议上，印度共产党提出了"停止武装斗争""通过选票箱击败国大党"的政治口号，把党的

沉 浮

工作重点转移到使所有政策和活动都符合法律架构中来，并改选了党的领导机构，选举持温和立场的高士为党的总书记。但是，1962年高士逝世后，围绕党的内政外交政策以及如何处理与国大党的关系，党内再度出现争论并产生重大分歧。其中，以党的主席丹吉为首的丹吉派主张全面加强与国大党的合作，在议会中与国大党联盟，支持国大党的内外政策，在对华态度上，倾向苏共，反对中共。而新任的党的总书记南布迪里巴德则认为，国大党代表大资产阶级的利益，对其应持批评态度，在对华态度上，不赞同丹吉派的反华立场。

党内的分歧难以弥合，必然导致党的分裂。1964年4月11日，印度共产党全国代表大会召开，32名委员会成员退席抗议，他们指责丹吉和他的追随者"制造分裂"和"反对共产主义"。1964年10月31日至11月7日，以党的总书记南布迪里巴德为首的一派单独在加尔各答召开了党的第七次代表大会，成立了以普·孔达拉雅为总书记、起初仍用印度共产党原名的新党派，并于1966年11月正式改称印度共产党（马克思主义），简称印度共产党（马）或印共（马）。随后，丹吉为首的另一派在孟买也召开了党的第七次代表大会，选举丹吉为党的总书记，该派继续沿用印度共产党的名称。至此，印度共产党一分为二。

以丹吉为首的印度共产党分裂出来后，基本延续了分裂前的理论纲领，认为印度资产阶级与西方发达国家的资产阶级不同，是先进的资产阶级，印度共产党应该与之合作，共同联合反帝反封建，建立包括工人阶级、民族资产阶级的联合阵线，最终建立工人阶级和民族资产阶级领导的民族民主国家，通过非资本主义的和相对和平的道路过渡到社会主义。在对外政策上，他们支持印度政府实行的不结盟政策。在此后相当长一段时间内，印度共产党一直坚持这一基本路线，并与国大党（英）在议会选举中结成联盟。在1977年举行的全国大选中，印度共产党因

二、印度共产党（马）：重整河山待后生

对国大党（英）1975 年实行的紧急状态法的支持等原因而失利，其所得选票从 620 万张降为 520 万张。如此一来，党内的分歧再起，以党主席丹吉为首的少数派继续坚持完全投靠国大党（英）的立场，而以总书记拉奥为首的多数派认为，在新形势下，应调整印度共产党的内外政策，首先是改变一贯支持、追随国大党（英）的政策。1978 年 4 月印度共产党召开十一大，决定放弃同国大党（英）联合的方针，转而与印度共产党（马）等左翼政党合作，并参加了印度共产党（马）领导的西孟加拉邦左翼阵线政府。在这种情况下，1980 年 7 月，丹吉辞去了党主席一职，并于 1981 年带领少数人脱离印度共产党，另外成立"全印共产党"，但该组织一直力量弱小。

印度共产党（马）分裂出来以后，认为印度国家是大资产阶级占主导地位的资产阶级和地主阶级联合统治的机器，印度社会是一种占支配地位的垄断资本主义与种姓、教派、部落制度的特殊混合体，反对印度共产党关于印度社会已经是资本主义社会的论断。认为印度面临的革命的性质是反封建、反帝、反垄断资本，争取民主的人民民主革命。革命的道路应由工人、农民、小资产阶级和民族资产阶级下层组成广泛的人民民主战线，在工人阶级的领导下，积极参加议会斗争，通过合法途径实现人民民主和社会改革，但也必须准备"应对一切突然事变"。不过，印度共产党（马）内部分歧也时常出现，1969 年 4 月，印度共产党（马）内部第二次发生分裂。这次分裂的结果是产生了以查鲁·马宗达为首的印度共产党（马克思列宁主义者），即印共（马列）。不久，印共（马列）党内又形成"毛主义共产主义者中心"与"印度共产主义革命中心（毛主义）"两个组织。2003 年，这两个组织合并为"印度毛主义行动中心"，并加入南亚毛派政党协调委员会。2004 年 9 月 21 日，"印度毛主义行动中心"与"印度共产党（马）〔人民战争〕"这两个最强大的毛派组织联合组成了印度毛泽东思想共产党，简称印度共产党（毛）

或印共（毛），其核心理念是通过人民战争推翻印度政府，坚持仿效中国式革命道路。目前该组织因继续走暴力革命的道路，被印度政府列为恐怖组织，视为全国安全的最大威胁。

印度共产党之所以频频发生分裂，其原因固然与印度多党制和比例代表制的选举制度有关，但更主要的原因还在于党内各派对印度的社会性质和革命道路的不同认识所致。尽管如此，几大共产党组织的根本目标是一致的，都强调要在印度建立社会主义制度，只是选择的斗争方式、策略和道路有所不同。

独辟蹊径的执政实践

自 1951 年提出"停止武装斗争""通过选票箱击败国大党"的政治口号，调整斗争方式后，印度共产党的主要精力开始转移到议会的合法斗争上。1952 年，印度共产党第一次参加国会议员选举，所获席位数量位居第二，成为议会中的最大反对党。1957 年，印度共产党又在喀拉拉邦地方选举中获胜并执政，显示出地方选民对印度共产党政策主张的认可和支持，标志着印度共产党已成为印度国内一支不可忽视的政治力量，也使得印度共产党更加坚定地走一条与以往迥然不同的通过体制内竞争获取政治权力的新道路。

选举获胜后，印度共产党中央委员南布迪里巴德出任喀拉拉邦首席部长。执政后的印度共产党随即在喀拉拉邦推行了一系列比较激进的改革，如释放所有政治犯；把所有学校置于政府的监督之下；在农村，把很多政府拥有的适宜耕种的荒地分给无地的农民等。这些改革措施得到了比较广泛的支持。为了减少执政阻力，印度共产党还宣布不会在喀拉拉邦建立社会主义社会。然而，由于印度国内强烈的反共情绪，印度共产党的声明并未消除印度国内、喀拉拉邦邦内以及国大

二、印度共产党（马）：重整河山待后生

党党内对印度共产党的敌视态度。在敌对势力的反对和破坏下，1959年7月31日，印度总统以喀拉拉邦法律和秩序遭到破坏、政府失去民心为由，接管了邦政权，实行总统直接管理，印度共产党的第一次执政尝试就此夭折。

印度共产党分裂后，印度共产党（马）没有继续纠缠相关理论的纷争，而是沿着党内既定的中左路线前进，在不发达的资本主义政体内寻求发展空间。在1967年印度举行的第四届人民院选举中，印度共产党（马）获得620多万张选票，占全国总选票的4.28％，其提名的59位候选人有19位当选。在同一时间举行的各邦地方议员选举中，印度共产党（马）成为西孟加拉邦与喀拉拉邦的多数党。在西孟加拉邦，印度共产党（马）联合其他左翼政党从1967年以来三次执政，即1967年3月至6月，1969年2月至1970年3月，1977年6月至2011年5月，特别是第三次执政长达34年。在资本主义制度的大框架内，一个共产党的地方政权能在有限的权力范围内连续稳定存在如此之久，这不仅在印度历史上绝无仅有，就是在世界历史上也实属罕见。在喀拉拉邦，自1967年以来，印度共产党（马）与国大党形成对峙局面，在邦议会选举、潘查雅特选举、城市自治选举中，呈现出两党竞争优势交替轮换的状况。进入21世纪以来，印度共产党（马）则在喀拉拉邦各类选举中比国大党呈现出更强大的竞争力。如在已进行的四次邦议会选举中，印度共产党（马）连续三次赢得最多席位。2001年选举，印度共产党（马）赢得21.36％的选票和23个席位，仅次于国大党。2006年选举，印度共产党（马）赢得30.44％的选票和61个席位，超越国大党成为全邦第一大政党。2011年和2016年选举，印度共产党（马）分别赢得45个席位和58个席位，稳居第一大党地位。2018年贝尔加拉、钦格阿恩努尔两个邦议会席位进行递补选举，印度共产党（马）均获胜。2020年12月，邦举行地方机构选举，在941个地方机构中，印度共产党

沉浮

（马）领导的左翼民主阵线赢得 541 个机构，其执政优势进一步增强。[①]
此外，在特里普拉邦，印度共产党（马）在 1993 年以来举行的六次选举中五次获胜，连续执政 26 年。

在敌对势力异常强大的情况下，印度共产党（马）为什么能在这些邦长期执政？印度共产党（马）有什么独特的执政经验？曾担任西孟加拉邦首席部长 25 年之久、有"印度的周恩来"之称的乔蒂·巴苏指出："尽管没有可借鉴的模式，我们在执政之初还是有一个合理、清晰的计划。我们一直在进行艰苦的努力，以期增强左翼、民主和世俗的力量。在为实现人民民主和社会主义的长期斗争中，我们目前的试验和经验对自己很有帮助。"[②] 这种试验和经验主要体现在以下一些方面。

（一）进行土地改革，重组基层自治机构，维护弱势群体利益

印度 70％的人口在农村，印度共产党（马）控制的地区大多在农村。而印度独立后农村与农业处于长期性的"慢性危机"之中，因为在联邦政府权限不大、地方既得利益势力强大的前提下，各邦无法或者不愿冲破现有利益分配结构而对土地所有关系进行革命性的调整。结果，联邦议会尽管通过了一系列土改决议，明确提出要废除柴明达尔中间人制度，实行土地持有的最高限额，但除了废除柴明达尔以外，就全国而论，其他各项土改决议实际上并未认真执行。

1977 年，印度共产党（马）在西孟加拉邦执政后，没有另立新法，而是比较认真地执行了历届联邦政府关于土地改革的各项规定，征收地主超过限额的土地，分配给无地或少地的农民。据统计，在西孟加拉邦，通过合法的土地改革，有 150 多万佃农在主管部门登记，其租地的使用权及其他权益得到保障。超限额土地分配给了 250 多万个农户，50

---

① 《印度斯坦时报》2020 年 12 月 16 日。
② 官进胜：《印度共产党（马）在西孟加拉邦的执政经验》，《党建》2007 年第 6 期。

二、印度共产党（马）：重整河山待后生

多万个农户得到了其宅基地的地契，40多万名妇女得到了农业用地的地契。因此，1977年之后，西孟加拉邦超过半数的农户从土改中直接受益。到2010年，西孟加拉邦约84％的农村土地由普通农民所有，而在整个印度，这一比例仅为43％。从土改中获益的农民的生产积极性大增。从1981财年到1991财年，西孟加拉邦的粮食产量年均增长6.5％，而同一时期印度全国的平均增长率仅为2.7％。从1993财年到2000财年，西孟加拉邦的年均经济增长率为7％，在印度全国各邦中名列第二位。西孟加拉邦的贫困人口也由1978年的58％下降到2004年的26％。而且，20世纪80年代，西孟加拉邦农民收入增长在全国最高；20世纪90年代，西孟加拉邦的人均生产总值在全国各邦中增长最快。[1]

在喀拉拉邦，农民、农业工人、表列部落、表列种姓（1950年的印度宪法，将全国25个邦1108个贱民种姓及22个邦744个落后部落专门列表，在议员选举中为他们保留席位，这些种姓和部落因此被称表列部落和表列种姓）、妇女、少数族群、城市贫民等弱势群体占总人口80％以上，而且人地关系紧张，土地分配严重不均。印度共产党（马）执政后，通过土地改革和实施限制土地最高占有额制度，解决了130万无地或少地民众的土地问题。进入21世纪以来，印度共产党（马）仍把解决底层民众特别是原住民和部落民的土地问题放在首要地位，为52.8万原住民和部落民分配了土地。[2]

在特里普拉邦，以前土地分配不公问题同样十分突出。据1973年调查，最富有的11％家庭占有全邦46％的土地，而最穷的70％家庭仅

---

① 张万杰：《印共（马）在西孟加拉邦的执政实践》，《当代世界社会主义问题》2009年第1期。

② 张树焕、谢嘉宝：《新世纪以来印共（马）在喀拉拉邦竞争力持续增强的原因》，《世界社会主义研究》2019年第4期。

占有 28% 的土地，其中 15.7% 的民众没有任何土地。印度共产党（马）执政后，开始实施比较彻底的土地改革：一方面，开展租佃运动，对佃农进行官方登记，保证佃农对自己租种的土地享有永佃权和继承权；另一方面，通过《特里普拉邦地税和土地改革法案（修正案）》，设定每户土地占有的最高额，超过部分由政府收回并分配给穷苦农民和无地农民。通过土地改革，全邦 67.81 万农户中的 46.03 万户进行了登记，约 19.8 万公顷的土地永久性置于佃农支配之下。同时，共收回并分配土地 23.21 万英亩，受益民众达到 20.3 万人。①

在进行土地改革的同时，印度共产党（马）还建立新型潘查雅特制度，重组基层自治机构。"潘查雅特"可译为评议会，其历史悠久，源头可以追溯到原始社会末期的部落民众大会和长老会议，故又称为"五人长老会"，一般由村里五个德高望重的老人组成，负责主持村里的婚丧嫁娶，调解民事纠纷。这一组织后在英国对印度实行殖民统治时土崩瓦解。20 世纪 50 年代初期，印度国大党政府曾把建立乡村潘查雅特制度作为整顿基层政权的一项重要措施，后来由于逐渐被地主、高利贷者和承包人把持，潘查雅特日渐流于形式而被人忽视。1977 年印度共产党（马）在西孟加拉邦重新执政后，率先重组潘查雅特，把地方政府机构重组为民选产生的三级自治体制，包括村评议会、区评议会、县评议会。1978 年 6 月恢复了潘查雅特机构选举，此后每 5 年定期举行，每次都分三级进行。每次选举，邦政府都充分准备，保障足够的工作人员和选举经费，以便选举能够顺利进行。选举的组织、候选人的产生、投票过程、计票与公布选举结果都有健全的制度安排，基本体现了民主、平等的原则。邦政府还特别规定，农民和妇女的席位各占 1/3，落后地

---

① 张树焕：《印共（马）在特里普拉邦长期执政原因探析》，《当代世界与社会主义》2017 年第 6 期。

区、低收入者、贱民和土著民，也要予以充分照顾。如此重组之后，无地和贫苦农民在各自治机构中的代表比例高达 70％以上。通过这种方式，原本由地方精英垄断的权力结构被摧垮了。如今，这种模式已成为印度各邦效仿的典范。而且，经过 30 多年的发展，西孟加拉邦的潘查雅特制度比较完善，并与土地改革形成了良性互动，获得土地的村民都因为有了潘查雅特制度而能够参与到与自身有关的发展计划的制订和实施中来，这就极大地提高了农村基层民众的政治参与度，调动了广大农民当家作主的积极性和致富热情，也使理性解决各种矛盾和问题的机制得以建立。何况各级潘查雅特所设置的总共约 80000 个职位，又为印度共产党（马）等左翼力量通过选举进入政权体系创造了条件，这就使广大的农村地区变成了支持左翼阵线的坚固堡垒。

在特里普拉邦，印度共产党（马）也在农村全面推行潘查雅特制度，把选举引入该制度中，通过直接选举，大量小农、边际农、农业工人、部落民等收入微薄和社会地位低下的阶层在各级机构中占据绝大多数席位，改变了农村的权力结构。同时，潘查雅特在制订地方计划、推进地方资源管理等方面被赋予更多权力，有力促进了下层民众参与地方治理的积极性，较好地维护了他们的利益。

在土地改革、重组基层自治机构的基础上，印度共产党（马）还针对弱势群体实施公共分配体系、就业扶持、社会救济等诸多保障性举措。

在特里普拉邦，印度共产党（马）针对不同群体实施了不同类型的就业帮扶措施。在农村，实施《农业就业保障法》，邦政府每年为每个有成年成员且自愿做无特殊技能的体力劳动的农村失业家庭提供一定天数的有薪就业机会。仅 2015 年，邦政府就投入资金 92.36 亿卢比，解决了 581568 户农村家庭的贫困问题。在城市，实施《特里普拉邦城市就业项目》。仅 2016 年，就解决了 61506 户贫困线以下城市家庭的就业问题。在林区，实施《特里普拉邦森林权利法案》，为极度贫困的林区居民每年提供150天工作机会。在养老方面，邦政府为残疾人、人力车夫、渔民、艾滋病患者等社会弱势群体，提供了20余种不同的养老金计划。这些举措较好地解决了特里普拉邦的贫困问题。在印度共产党（马）执政之前的1976年，特里普拉邦的贫困率高达68％，2005年下降至40.6％，2011年进一步下降至14.5％，低于印度全国平均水平7.4个百分点。[①]

在喀拉拉邦，在公共分配体系方面，建立平价商店和发放定量供应卡，以优惠价格向贫困人口供应食品。截至2018年3月，喀拉拉邦共发放定量供应卡810万张。在就业扶持方面，针对边际农民和农业工人实施农村就业保障项目，保证每年为农民贫困家庭的壮年劳动力提供150天的有薪就业岗位；在城市针对贫民实施扶贫计划，着力发展劳动密集型产业解决就业问题。此外，印度共产党（马）还大力推进自助就业项目，先后出台《喀拉拉邦登记失业者自助就业项目》《喀拉拉邦贫困妇女自助就业项目》等，为弱势群体提供低息或无息贷款支持。在社会救助方面，针对老年人实施老年养恤金计划，为60岁以上的老年人每年提供125卢比的生活补贴；针对孕妇和未成年儿童实施营养补充援助计划，给予孕妇500卢比补助，给予6岁以下儿童每月110卢比补助；针对表列部落和表列种姓实施部落民社区发展规划，为表列部落和表列种姓提供住房、就业、社区发展在内的一揽子专项援助。此外，印度共产党（马）还推动在农村地区实施"人民分权计划运动"，把全邦财政预算的20％～25％拨给乡镇和村，由乡镇和村统筹使用。据统计，"人民分权计划行动"共为底层民众兴建10万间保障房、5万口井，改

---

① 张树焕：《印共（马）在特里普拉邦长期执政原因探析》，《当代世界与社会主义》2017年第6期。

良耕地 30 万英亩，培训熟练技工 88.18 万人。[①]

（二）加强基础设施建设，调整经济结构，确保经济持续发展

特里普拉邦、喀拉拉邦、西孟加拉邦以前经济发展十分缓慢，民众生活水平很低。印度共产党（马）在这几个邦执政后，实施经济发展优先战略，大力加强基础设施建设，优化发展环境，调整经济结构，融入国际市场，为经济持续发展注入生机和活力，民众的生活质量有了明显提升。

在特里普拉邦，印度共产党（马）执政后，确立以发展为导向的战略，大力加强基础设施建设，实行灵活的产业政策，积极吸引外资，实现经济快速发展。在基础设施建设方面，修建从阿加尔塔拉至阿萨姆、米佐拉姆等邦的多条铁路，对原有公路、桥梁等进行整修和改造，使交通运输条件得到明显改善。同时，鼓励银行、金融机构建立分支机构，为经济社会发展提供充裕资金。在产业政策方面，实施较为灵活的产业政策，在保持农业发展的同时，努力促进第二和第三产业的发展。在第二产业发展中，一方面，建立特里普拉公路运输有限公司、特里普拉邦天然气有限责任公司等公营企业，利用行政力量促进工业的发展；另一方面，出台《特里普拉邦工业发展促进法案》《工业投资促进奖励计划》等，给予新设企业在税收、贷款、用电、保险等方面的优惠。这些举措有力促进了该邦工业的发展。印度共产党（马）政府还注重发展信息产业、旅游业等第三产业。特里普拉邦已成为印度东北部的信息中心与重要的旅游基地。总之，在印度共产党（马）的领导下，特里普拉邦的经济保持了较快发展水平。据统计，2005—2014 年，特里普拉邦的经济增速达到 9.13%，超过同期全国水平 1.4 个百分点，经济总量由 19.9

---

① 张树焕、谢嘉宝：《新世纪以来印共（马）在喀拉拉邦竞争力持续增强的原因》，《世界社会主义研究》2019 年第 4 期。

沉浮

亿美元上升至 52 亿美元。[①]

在喀拉拉邦，印度共产党（马）执政后大力实施经济发展优先战略。在优化发展环境方面，推动邦政府服务型职能建设，建立集登记、审批、环境评估等功能于一体的一站式服务窗口，大力加强基础设施建设，优化投资环境。在经济结构调整方面，在推动农业发展的同时，大力发展第二、第三产业，通过税收、贷款等优惠条件促进更多新企业的建立。在融入国际市场方面，积极吸引外资，开展国际贸易，派遣高素质劳工赴海外务工。一系列措施的采取，促进了喀拉拉邦经济的跨越式发展。据统计，2005—2006 年度全邦 GDP 仅为 310 亿美元，2018—2019 年度上升至1250 亿美元，年均增长率达到 11.3%。经济的跨越式增长有效惠及全邦民众，全邦人均收入由 2005—2006 财年的 32351 卢比增加到 2018—2019财年的 138390 卢比，在全国 28 个邦中的排名由第 10 位上升至第 3 位。[②]

在西孟加拉邦，印度共产党（马）左翼阵线政府早在 1978 年初就公布了《西孟加拉邦的工业政策》文件，力求摆脱工业落后面貌。1994年 9 月底，又公布了新工业政策，强调主动吸引国内外投资，发展多种所有制经济与高科技产业，改造城市基础设施。新工业政策有力推动了地方工业化进程。如该邦钢铁业正以每年年均约 10% 的速度增长，几乎所有主要的印度业者都在当地设立基地，不断拓展业务。[③] 而且，通过基础设施改造，西孟加拉邦尤其是加尔各答的市区景象发生了巨大变化，高楼大厦林立，高速公路纵横贯通，大型购物中心随处可见。加尔各答这座曾是圣雄甘地眼中"垂死的城市"的都市化色彩甚至超过了首

---

① 张树焕：《印共（马）在特里普拉邦长期执政原因探析》，《当代世界与社会主义》2017 年第 6 期。

② 张树焕、谢嘉宝：《新世纪以来印共（马）在喀拉拉邦竞争力持续增强的原因》，《世界社会主义研究》2019 年第 4 期。

③ 米塔尔：《印度西孟加拉邦基础设施建设投资前景光明》，中国商品网，2007年 12 月 7 日。

都新德里，堪称印度最富活力的城市。

（三）采取灵活的政治策略，合理选择联盟对象，保持较强的竞争力

政治策略是指政治主体为了完成战略任务，根据政治形势的变化而确定的斗争形式和组织形式等。在选举政治中，政党的政治策略主要指政党为了上台执政或延续其执政地位而采取的竞选策略。毫无疑问，印度共产党（马）在喀拉拉邦、特里普拉邦、西孟加拉邦长期执政，与其实施合理的选举策略与政党联盟策略，并充分利用执政时机和执政资源有着直接关系。

在喀拉拉邦，针对每次选举都有数十个政党参选的情况，印度共产党（马）精心选择与其政治主张近似的政党进行合作。如，2001年，印度共产党（马）与印度共产党、民族主义大会党、革命社会党、人民党（世俗派）等四个政党合作结成左翼民主阵线。2006年，则推动印度全国同盟、印度大会党（社会主义）加入左翼民主阵线。2016年，又推动全国世俗会议党加入该阵线。其中民族主义大会党、革命社会党等政党与印度共产党（马）政治主张类似，均主张维护社会底层和弱势群体利益，这就确保了联盟的稳固和持久。在候选人确定上，也是从全局出发，合理调换，确保利益最大化。如，在2001年邦议会选举中，印度共产党（马）与印度共产党在蒂鲁瓦姆巴迪、卡尔佩塔等多个席位协商调换候选人，两党由此而增加的席位分别达到23个和7个；在2006年邦议会选举中，两党合作增加的席位数分别达到19个和5个。再比如，印度共产党（马）与民族主义大会党在埃拉丘、库塔纳德等9个席位调换候选人，因而在历次选举中均赢得这些席位中的绝大多数。与此同时，在历次选举中，印度共产党（马）通过提出旗帜鲜明的竞选纲领（如2006年竞选纲领是"致力于弱势群体的发展"，2011年是"公正性发展"，2016年是"实现世俗与廉洁的发展"）、实施亲民行动等方式塑造本党良好的形象，并积极利用行政资源为赢得选举服务，确保本党在竞选中的优势地位。

在特里普拉邦，早在 1977 年邦议会选举中，印度共产党（马）就与意识形态相近的政党，如印度共产党、全印前进联盟、革命社会主义党结成左翼阵线；2003 年，特里普拉国家社会党成立后，印度共产党（马）吸收其加入左翼阵线，组成了五党联盟。该联盟与国大党、特里普拉本地人民前线、特里普拉本地民族党等政党结成的联盟相比，更具有竞争力。与此同时，在推举候选人方面，印度共产党（马）领导的左翼阵线策略灵活，常常推举社会名流、影视明星等担任候选人或者为其拉选票，以增加获胜的概率。

（四）加强党员队伍建设，发挥基层组织作用，提升组织效能

目前，印度共产党（马）有党员 106 万人，党支部 10 万多个，下属群众组织的总人数超过 6000 万。党员数量的增加，党员质量的提升，组织结构的严密，组织效能的高效，确保了党具有强大的生命力、战斗力、影响力，使党执政由可能变为现实。

在党员队伍建设方面，印度共产党（马）十分重视党员的发展、教育和管理。在党员发展上，21 世纪以来，印度共产党（马）采取多种举措加强党员发展力度。一方面在党支部设立附属组织，吸收素质较好的民众进入该组织并进行政治和组织教育，考察合格后发展为预备党员，一年预备期满后，党支部根据其责任心、工作表现等决定是否转正；另一方面，充分利用网络技术吸引和发展党员，如在线呈现入党流程和党员登记表、实施党员发展流程预设分解与定时提示、在线党费缴交管理等，这种党员发展方式对年轻人特别有效。此外，还注重吸收国大党、印度人民党等政党的骨干成员或者社会活动骨干成员入党。如在 2017 年抗议莫迪政府禁止食用牛肉运动中，印度共产党（马）争取并吸收了穆罕默德·利雅兹等 39 位活跃分子入党。在党员管理上，每年

二、印度共产党（马）：重整河山待后生

均要对党员进行评估，上级组织派人参加评估会。评估内容包括是否遵守党章党纲、履行党员义务与权利、完成党组织交办的任务、参加党组织的培训、参加群众组织活动、在群众组织中表现如何、是否有责任心、是否按期交纳党费等。评估合格者才能延续党员资格。如不符合标准，就要清除出党。如果是不参加组织活动而被清除出党，本人可以向上级组织申诉。评估会后，支部要向上一级组织递交党员评估会报告，报告需得到上级组织的批准和登记。所有评估报告最后要统一上交中央。在党员教育上，党在中央和邦的两级党校每年开办短期培训班，向党员干部进行党章党纲教育、马列主义基本理论包括阶级学说教育以及共产主义价值观教育，帮助党员提高政治理论水平，筑牢思想防线。党还结合领导人诞辰活动开展党员教育。此外，还增加党报党刊的发行量，出版党代会文件，对党员干部和基层组织进行宣传鼓动和教育。通过这些举措，党员和干部的素质有了较大提高。

在发挥基层组织作用方面，印度共产党（马）非常重视发挥基层党组织的纽带作用，扩大党的影响，提升组织效能。首先，注重做群众组织的工作。印度共产党（马）在全国有6个群众组织，即工会组织、全印农民协会、全印农业工人联盟、全印学生联合会、全印妇女民主协会与全印青年联盟。印度共产党（马）认为，支部的一项主要任务就是广泛争取群众，扩大选民的支持。为此，党支部要求党员或党的积极分子到群众组织中工作，广泛接触社会各个阶层，传递党的声音，确保党对群众组织发挥指导作用。党员还要定期向支部或上级党组织报告他们在群众组织中开展工作的情况。同时，印度共产党（马）还要求党员不能把党组织的运作原则和方式强加给群众组织，允许群众组织保持自己独立的运作方式。其次，开展争取贱民等社会弱势群体工作。印度种姓制度的延续积聚了1.6亿人口的贱民阶层，他们处在社会最底层，是最受压迫和奴役的群体，其中3/4住在农村。印度共产党（马）坚决反对种

姓制度，致力于做贱民等弱势群体的争取工作。采取的主要措施是：将贱民组织起来，维护自己的权益，成立诸如"反种姓歧视委员会"和"部落民组织"等组织；要求支部加大宣传，要让社会各阶层特别是非贱民阶层中的穷人懂得种姓制度的危害性；利用贱民和非贱民阶层中贫苦百姓所面临的土地、社保、就业、卫生、教育等问题，把他们动员起来，团结在党的旗帜下；在贱民群体中发展党员。通过这些举措，印度共产党（马）得到了贱民的衷心拥护。再次，广泛团结其他社会中下阶层。印度共产党（马）地方党组织要求社区支部和党员在注重团结中产阶级，积极争取他们加入工会的同时，将组织发展的目标锁定在城市贫民和大量涌入城市的农村流动人口身上，注意吸收他们入党。如西孟加拉邦成立了残疾人组织，分支遍及各县，成员达 5 万人。有些邦还根据本地实际，创办了编织工、牧羊人、制陶人、渔民、理发师、洗衣工等行业性群众组织。成立这些组织后，党的触角深入社会各个角落，党的社会影响进一步扩大。

严峻考验在眼前

　　尽管曾经创造了比较辉煌的历史，但在 2019 年 5 月举行的印度第十七届议会大选中，印度共产党（马）的表现却让人大跌眼镜。在人民院 543 个席位中，仅仅获得 3 个席位，在由其领导的左翼民主阵线执政的喀拉拉邦也只获得 1 个席位，而西孟加拉邦地盘完全被印度人民党占领。其实，进入 21 世纪以来，印度共产党（马）的选举业绩就每况愈下。2004 年大选获得 43 个席位，2009 年大选获得 16 个席位，2014 年大选获得 6 个席位。由此可见，迈入 100 年门槛的印度共产党（马）正处在一个十分艰难的阶段，有可能陷入政治荒漠的地步。造成印度共产党（马）今天这种局面的原因是多方面的，许多因素制约着印度共产党

二、印度共产党（马）：重整河山待后生

（马）的发展壮大，严峻的考验就在眼前。

考验之一：国际阶级力量对比出现了新态势

目前，西方不少国家社会民主党选举成绩持续低迷，党员队伍日益萎缩。这种状况使印度共产党（马）一部分党员感到悲观失望，对社会主义的信念发生动摇，也令广大群众对印度共产党（马）所宣传的社会主义失去信心；当今世界以信息技术、生物技术和新材料为代表的高新技术及其产业突飞猛进，科技创新和科技成果转化为现实生产力的周期大大缩短，那些发达的资本主义国家利用科技优势，强化对全球技术、市场的垄断地位，其生产力获得了前所未有的发展，这就使得资本主义赢得了相对于社会主义的巨大优势，这种情况也会使印度共产党（马）一些党员以及广大群众偏向于资本主义。国际阶级力量对比失衡的状况，也会使印度共产党（马）的部分党员和群众为帝国主义的一时强大所迷惑，从而对社会主义发展前景感到悲观失望。总之，国际阶级力量对比出现的新态势，对印度共产党（马）的发展产生了严重的消极影响。

考验之二：印度宗教文化传统的消极影响日益增强

印度是一个历史悠久的国家，有着独特的宗教文化传统。印度宗教至今已有近4000年的历史。印度的宗教与文化有着水乳交融不可分割的关系，文化中蕴含着丰富的宗教内涵，而宗教本身就是文化的一部分。无论是早期的文化成就，还是近代的文化成就，都或多或少、或明或暗地含有宗教的内容。在印度，信教被认为是天经地义的事，而不信教则被认为是不可思议的，处处有神庙、村村有神池、户户有神龛成了印度的一大景观。直到今天，印度的宗教氛围仍非常浓厚。据印度政府统计，全印度约有99.36％的人笃信宗教。在现有的各种宗教当中，印度教是第一大教，印度居民中约有80.5％信奉印度教，13.4％信奉伊斯兰教，2.3％信奉基督教，1.9％信奉锡克教，0.8％信奉佛教，还有

沉 浮

少数居民信奉其他宗教。① 在印度，宗教信仰并不仅仅是一种个人信仰和精神寄托的方式，还是一种潜在的精神力量，是内化于信教者思想行为之中的一种追求。这种信仰一旦形成，就会对信教者的思想观念和行为方式起支配性作用，进而对整个社会产生巨大影响。20 世纪二三十年代，圣雄甘地在印度发动的两次非暴力不合作运动，都是借助宗教的力量才吸引大批的印度教信徒参加的。而同时代的印度共产党却在发动群众方面显得力不从心，一个重要的原因是宗教文化传统在印度的影响力太大。

当然，经过百年的努力，马克思主义在印度得到了一定的传播，印度的共产主义力量也有不小的发展。但总体而言，印度的宗教力量特别是广大的印度教教徒对马克思主义仍然采取拒绝和排斥的态度。尤其是2014 年之后，旗帜鲜明地宣扬印度教民族主义意识形态的印度人民党连续两次在大选中获得半数以上席位，这对印度共产党（马）造成了重大影响。这种影响主要体现在以下一些方面。

其一，印度教具有很强的保守性、封闭性和排他性，它不仅排斥像马克思主义这样的外来思想，就是对于其他的外来文明，包括西方文明、伊斯兰文明等，它也采取拒绝、排斥的态度。如印度人民党认为，印度穆斯林必须接受印度教文化，否则，他们只能成为这个国家的二等公民。在这种情况下，坚持以马克思主义为指导的印度共产党（马）在发展中必然要面对强大的阻力。

其二，印度教具有一般宗教的本质属性，是对客观世界的一种虚幻的歪曲的反映，是对所谓的神灵的一种绝对的信仰，是同马克思主义的辩证唯物主义和历史唯物主义相对立的一种唯心主义意识形态。印度教

---

① 中国银行股份有限公司、社会科学文献出版社：《文化中行——"一带一路"国别文化手册·印度》，社会科学文献出版社 2016 年版，第 17 页。

二、印度共产党（马）：重整河山待后生

的这种唯心主义的世界观，决定了它对一切世俗主义力量都会充满敌视和仇恨。在这种情况下，坚持马克思主义无神论原则的印度共产党（马），自然会成为广大印度教徒反对的首要目标。

其三，印度教的种姓制度是一种极端反动的等级制度，对印度共产党（马）的发展带来巨大冲击。所谓种姓制度，是指印度教社会特有的教阶等级制度，它是印度教的核心内容。从理论上讲，印度的种姓只有四个，即婆罗门、刹帝利、吠舍和首陀罗，但随着历史的发展，这些种姓又派生出了成千上万个亚种姓集团。印度的种姓制度已有近3000年的历史，给印度社会带来了灾难性的后果，使无数的低等种姓和贱民长期处于被歧视、被奴役的地位而得不到翻身，严重地制约着印度社会的进步与发展。印度共产党（马）是积极倡导自由、民主与平等，主张完全铲除种姓制度的政党。因此，它必然要受到各种姓集团特别是高等种姓集团的强烈反对和极端仇视。

考验之三：地方民族主义力量和地区性民族主义政党不断崛起

印度是个多种族、多民族的国家，最早的民族是属于尼格罗型的尼格利陀人和其后的达罗毗荼人。由于历史上曾多次发生过大规模的外族入侵，从而造成后来种族和民族的不断渗透、融合，形成了现在的种族和民族格局。目前，印度主要有七个种族，即印度—雅利安人，包括贾特人、拉其普特人、锡克人、卡特里人等；达罗毗荼人，包括桑塔尔人、比尔人、托达人、纳雅尔人、南布迪里人等；蒙古利亚人，包括加罗人、卡西人、库基人、那加人等；雅利安—达罗毗荼人；蒙古利亚—达罗毗荼人；西徐亚—达罗毗荼人和突厥—伊朗人等。印度现在的主要民族有印度斯坦族、泰卢固族、马拉地族、泰米尔族、孟加拉族、古吉拉特族、马拉雅拉姆族、卡纳达族、阿萨姆族、奥里雅族和锡克族等。印度种族与民族的多样性和复杂性决定了其语言的差异性和复杂性。据统计，印度大约有2000种语言，其中55种有自己的文字和文学。有各自文学宝库

沉浮

的19种语言被定为印度的官方语言。① 这种情况世所罕见。印度种族、民族、语言等方面的多样性和复杂性，再加上宗教和各种姓集团间的排他性，决定了印度社会的离散性和政治文化的多元性。有的印度学者指出，各地在不同种族、语言、民族基础上发展起来的地区政治文化具有相当大的差异，这种差异甚至不亚于欧洲各民族国家之间的差异。

印度独立以后，虽然较长一段时间国大党以绝对优势把持了中央政权，但由于印度不同地区、不同民族和种族之间的发展存在巨大差异，而中央政府的可控资源又有限，难以均衡运用以平衡各地、各民族和种族间的发展水平。这种情况逐渐激起地区、民族、种族的不满情绪。从20世纪60年代中期开始，地方民族主义力量和地区性民族主义政党不断崛起，并开始向国大党发起挑战。随着国大党的逐步衰落和在联邦中央执政地位的丧失，地区性民族主义政党日益强大，不少党已经取代国大党成为一些邦长期的执政党，如旁遮普邦的阿卡利党、安德拉邦的泰卢固之乡党等。进入21世纪后，各种类型的政党如雨后春笋般不断涌现。据印度全国选举委员会统计，在2004年5月举行的第14届大选中，共有764个政党进行了登记；而2009年5月举行的第15届大选中，有超过1000个政党参与，其中绝大多数是地方性政党。有的政党上个星期成立了，下个星期可能就消失了。印度政党繁杂的这一现状正是印度社会多民族、多种族、多语言、多宗教的客观反映。这些政党大多只是某个集团、某个群体利益的代表，具有强烈的排他性。这种情况使印度共产党（马）很难把自己的力量伸进各个政党影响力所及的地区和群众之中，其力量发展也由此而受到很大制约。事实上，只要这种局面长期维持下去，不仅是印度共产党（马）很难发展成一个强大的政党，包括国大党

① 中国银行股份有限公司、社会科学文献出版社：《文化中行——"一带一路"国别文化手册·印度》，社会科学文献出版社2016年版，第13页。

和印度人民党在内的其他任何一个政党都难以获得绝对的优势。

考验之四：具有极端民族主义和极端教派主义色彩的印度人民党迅速扩张

印度人民党成立于 1980 年 4 月，此后实力不断发展壮大，1984 年首次参加人民院选举即获得 2 个席位，在 1989 年人民院选举中猛增至 86 席，从此，成为印度政坛上一支不可小觑的力量。1996 年，印度人民党领导的联盟在人民院选举中获得多数席位，首次上台执政，虽然执政时间仅有 13 天，但也证明了其有问鼎政权的实力。1998 年，印度人民党再次上台组阁，并一直执政到 2004 年。经过 10 年的沉寂，印度人民党领导的全国民主联盟在 2014 年人民院选举中取得绝对多数席位，上台执政。2019 年，再次赢得绝对多数席位，继续执政。

印度人民党的迅速崛起，不仅极大地改变了印度的政治格局，而且对印度社会产生了深刻影响，并给印度共产党（马）带来严峻挑战。印度人民党带来的一个最大影响，就是为印度教教派势力的兴起提供了土壤。印度人民党的前身印度国民大会本身就是一个印度教极端组织。与倡导"世俗主义"的国大党不同，印度人民党自成立伊始就带有浓厚的教派主义色彩，大肆鼓吹所谓的"印度教特性"，联合其他印度教教派组织煽动教徒的宗教情绪，甚至挑起和参与国内教派冲突，借以扩大自身影响力。如在 1992 年的阿约迪亚"寺庙之争"、2002 年的古吉拉特邦冲突等重大教派冲突中，都能看到印度人民党的影子。上台执政后，印度人民党更是利用政权的力量在全国不断强化其"印度教特性"计划，重新改写课本，篡改历史教科书，不断向学生灌输印度教教义，公然破坏印度宪法中有关世俗主义的规定。由于印度教在数千年历史中形成的特殊重要地位，印度人民党的教派主义宣传对占总人口绝大多数的印度教教徒具有极大煽动性，这在信仰印度教的中下层民众中尤为突出。在这种情况下，印度共产党（马）所宣扬的马克思主义、社会主义

沉浮

思想的吸引力和影响力就会被大大抵消，更何况印度人民党还把印度共产党（马）视为自己的主要敌人，想方设法对其进行迫害。可以想象，随着印度人民党势力的进一步扩张，印度共产党（马）等左翼势力必将处于更加弱势的地位，面临更大的生存压力。

考验之五：印度共产党（马）自身建设存在着许多新问题

自印度共产党分裂以来，印度共产党（马）的发展一直比较顺利，很长一段时间位居印度第三大党的地位，并曾在西孟加拉邦、特里普拉邦、喀拉拉邦连续执政，这一切都使印度共产党（马）党内一些同志产生自满情绪，党的自身建设由此也出现了许多新问题。

其一，从中央到地方的党组织工作不力。党支部作为党组织的最基层单位，担负着联系人民、教育和组织群众、吸收党员、向上级党委汇报工作、通过组织讨论参与党的决策等任务。然而，目前印度共产党（马）只有30％的党支部在履行这些职责。大多数党支部每年只召开一两次会议，只是在举行选举、召开党代会或有一些特别活动的时候才有所行动。许多党支部对支部讨论和支部的决议不保留记录，在党员更新时不对他们进行任何考评，一个党员只要能交纳党费，党员资格就能保留。乡党委、区党委或县党委是党在地方的组织机构，负责所属各党委或支部的指导工作，但许多这样的委员会因缺乏有才能的领导干部而工作效率低下，不能给予所属各党委或支部及时而有力的指导。邦委会是更高一级的党组织机构，负责全邦的党务指导工作，但许多邦委会的工作存在问题。有的不关心群众，在处理群众事务中缺乏主动性；有的不制订工作计划，只是满足于应付一些临时性的问题；有的工作随意，办事拖拉；有的不为其成员确定工作任务，也不对其成员的工作进行考核；有的从不开展批评和自我批评，也不总结工作经验；有的对内部出现的诸如宗派主义和分裂主义等问题缺乏足够的重视，不能及时加以解决，以致最后达到不可控制的地步。党中央及中央政治局是党的最高组

二、印度共产党（马）：重整河山待后生

织机构，指导全党的工作，然而它们的工作往往也不到位，使党的不少决议和政策得不到贯彻。如，印度共产党（马）在 2014 年大选惨败后，中央委员会于 2015 年 12 月通过了一项决议，提出要强化党的组织力量，确保党的群众路线和阶级路线不动摇。但是，2019 年大选失利后，印度共产党（马）中央认为，"决议"的多个方面并未付诸实践。再如，根据 2018 年 6 月印度共产党（马）全国第二十二次代表大会决议规定，所有的邦委会都要对执行决议情况进行审查。然而，大部分邦委会并未进行这项工作。

其二，党内的不正之风在蔓延。以前印度共产党（马）干部的清廉能干是出了名的。印度政府每年下拨的扶贫和农村发展款项，在许多邦都被腐败官员层层吞吃，中饱私囊，而在印度共产党（马）执政的邦都被悉数发放到群众手中。正因为如此，许多老百姓把选票投给了印度共产党（马）。但近年来，官僚主义、贪污腐败、任人唯亲、玩忽职守等不正之风在一些领导干部中滋生和蔓延。不少人习惯于坐办公室和玩弄上层政治，不再重视与农民、临时工、穷人保持联系，与选民之间出现鸿沟。同时，因党内部党政区分不清、党委书记权限过大而引发的党内矛盾也很激烈。如在喀拉拉邦，执政的印度共产党（马）曾陷入内讧，邦首席部长阿诸善南丹和党委书记维亚原相互攻击，激烈的权力斗争甚至一度导致两人抛开对方，各自组建自己的党务系统和政务系统。在这种情况下，印度共产党（马）想要大发展确实困难重重。

其三，党的思想比较僵化。当今世界和印度正经历百年未有之大变局，新情况新问题层出不穷。作为一个马克思主义政党的印度共产党（马），应该坚持用马克思主义宽广眼界观察世界，准确把握世界发展趋势，认清当前印度的基本国情，推进符合形势发展和印度人民要求的理论与实践创新，制定适宜的纲领战略，争取越来越多的群众支持。但是，近年来，印度共产党（马）的改革意识不强，思想保守僵化，尤其

是对印度人民党的迅猛发展应对不力。不少学者认为，在具有强烈煽动性的右翼印度教民族主义的强大攻势下，印度共产党（马）目前的政治路线和战略战术已经面临史无前例的挑战，如果不能找到有效的应对战略，必然进入长期衰退的阶段。

在探索中前进

迈过 100 年门槛的印度共产党（马）虽然面临着巨大的考验，但其在印度的政治生活中仍然占有比较重要的地位。

（一）印度共产党（马）始终坚持社会主义信念

坚持马列主义，坚守社会主义信念，是共产党推动自身不断向前发展的基本前提。印度共产党（马）正是始终具有社会主义信念的马克思主义政党。从历史上看，印度共产党（马）经受了多次考验，虽然每次考验都十分严峻，但它始终对未来充满信心，始终坚持马列主义的指导思想，坚持社会主义和共产主义的信仰和原则。正因为如此，每次它都能化险为夷，并从考验中获取新的发展机遇。其中，冷静处置苏东剧变带来的消极影响就充分说明了这一点。

20 世纪八九十年代发生的苏东剧变，是导致世界社会主义运动严重挫折，影响当今世界格局、人类未来走向的重大历史事件。世界不少马克思主义政党与左翼政党在苏东剧变的冲击下一蹶不振。然而，印度共产党（马）却平稳地渡过了这场空前的危机。其实，还在苏联和东欧一些社会主义国家发生剧变的过程中，印度共产党（马）便多次召开中央委员会，讨论通过了一系列决议，如 1990 年 5 月通过的《关于一些社会主义国家局势发展的某些政治意识形态问题的决议》，1991 年 8 月通过的《关于苏联局势发展的决议》，1991 年 10 月通过的《关于政治和意识形态问题的决议草案》等，这些决议都阐明了印度共产党（马）

二、印度共产党（马）：重整河山待后生

坚持马列主义、坚信社会主义必将胜利的坚定立场。1992 年 1 月，印度共产党（马）召开第十四次全国代表大会，全党对社会主义充满必胜信念，一致表示印度共产党（马）将坚定不移地坚持马列主义。大会通过的《政治决议》指出，苏东剧变"使世界力量发生了有利于帝国主义的变化"，但"共产主义运动和社会主义遭受的倒退不会持久"，印度共产党（马）坚信"马列主义并未过时，社会主义具有广阔和光明的前景，决心与世界上一切坚持原则的共产党人团结一致，克服困难，共同捍卫马列主义"。会后，还举行了有 10 万人参加的大规模游行集会，群众高呼"社会主义必胜，资本主义必败"等口号。这之后印度共产党（马）还多次召开党的代表大会，每次大会都重申继续坚持马列主义，强调马列主义仍是党的行动指南，社会主义和共产主义遭受的挫折不会持久，社会主义仍然具有光明的前途。这一切都强化了广大党员对社会主义的信念，也使该党依旧保持了强大的凝聚力和战斗力。

（二）印度共产党（马）善于独立自主地探索适合本国国情的社会主义道路

实现马克思主义的本土化，独立自主地探索适合本国国情的社会主义道路，是共产党推动自身不断向前发展的内在要求。各国国情并不相同，这就要求各国共产党在探索本国的社会主义道路时，必须坚持独立自主的原则，一切从本国实际出发，不照搬照抄别国经验。印度共产党（马）长期以来一直坚持把马克思列宁主义的基本原理与印度的具体实践相结合，探索适合印度国情的社会主义道路，不盲从权威。这是它能够不断发展壮大的重要原因。

翻开印度共产党（马）的发展史不难发现，印度共产党（马）的发展史其实就是一部把马克思列宁主义的基本原理与本国具体实践相结合的发展史。在苏东剧变发生后，印度共产党（马）更加强调要依据印度的实际，坚持独立自主地探索印度的社会主义道路，并根据苏东剧变后

的形势，调整了党的纲领路线，2000年10月在特里凡得琅举行的特别大会上通过了经过修订的党纲。新党纲实事求是地分析了苏东剧变以来国际国内所发生的剧烈变化，强调要继续坚持人民民主革命道路，提出了未来人民民主政府所要实施的政治经济等方面的纲领，强调工人阶级及其同盟军要通过发展强有力的群众性革命运动，把议会斗争和非议会斗争的形式结合起来，争取通过和平方式建立人民民主，进而实现社会主义的转变。毫无疑问，印度共产党（马）新党纲的通过是党长期坚持独立自主探索革命道路的结果，新党纲对印度共产党（马）的发展必将产生重要的影响。

（三）印度共产党（马）善于运用灵活的统战策略来扩大自己的力量

善于运用灵活的统战策略，是共产党推动自身不断向前发展的重要手段。印度共产党（马）就是这样的一个党，它善于团结一切可以团结的力量，采取灵活的统战策略，壮大自身的力量。

1978年4月，印度共产党（马）在贾朗达尔召开十大，制定了统一战线政策，主张建立包括印度共产党等左派政党在内的左翼民主阵线，共同反对国大党（英）的统治。印度共产党（马）主张左翼各党不论大小，一律平等，互相尊重，独立自主，求同存异；同时主张各党之间如有分歧，应通过双边内部讨论协商解决；而不主张把分歧摆到左翼阵线会议桌上，更不主张公之于众，导致两败俱伤。由于印度共产党（马）能较好地处理同印度共产党等左翼政党的关系，并能在西孟加拉、喀拉拉和特里普拉等邦的议会选举中同它们结成联盟，因此能在这些邦连续执政。印度共产党（马）还根据形势发展的需要不断调整自己的统战策略。20世纪90年代中期以后，随着国大党（英）在联邦中央统治的结束以及印度人民党的上台执政，印度共产党（马）提出要建立既取代印度人民党统治又取代国大党（英）统治的"第三种力量"。这是一

二、印度共产党（马）：重整河山待后生

个范围更广的统一战线，其主旨是要争取团结一切可以团结的力量，共同对付当前最主要的对手——印度人民党及其同盟。在 2004 年的大选中，印度共产党（马）同国大党（英）进行合作，终于击败了印度人民党。这一切都充分体现出印度共产党（马）统战策略的灵活性，为印度共产党（马）今后进一步巩固自己的阵地、扩大自己的力量打下了基础。

目前，印度国内左翼力量的发展都面临着极大的困难，作为印度政坛上左翼最大的政党，印度共产党（马）只有与印度共产党等其他左翼力量携手合作、超越分歧，才能壮大左翼力量，进而实现在印度建立社会主义制度的目的。当然，由于历史原因，左翼政党之间的裂缝一时还难以完全弥合，但对于善于运用灵活的统战策略来扩大自己力量的印度共产党（马）来说，相信它完全能够找出一条新的合作之路。

三、德国社会民主党：
初心越来越远离

三、德国社会民主党：初心越来越远离

德国社会民主党是世界上第一个社会民主党，也是西欧各社会民主党（社会党、工党）中受马克思主义影响最大、历史最悠久、党员人数最多、最具代表性的政党，一直被认为是西欧各国社会民主党中的领头羊。自 1875 年正式诞生以来，德国社会民主党为适应时代发展和国内外条件的变化，不断进行调整和转型，逐步从一个受歧视、受迫害的反体制的党变成了认同并参与制定游戏规则的体制内的党，完成了从革命党到改良党、从工人政党到全民党、从纯粹反对派到主要执政党的转变。

1975 年德国社会民主党迎来了建党 100 周年。自 1966 年参与执政到 1969 年主导政府，建党 100 周年之际的社会民主党已成了德国政坛的主导力量。在该党的领导下，德国不仅在外交上有了许多重大突破，而且在经济上也出现了良好的发展势头，德国民众的整体生活水平特别是社会保障水平有了明显提高。不过，该党执政理念从服务工人群众向保障资本主义制度的协调发展转变，其阶级特色越来越不明显，离自己的初衷越来越远，这又遭到不少人诟病。

曾经的工人阶级政党

德国社会民主党最初是作为工人阶级政党而组建起来的，是为工人的解放而奋斗的，其历史可以追溯到 1848 年革命时期的德国工人协会，其前身是德国社会主义工人党。

德国社会主义工人党由全德工人联合会和社会民主工人党合并而成。1863 年 5 月 23 日，费迪南·拉萨尔同来自德国 11 个城市的 12 位代表在莱比锡建立了"全德工人联合会"，拉萨尔当选为主席。6 年以

沉 浮

后，1869 年 8 月 7 日，深受马克思思想影响的威廉·李卜克内西和奥古斯特·倍倍尔在爱森纳赫成立了"社会民主工人党"。这样，在德国大地上出现了两个工人阶级的政党。1875 年，"全德工人联合会"拥有约 15000 名成员，"社会民主工人党"的党员约为 9000 名。是年 5 月 23 日至 27 日，在哥达城，全德工人联合会同社会民主工人党合并，成立了德国社会主义工人党。

在社会主义工人党成立大会上，通过了作为两党妥协的产物，也就是后来遭到马克思严肃批判的《哥达纲领》。该纲领共有四个部分，阐述了合并后新党的奋斗目标、革命手段和道路、理想社会的标准等。该纲领空谈劳动的解放和生产资料归社会所有，避而不谈生产资料私有制是无产阶级受剥削的根源；接受了拉萨尔的"铁的工资规律"① 论点，掩盖了资本家剥削工人的秘密；主张"依靠国家帮助"，通过合法手段"争取自由国家和社会主义社会"；否认工农联盟，把农民视为"反动的一帮"；主张"不折不扣"公平分配所得，否认社会主义按劳分配原则；等等。纲领尽管存在许多错误，但也提出了工人阶级的解放是自己的事情，世上没有"救世主"，明确提出党的远大目标是"废除阶级统治和阶级本身"，建立"社会主义社会"，实现整个人类的解放。② 正因为如此，我们说德国社会主义工人党带有革命的性质。

当时的德国刚刚实现统一，资本主义发展方兴未艾，德国工人阶级的队伍不断壮大。据统计，1863 年全德工人联合会创立时，德国工人总数只有 200 多万，1871 年达到 820 万，1882 年达到了 1135 万，占总

---

① "铁的工资规律"是指拉萨尔提出的将工资的变动规律归结为劳动人口的变化的理论。实物工资将长期趋向于仅能满足劳动者日常所需的最低工资额。如果实物工资低于最低工资额，劳动者则无法在不满足最低生活所需的情况下工作；如果实物工资提高，劳动者的竞争将使工资回落至最低工资额。

② 张世鹏译、殷叙彝校：《德国社会民主党纲领汇编》，北京大学出版社 2005 年版，第 21 页。

三、德国社会民主党：初心越来越远离

人口的比例已经达到了 25%①。随着工人阶级队伍的壮大，德国社会主义工人党的政治影响力也日益增强。在 1877 年的德国议会选举中，社会主义工人党居然获得了 49 万张选票和 12 个议会席位，令人刮目相看。

虽然社会主义工人党当时还没有直接向资本主义制度发起挑战，仅限于呼吁国会通过立法来保证工人群众的政治、经济、社会权利，但这已严重威胁到资产阶级的统治秩序。"铁血宰相"俾斯麦出于对社会民主主义力量壮大的恐惧和仇视，以威廉皇帝在 1878 年 5、6 月间两次遇刺为借口，在当年 10 月 19 日假手帝国议会通过《镇压社会主义民主党企图危害治安的法令》（通称《反社会主义者非常法令》）。根据该法令，德意志帝国取缔了"社会民主党人、社会党人或共产党人旨在推翻现存国家和社会制度的一切组织"②。就这样，德国社会主义工人党成了非法组织，党的所有刊物被查封，党的许多领袖和骨干锒铛入狱或被驱逐出境，党的各种活动被迫转入地下。

转入地下之后，德国社会主义工人党在理论上更加倾向于马克思主义，公开号召广大工人群众团结起来推翻资本主义制度。马克思和恩格斯对转入地下的德国社会主义工人党的活动也给予了许多具体的指导和建议。1880 年 8 月，德国社会主义工人党在瑞士维登秘密召开代表大会，明确提出"用一切手段达到自己的目的"，这里的"一切手段"，既包括"合法"的又包括非法的，既包括公开的又包括秘密的。同时，重申争取普选权、立法权、教育权、免费医疗权、劳动保障权、结社自由

---

① 〔德〕汉斯－乌尔里希·韦勒著，邢来顺译：《德意志帝国》，青海人民出版社 2009 年版，第 30 页。

② 〔德〕苏姗·米勒、〔德〕海因里希·波特霍夫著，刘敬钦等译：《德国社会民主党简史 1848—1983》，求实出版社 1984 年版，第 36 页。

沉 浮

和信仰自由，"全力支持工会运动"①。

由于有广大工人群众和工会的支持，"非常法令"事实上并未能遏制住德国社会主义工人党的政治影响。在1884年德国议会选举中，社会主义工人党的得票数增加到了55万张，议会席位达到了24个。这一事实使德国政府意识到，对于工人运动，不能单靠武力镇压，必须认真对待与解决工人群众的实际问题。在俾斯麦主持下，德国政府于1883年、1884年和1889年连续通过《医疗保险法》《工伤事故保险法》《残疾和老年保险法》等一系列带有社会福利性质的法案，建立起所谓的"国家社会主义"体系。"非常法令"三次延长期限后，于1890年9月30日被废除，德国社会主义工人党重新获得合法地位。当然，这些法律不可能从根本上改变工人群众受压迫、受剥削的命运，但他们的现实生活状况的确有所改善，因此，他们对资产阶级政府、对资本主义制度的立场和态度也有所改变。

资产阶级统治策略的调整，对于德国社会主义工人党的确产生了重要影响。在1890年帝国议会选举中，德国社会主义工人党得票数猛增到142万张，得票率为19.7%，为各党派之最。然而，由于保守势力的歧视性选举政策，德国社会主义工人党只获得了391个席位中的35席。当然，这个成绩，也使德国社会主义工人党更加相信议会道路和合法斗争，因此，逐步放弃了一些过于激进的提法，更加关注工人群众当下的、直接的现实利益，如普遍选举权、结社自由、8小时工作制等。

1891年10月，德国社会主义工人党在爱尔福特召开了党的代表大会，作出了两个对该党有深远意义的决议。一是决定将党的名称改为"德国社会民主党"。从此，这个名称就沿用下来，直至今日。二是通过

---

① 中国人民大学科学社会主义系编：《国际共产主义运动史文献史料选编》第2卷，中国人民大学出版社1983年版，第161页。

了由卡尔·考茨基和爱德华·伯恩斯坦起草的《爱尔福特纲领》。纲领规定："工人阶级反对资本主义剥削的斗争必然是一场政治斗争。工人阶级没有政治权利就不能进行他们的经济斗争，不能发展他们的经济组织，他们不掌握政治权利就不能实现生产资料向全体居民所有的过渡。"因此，社会民主党的任务就是"把工人阶级的这一斗争塑造成为一种有觉悟的和统一的斗争，向他们指明他们天然必须实现的目标"。[1] 也就是说，工人阶级的经济斗争是以获得政治权利为前提的。

毫无疑问，该纲领兼有革命倾向和改良主义倾向，但此时德国的工人运动特别是社会民主党的趋势是一步步放弃阶级斗争特别是暴力的阶级斗争，走向议会民主制。特别是在以伯恩斯坦和考茨基为代表的一批党内人士重拾社会改良主义的理念，并不断发表与正统马克思主义有较大区别的言论之后，德国社会民主党人的"修正主义"之路似乎越走越远。

从《爱尔福特纲领》的通过到第一次世界大战爆发这一时期，德国社会民主党表面看起来获得了空前的成就。投德国社会民主党票的选民，1898 年为 200 万，1903 年突破 300 万，1912 年达到 425 万。该党的得票率占帝国议会选举总票数的 34.8%，由此获得了 110 个议会席位，成为议会中的最大党团。[2] 这说明，德国社会民主党尽管受到统治势力的压迫，但并未被禁止参与帝国议会党团活动，并且在议会选举中得到越来越多选民的支持，逐步取得议会斗争的主导权。

这种成就使德国社会民主党更倾向于通过议会民主而不是暴力革命的方式取得政权。但是，这种成就总是与不断的冲突相伴随。党内罗

---

① 张世鹏译、殷叙彝校：《德国社会民主党纲领汇编》，北京大学出版社 2005 年版，第 21 页。

② 〔英〕唐纳德·萨松著，姜辉、于海青、庞晓明译：《欧洲社会主义百年史》（上册），社会科学文献出版社 2008 年版，第 11 页。

沉 浮

莎·卢森堡等人强调党的革命理想，而著名的"修正主义者"伯恩斯坦等希望党坚持走改良主义的路线，放弃马克思主义学说。党的中央执行委员会则试图保留改良主义，并实现同革命理想的历史结合。

1905 年俄国革命后，德国社会民主党在国际工人运动中的威望有所提升，同时，党内一些派别的好斗精神也有所增长，不少人主张通过群众罢工影响德国政治进程。社会民主党理论家伯恩施坦和考茨基拒绝无政府主义式的群众罢工，但他们依然认可群众罢工的部分合理性。卢森堡则对群众罢工表示支持，并对罢工中的群众给予极高信任。不过，总的看来，德国社会民主党虽在公开场合仍然是反对现存社会制度的党，但实际上，该党比以前更多地卷入现存社会体制中去了。1905 年，在党的代表大会上，德国社会民主党决定对党的组织机构进行改革，这为党内官僚阶层权力和影响的迅速扩大在组织上创造了先决条件。1913 年有将近 1.1 万名德国社会民主党人在市和地区一级的议会里就职。更惊人的是，在整个 1910 年代，共有 10 万名德国社会民主党人在工人保险系统的机构和行动机关中、在贸易和工业法庭以及在城市的劳工介绍所里工作。此外，在这期间，德国社会民主党在选举中接连获得胜利，其结果引起了党内一些重要的变化。这些变化使该党更接近于同其他政党实行联合。

第一次世界大战爆发时，德国社会民主党受工会影响，支持德意志帝国使用武力手段解决争端，支持战争公债的发行。只有卡尔·李卜克内西（威廉·李卜克内西之子）在 1914 年 12 月的帝国议会中投票反对战争贷款，1915 年又有 20 名德国社会民主党议员投票反对。1916 年德国社会民主党党团以党的纪律为名，开除了这些异见者。这些不愿一起承担向反动势力妥协的"城堡和平"的德国社会民主党成员先是组成了自己的党团，接着成立了"斯巴达克同盟"，最后成立了"独立的德国社会民主党（USPD）"。它的成员包括伯恩斯坦、考茨基、李卜克内西

三、德国社会民主党：初心越来越远离

及罗莎·卢森堡。社会民主党的其余成员成立了"多数派德国社会民主党（MSPD）"。以弗里德里希·艾伯特和菲利普·谢德曼为代表倡导改良的"多数派德国社会民主党"，继续他们在议会中与资产阶级党派的合作，继而奠定了魏玛执政联盟的基石。他们与天主教徒的政治化派别中央党和资产阶级左翼的德国民主党组成联合政府，艾伯特任魏玛共和国第一任总统，谢德曼任魏玛共和国第一任总理。

"独立的德国社会民主党"尽管将自己看作由马克思、恩格斯、拉萨尔和倍倍尔奠定的革命社会民主党的真正继承人，而事实上，它只是战争反对者的一个不纯的集合体。战争结束后，斯巴达克同盟先是和其他激进左翼的代表成立了以苏联为榜样主张用暴力建立一个无产阶级专政的德国共产党（KPD），接着在柏林发动了以失败告终的斯巴达克思暴动。而"独立的德国社会民主党"的改良派则与"多数派德国社会民主党"在理念上无甚区别，都主张放弃暴力的阶级斗争，试图通过议会民主来改变和改良资产阶级的国家与社会。于是，在左翼激进人士分裂出去组建德国共产党，并使之成为激进的革命的大众党之后，"独立的德国社会民主党"别无选择，于1922年与"多数派德国社会民主党"重新统一为一体的德国社会民主党。

从1919年到1925年，德国社会民主党的弗里德里希·艾伯特一直担任年轻的魏玛共和国总统，德国社会民主党也主导政府的各个部门，在1928年到1930年组成了以海尔曼·米勒为首的米勒Ⅱ内阁大联合政府。奥托·布朗在普鲁士从1920年到1932年也一直担任普鲁士总理。由于一些工人阶级选民投向了德国共产党，德国社会民主党一直试图作为反对党来保持在帝国内部政治的影响以减少选票的流失。

虽然国家社会主义德意志劳工党（纳粹党，NSDAP）开始崛起，德国社会民主党还是保持了它的选民群体。纳粹党依靠年轻选民甚至非选民赢得了选举，但是德国社会民主党并没有太多的反对。由于德国社

沉 浮

会民主党结构上的症结，它不愿意和被德国社会民主党称为社会法西斯的德国共产党合作，同时其他边缘化的公民党也不是对抗纳粹的好伙伴。德国社会民主党议会议员采取的妥协政策，导致了布吕宁政府（1930—1932）中一部分年轻党员和德国社会民主党左派受到越来越多的责备。1931年一部分德国社会民主党左派再度组成自己的组织。在一场被称为普鲁士政变的运动中，德国社会民主党最后的堡垒也被攻破。德国社会民主党在其他所有党派对授权法投了赞成票的情况下，毅然投出了反对票，捍卫了它作为一个强调民主的党派的荣誉。在德国社会民主党的所有党产被没收以后，相当一部分的党派领袖移居他国。

　　1933年5月17日，德国社会民主党的一些议员在生命受到威胁的情况下通过了希特勒的外交解释。同年6月21日，德国社会民主党收到了希特勒的禁令；6月22日，德国社会民主党被迫解散。以后，党的执行委员会又在布拉格重新建立。1937年，执行委员会将其总部搬到巴黎。1940年法国沦陷后，执行委员会剩下的一部分成员又到了伦敦，而另一些成员则直接逃往美国。在斯德哥尔摩和苏黎世也有德国社会民主党流亡党员的中心，但伦敦是最重要的中心，因为残存的执行委员会在伦敦，同时，德国社会民主党员看到了同英国工党联系的重要性。再者，德国社会民主党在伦敦的代表能通过在英国的德国社会党人组织联盟这一机构，同其他流亡的德国社会民主党人一起工作。1938年，流亡的党的执行委员会（以奥伦豪尔·福格尔为代表）同"新开始集团"（以瓦尔德马尔·冯·克内林根为代表）、社会主义工人党和国际社会党人战斗团（以维利·艾希勒为代表）召开了一次会议，会后组成了"德国社会党人组织联盟"。

　　德国社会民主党曾在国会中发挥了重要作用，这是该党能够得以长久存在的重要原因之一，但在流亡时期，这种作用消失了。他们在很大程度上失去了外国的社会民主党盟友对他们的支持和指导——只有英国工党还给予部分的支持。他们不得不回到领导和组织一个革命运动（从当时剩下来的社会民主党出发）来反对国家社会主义的愿望。但这仅仅是一种愿望而已。德国社会民主党的一些领导人曾预期，1878年到1890年的情况会再现。在那个时期里，流亡的党的领导人仍然能够指导虽已被取缔但活动依然很活跃的社会民主党。但同他们最初的想法相反，流亡中的社会民主党人很快发现，他们再也不能对德国国内的事情施加任何影响。不仅通信联络变得非常困难和危险，而且德国国内的社会民主党员也无意接受外来的指示。1930年德国社会民主党政府的垮台，对他们来说是记忆犹新的。那些继续积极反对现政权的人，一般都被投进了集中营。其余的绝大多数人也都被说服，即使不支持现政权的话，至少也要默认现政权。这种默认一方面是由于对现政权的恐惧，另一方面也是因为看到了现政权成功地缓解了失业严重的情况。

第二次世界大战爆发后，德国社会民主党的流亡领导人同国内的直接联系完全中断，以后他们集中努力来帮助同盟国的行动，以及规划战后的德国。尽管流亡在外的德国社会民主党领导人想对同盟国的战争目的或是德国境内的事件施加影响的努力失败了，但这对该党来说仍然是十分重要的。在过去，对党的前途曾有过不断的辩论，这些辩论经常成为相互的指控。但从长远的观点来看，这些辩论是非常重要的。通过辩论，人们对德国社会民主党应该成为什么样的党，有了一致的意见。这种意见同在德国国内的德国社会民主党代表人物库尔特·舒马赫提出的看法很接近，为以后流亡者同库尔特·舒马赫战后的合作提供了基础。

总之，建党以来，尤其是成为德国政坛的最大政党以来，德国社会民主党虽然未能像马克思曾经希望的那样，利用手中的权力来推翻资本主义所有制，但就其基本立场而言，仍不失为德国工人阶级的政党。由于德国工人阶级还处于发展壮大时期，德国社会民主党尽管遭受到一些挫折，走过一些弯路，特别是希特勒上台后甚至被取缔，但它在德国政坛的影响力却坚如磐石，因为它有深厚的社会基础——占人口绝大多数的工人群众。

与传统的彻底决裂

第二次世界大战让世界人民，特别是西欧各国人民陷入水深火热之中，同时，也给德国人民特别是德国社会民主党人带来了深重灾难。战争结束后，尽管德国社会民主党恢复了合法地位，但由于组织机构已被完全破坏，在较长一段时间内它都处于重建之中，无法正常参与政治活动。

当时，领土大大缩小的德国被分为苏、美、英、法占领区。大柏林作为特区也被分为 4 个占领区。盟国在波茨坦会议时已决定允许德国人有独立的政治生活及建立民主党派。出人意料的是，苏联首先在 1945 年 6 月 10 日决定，在其占领区内允许党派、工会及其他政治和社会团体建立。于是，一天之后，德国共产党首先露面，并积极寻求和德国社会民主党合作。然而，由于德国共产党过于依赖苏联，在以后的投票中，苏占区的德国社会民主党不管是得票数还是民意都高于德国共产党。最后在苏联的支持下，德国共产党于 1946 年 4 月强迫苏占区的德国社会民主党和自己统一，并更名为德国统一社会党（SED），而德国共产党党员则获得了这个新党的大部分领导职位。德国统一社会党在苏占区攫取了除苏联势力以外的各项权力。这种情况一直延续到 1949 年德意志民主共和国（DDR）成立，进而，直到 1990 年德国统一。

在美、英、法占领区，库尔特·舒马赫出任重建后的德国社会民主党第一任主席。库尔特·舒马赫强烈反对共产主义以及任何与德国共产

三、德国社会民主党：初心越来越远离

党的合作，他认为德国共产党试图建立明显为恐怖主义的体系。他强调：德国社会民主党必须扩展它的社会基础，并且向中层人士推进；阶级斗争虽然是社会事实，但是它的过程比预想的要复杂；私人财产不应被剥夺，只有带有经济强权且不造福社会的庞大私人资本才应被消除；最终目的应是议会民主制，要尊重人权，党派要多样化，而国家对经济则实施温和调控。由此可见，这些主张并不偏激，只是延续了该党在纳粹上台前的政治传统。但这些主张与战后德国的实际情况并不相符，导致其影响力不断下滑。

当时，在资产阶级阵营方面，一个拥有更广泛社会基础的政党成立了，这就是基督教民主联盟（CDU）。这个政党试图聚合除巴伐利亚州以外的全联邦德国所有非共产党及非社会民主党的社会阶层。在巴伐利亚州，二战结束后成立了基督教社会联盟（CSU），它在1949年全国基督教联盟势力大会上选择了保持独立，不过在以后的联邦选举中都是与基督教民主联盟联合计票，并和基督教民主联盟在联邦议会里组成联合党团。

1949年8月举行战后联邦德国第一次大选，德国社会民主党仅获得29.2%的选票，131个席位；而其竞争对手基督教民主联盟和基督教社会联盟则获得31%的选票，139个席位，从而掌握了组阁权。1953年第二次选举，德国社会民主党的得票率又明显下滑，基督教民主联盟得票率则上升到45.2%。到1957年第三次选举，基督教民主联盟的得票率飙升到50.2%，即它独自获得了绝对多数，这在德国近代史上是绝无仅有的。德国社会民主党虽然有所回升，但也只有31.8%，比基督教民主联盟少了将近20个百分点[1]。

---

① 〔德〕弗朗茨·瓦尔特著，张文红译：《德国社会民主党：从无产阶级到新中间》，重庆出版社2008年版，第79、87、89页。

沉浮

这一时期，联盟党领袖阿登纳在国内实施"社会市场经济"战略①，再加上"马歇尔计划"的帮助，联邦德国的经济得到迅速恢复和发展。到 1950 年，联邦德国的经济已恢复并超过战前的水平，开始进入经济调整发展时期。20 世纪 50 年代，每年国民生产总值平均增长 7.5%，经济增长呈现飞跃状态，被国内外誉为"经济奇迹"。1955 年 5 月 5 日正式生效的《巴黎协定》，使联邦德国赢得独立主权。1960 年，联邦德国一跃成为资本主义世界中仅次于美国的第二经济强国。

阿登纳在短短的几年时间里，就令联邦德国不但摆脱了战败国地位，获得独立主权，而且与美、英等国共同担负起了欧洲防卫的重任。这促使德国社会民主党对自己的路线进行反思，而接连几次的败选，也使得该党需要重新调整党的纲领。事实上，早在 1949 年败选后，德国社会民主党相继出台了 1949 年的《杜尔克海姆十六点纲领》、1952 年的《多特蒙德行动纲领》。"行动纲领"在主张大工业国有化、计划经济和社会产品公平分配的同时，提出了保护手工业和农业自由发展，保护市场竞争和中小企业，提高社会效率，并把社会民主党定性为"建设性反对党"。1954 年柏林会议又对《多特蒙德行动纲领》进行了修改。值得注意的是，这次会议不再强调一贯主张的国有化和计划经济，不再提阶级斗争，而是强调在社会主义条件发生深刻变化的背景下党如何实现自己的目标。会议提出党不应"代表个别集团的利益"，而应该"变为人民的党"等主张②。至此，德国社会民主党的"改良主义"性质已经形成。

1957 年选举的惨败以及党员人数由 1947 年的 87.5 万人降到 1958

---

① "社会市场经济"是联邦德国艾哈德提倡的经济理论，其核心是经济自由、社会公正和社会安全，在坚持市场经济与自由竞争的前提下，强调社会秩序与国家的宏观调节。该理论一直是联邦德国经济建设的主要指导思想。

② 张契尼、潘其昌：《当代西欧社会民主党》，东方出版社 1987 年版，第 144 页。

年的 62.4 万人，进一步加速了德国社会民主党的改革。正是在这一背景下，1959 年 11 月，德国社会民主党在哥德斯堡的党代会上通过了《哥德斯堡纲领》，其实质内容主要包括：突破阶级斗争的传统观念，反对现实的社会主义，反对任何阶级专政，明确党的指导思想是民主社会主义，它根植于西欧的基督教伦理、人道主义和古典哲学，倡导思想多元化；不再把社会主义作为终极目标，而是被看作一场持久运动、一种价值追求，其基本价值是"自由、公正、团结、互助"；不再把生产资料社会化和计划经济看作社会主义的经济特征，而是主张在允许私有制和市场经济存在的情况下增强国家宏观调控能力，强调"尽可能开展竞争，按需要实行计划"；党不再仅代表工人阶级利益，而是代表全德国人民利益，党的奋斗目标不再仅仅是工人阶级的解放，而是实现所有人的解放；党不再反对宗教，而要与教会、宗教团体合作，并在与其他政党开展平等竞争中取得执政地位；拥护现存的国家制度，遵守德意志联邦共和国基本法，保卫自由民主的基本制度，支持国防等。

从这些内容可以看出，《哥德斯堡纲领》不仅公开放弃了阶级斗争的提法，还放弃了社会主义这个最终目标。用弗朗茨·瓦尔特的话来说就是："1959 年 11 月 13—15 日，在巴特哥德斯堡举行的德国社会民主党非常代表大会标志着社会民主党工人运动史上伟大的纲领转折。从此，它不再坚信无产阶级和马克思主义，而是深信基本价值和多元主义。"[1] 这表明，德国社会民主党已经由工人阶级的政党转变为一个全民的政党，德国社会民主党以及社会民主主义已经离开了马克思主义的科学社会主义道路，形成了一套完全不同的理论，其与传统已彻底决裂。

---

① 〔德〕弗朗茨·瓦尔特著，张文红译：《德国社会民主党：从无产阶级到新中间》，重庆出版社 2008 年版，第 97 页。

沉 浮

尽管不少德国社会民主党党员在初期无法接受基本放弃马克思和恩格斯政治遗产的新纲领，认为对以前工人运动内涵的放弃意味着放弃与资本主义丑恶进行抗争，担心德国社会民主党成为一个全民党。然而，《哥德斯堡纲领》最终奠定了德国社会民主党在新时期的基本路线，并由此实现了由工人党向人民党的重大转变。这一转变适应了当时德国社会发展的需要，也为其赢得了更多的民意支持与地方上的执政权。

事实也说明了这一点。这一转变对德国社会民主党的发展壮大和登上执政舞台起到了立竿见影的效果。首先是党员人数迅速回升，1960年增加到65万人，1965年增至71万人，1973年达到近100万人。与此同时，党员的年龄结构逐渐降低，在新入党的党员中，40岁以下的人1960年占55.3％，1969年占67.2％，1972年达到75.2％（其中21岁以下的占19.7％）。其次是在大选中的得票率持续上升，由1957年的31.8％增加到1961年的36.2％，1965年的39.3％。

1965年至1966年，德国经济出现了持续低迷。为了平衡预算，执政的基督教民主联盟政府决定提高税收，联合执政的自由党坚决反对，几名自由党部长集体辞职，导致联合政府垮台，德国政局出现动荡。在这种情况下，德国社会民主党决定与自己多年的竞争对手基督教民主联盟合作，组建一个大联合政府，德国社会民主党新任主席维利·勃兰特出任政府副总理兼外交部长，德国社会民主党领导人、著名经济学家卡尔·席勒出任经济部长。在民众对德国社会民主党还普遍怀疑的情况下，能够得到连续执政将近20年的资产阶级大党的认可，并且主管基督教民主联盟一直引以为自豪的两个部门——外交部和经济部，这对已经靠边站了17年的德国社会民主党来说，至少是一次证明"永久的反对党"也具有参政能力的机会。

德国社会民主党果然表现不凡。在被誉为德国经济政策超人的经济

三、德国社会民主党：初心越来越远离

学家席勒的精心调整下，德国经济很快走出了低迷，公共财政也日渐平衡。在外交方面，作为副总理兼外交部长的勃兰特成功扭转了联盟党团长期推行的"哈尔斯坦主义"①而使外交走进死胡同的局面，提出了大胆、灵活的"新东方政策"，促成了与民主德国（即东德）及波兰、捷克斯洛伐克、匈牙利等东欧国家关系的解冻。

德国社会民主党由于表现突出，在 1969 年选举中其得票率又增加了 3 个多百分点，达到了史无前例的 42.7%，成为议会中最大政党并获得组阁权，随后与自由民主党组成联合政府，德国社会民主党领导人勃兰特出任联邦总理，这是德国社会民主党人战后第一次出任总理。面对国内外一系列棘手问题，勃兰特敢于大胆探索。在内政方面，他提出了雄心勃勃的改革计划，为改变国内经济的困难局面提供了推动力，使联邦德国从困境中走了出来，继续朝着繁荣、发展之路迈进。

与治理内政的成就相比，外交活动更使勃兰特的个人形象大放异彩。在总理任上，勃兰特继续推进更为灵活的"新东方政策"，积极主张开展多边外交，力求以"合作代替对抗"，缓和并发展同苏联和东欧社会主义国家的关系。1970 年 3 月，勃兰特访问民主德国，之后签订两国基础条约。此后，他又访问苏联、波兰、捷克，先后与这些国家签订包括放弃武力、承认战后边界和领土现状、促进相互关系正常化等内容的条约，统称《东方条约》。从此，联邦德国和苏联以及其他东欧国家的关系大为改善，联邦德国由此赢得了更多的外交空间。可以说，勃

---

① "哈尔斯坦主义"是德意志联邦共和国推行的一项对外政策。1955 年 9 月，根据外交部国务秘书瓦尔特·哈尔斯坦的建议而制定。其主要内容是德意志联邦共和国单独代表整个德国，不承认德意志民主共和国，不同意与德意志民主共和国建交的任何国家（苏联除外）建立或保持外交关系。1969 年社会民主党执政后，宣布推行"新东方政策"，"哈尔斯主义"事实上已停止执行。

沉 浮

兰特的"新东方政策"及时把握了时代脉搏，喊出了德意志民族的共同心声，体现了全德人民统一的愿望，受到了全体德国民众的拥护。正因为如此，联邦德国牢牢抓住了德国统一的主动权。而民主德国的政策则相形见绌，其否认德意志民族的统一性，认为"社会主义民族"与"资本主义民族"像"水与火一样是不相容的"，这一顽固立场渐渐为世人所否定与排斥。

勃兰特执政期间还曾有过"华沙之跪"，令人感动与回味。1970 年12 月 7 日，出访波兰的勃兰特冒着凛冽寒风，前往华沙当年的犹太人隔离区，向那里的犹太死难者纪念碑敬献花圈。在纪念碑前敬献完花圈后，勃兰特突然双膝下跪，为在纳粹德国侵略期间被杀害的死难者默哀。他的这一举动让人猝不及防，在联邦德国国内乃至世界各国都引起了巨大反响，人们无不为之动容，认为这是一个国家和民族的深深忏悔。"华沙之跪"极大地提升了勃兰特和联邦德国在外交上的形象，也是战后联邦德国与东欧各国改善关系的重要里程碑。勃兰特这一勇敢的行为，也使他成为 1971 年诺贝尔和平奖获得者，并在他杰出的政治生涯中画上了浓重的一笔。

在勃兰特的坚强领导下，德国社会民主党毫无悬念地赢得了 1972年的选举，得票率再创新高，达到 45.8％。社会民主党继续执政，勃兰特继续担任联邦总理。两年之后，也就是 1974 年，正在自己的事业如日中天之时，由于身边的秘书被指控为民主德国间谍，勃兰特不得不辞去总理职务。继任的赫尔穆特·施密特继承了勃兰特的所有政策，有效缓解了由于石油涨价、经济萎缩造成的失业压力。在 1976 年大选中，由施密特挂帅的德国社会民主党依然获得了 42.6％的高票并继续执政，施密特继续担任联邦总理。

这样，德国社会民主党得以继续执政，为建党 100 周年抒写了浓墨重彩的一笔。

三、德国社会民主党：初心越来越远离

百年后的发展之路

100 年之后的德国社会民主党经历了比较曲折的发展之路：一直在执政与在野中徘徊。

施密特出任联邦总理之时，先后遭遇两次国际石油价格暴涨。第一次由于有巨大的贸易顺差，再加上遣返了 50 万没有长期工作许可证的外籍工人，政府有效缓解了因石油涨价、经济萎缩而造成的失业压力。1979 年第二次国际石油价格再次暴涨，德国已经没有了贸易顺差，也没有可以遣返的外籍工人。从 1981 年开始，德国经济便开始出现负增长，失业率不断攀升。1982 年，失业人口达到 200 万。为了摆脱经济危机，德国社会民主党主张采取传统的积极的财政政策，以扩大需求、增加投资来刺激经济，而联合执政的自由民主党则坚决反对过多的政府干预，并转向了以科尔为领袖的联盟党一边，这使得德国社会民主党在连续执政 16 年（其中有 3 年为参与执政）之后再度被挤下政坛，成为反对党。

1982 年被迫下台之后，德国社会民主党重新评估所采取的路线，开始修正自 1974 年 5 月接替勃兰特任联邦政府总理的施密特所采取的右翼路线。在德国社会民主党内部，右翼是指那些认同《哥德斯堡纲领》、支持社会福利、反对任何弹性化劳动政策的代表；相对于此，左翼是指接纳新政治议题，不反对弹性化的势力。因此，左翼是反对以工人阶级为唯一取向，而右翼则是传统派。尽管施密特是在欧洲部署核弹的倡议者之一，但在他下台之后，德国社会民主党很快地转为反对的立场，并且接受和平主义运动的诉求。相对于当时美国里根政府动辄诉诸战争的言论，下台后的德国社会民主党提出了"共同安全"的新外交主张，这是 20 世纪 60 年代东进政策的延续，强调东西双方的安全是需要

111

相互保证，共同参与才能获得。在欧洲整合方面，德国社会民主党也主张建构欧洲的社会安全制度，将最低限度的福利标准形成欧洲整合的依据，防止若干低度保护的国家进行所谓的"社会倾销"。在绿色政治方面，德国社会民主党同意生产力增长并不是发展的唯一目标，重视环境生态的发展策略，认为新的排放管制、回收、可更新能源、自然保育、废弃物管制等都有可能创造新的就业机会，许多工会团体也不再反对生态保育的诉求。总之，下野后的德国社会民主党希望结合新旧社会运动的力量，将传统的工会与新政治议题共同置于其旗帜之下。不过，这些主张并没有得到选民的认可。在 1983 年选举中，其得票率下降到 38.2%，1987 年又下滑到 37.0%。

面对不尽如人意的选举表现，以及随着全球化浪潮的推进和知识经济的兴起，德国社会结构出现的新变化，尤其是工人阶级队伍萎缩、选民思想分化带来的新挑战，1984 年开始，德国社会民主党就着手制定一个新纲领，并在 1989 年柏林党代会上通过，1998 年莱比锡非常党代表大会上又做了补充，称作《柏林纲领》（1998 年补充）。该纲领的突出特点有以下几个方面：一是重新把马克思主义的历史和社会学说作为民主社会主义思想来源；二是对"自由""公正""团结互助"的基本价值做了解释，并强调三者的独立性和互补性；三是把党定位为"左翼人民党""改革的党"；四是把民主社会主义建立在"民主和人权"基础上，反对社会的国家化，同时，强调"民主制国家并非目的本身，它只是塑造社会的手段"；五是把实现人的尊严作为出发点，突出男女平等，争取"人人都有好工作"；六是保护生态环境，防止技术滥用，维护共同安全；七是按照"质量优于数量的原则"发展经济，改造社会福利，实施预防性社会福利政策；八是要求在混合经济中市场和国家"各司其职"，共同发挥作用，实行"自主竞争＋国家干预"的经济运行体制；九是促进"职工参股"、公民"共决"和人道化的劳动，建立人人平等、团结互助、协调和平的社会。① 由此可见，德国社会民主党开始把自己打造成所谓"新中间阶级"的党。

1990 年 10 月 3 日零时，在柏林国会大厦举行隆重的升旗仪式，联邦德国的国旗高高飘扬，德国顺利实现统一，民主德国以 5 个州的形式加入联邦德国。统一后的德国版图达到 36 万平方千米，人口超过 8000 万，居欧洲联盟之首，国民生产总值几乎相当于英法两国之和，成为欧洲乃至世界举足轻重的大国。1990 年 12 月 2 日，统一后的德国举行了第一次议会选举。这次大选的主要议题是德国统一。但这个议题与《柏林纲领》的制定，都没有对德国社会民主党的选情产生重大影响。当时，没有人将德国统一归功于 20 世纪 60 年代德国社会民主党的东进政策，而是把目光焦点集中到基督教民主联盟的科尔身上。而且，脱离共产党统治的德国东部地区对于任何社会主义、社会民主等字词不怀好感，他们只是想要德国西部地区的富裕。此外，虽然德国东部 5 个州在魏玛时代就是德国社会民主党的大本营，但在民主德国统一社会党统治下，德国社会民主党被禁 40 年，不再具有任何实力。相比而言，统一社会党更能容忍基督教民主联盟政治人物继续活动，这些人在统一之后并没有承担任何责任，可以大方地接收选票。这些因素使得德国社会民主党在德国东部地区的表现很不理想。果然在这次选举中，德国社会民主党再次受挫，基督教民主联盟与自民党得票合计超过半数。

1994 年之后，德国经济开始持续低迷。1996 年，德国的失业率首次突破两位数，达到 10.4％，1997 年进一步飙升到 11.4％，1998 年初达到 12.6％，接近 500 万人失业，创第二次世界大战结束以来最高纪

---

① 武振华：《从社会民主主义到民主社会主义》，《北京教育学院学报》2019 年第 4 期。

沉浮

录。严重的失业率、沉重的社会保障支出、高额的政府债务，使得科尔政府的号召力和威信一点点消失，科尔也逐渐失去了"统一总理"的光环，变成了人们口中的"失业总理"。结果在 1998 年 9 月德国统一后的第二次大选中，科尔领导的基督教民主联盟得票率只有 35.2%，德国社会民主党则以 40.9% 的支持率成为议会第一大党。通过与绿党组成联合政府，德国社会民主党在 1982 年选举失利之后重新回到执政地位。施罗德担任政府总理。1999 年 3 月，德国社会民主党主席、政府财政部部长奥斯卡·拉方丹因与总理施罗德理念不合，辞去党内和政府职务。施罗德继拉方丹之后成为党主席。

重返政坛的德国社会民主党采取了与以前完全不一样的执政策略。用施罗德的话来说，就是德国开始走上了一条所谓"新中间道路"。为了刺激持续疲软的德国经济，施罗德政府不是刺激消费，而是采取了当时西方国家普遍采用的减税措施。施罗德政府把个人所得税的起征点从先前的 12360 马克，逐步提高到 2002 年的 14000 马克；与此同时，起征税率从 25.9% 降低到 19.9%，最高税率也从 53% 降低到 48.5%。施罗德的解释是，这叫放水养鱼，减少政府干预，尊重市场规律。

如此大规模的减税意味着政府财政必然减少，政府财政开支必须进行大幅度压缩。而在当时德国政府开支中，占比重最大的社会保障开支（从 1995 年起已经突破了国内生产总值的 30%）必然首当其冲。为此，施罗德政府甚至做出承诺：每年要减少国内生产总值 0.8 个百分点的社会保障开支，其主要措施是创造更多的就业岗位，减少失业，从而减少失业救济金的发放。

应该讲，施罗德政府这些举措在一定程度上刺激了持续疲软的德国经济。德国经济从 1999 年开始复苏，失业率明显下降。正是在这样的背景下，德国社会民主党不出意外地又赢得了 2002 年的大选，其得票率虽然下降至 38.5%，但由于其竞争对手基督教民主联盟的得票率仅为 29.5％，德国社会民主党保住了联邦议会第一大党的地位，从而得以连续执政，施罗德继续担任政府总理。

蝉联总理的施罗德加大了改革的力度。2003 年 3 月 14 日，施罗德在议会发表演说，公布了著名的"2010 议程"。该"议程"的核心内容是：改革劳动力市场、压缩社会福利、降低税率、加大科技创新的力度以及大力发展职业教育事业。施罗德政府希望通过实施"2010 议程"来达到提高经济效率、强化国际竞争力的宏伟目标。

"2010 议程"的主要组成部分是为减少劳动力市场的刚性而实施的"哈茨方案"，即施罗德政府在 2002 年 2 月 22 日成立的由大众公司人力资源部执行官彼得·哈茨领衔的劳动力市场现代服务委员会提出的劳动力市场改革计划。根据这一改革计划，政府的劳动管理部门要转变职能，从对劳动力市场进行的过多干预变为积极而主动的服务，增加面向失业者的就业服务中心，强化职业培训，调整失业补助金。与此同时，为将改革对劳动力市场产生的负面影响降到最低限度，施罗德政府一方面要求企业最大限度地减少裁员，另一方面要求工人忍受就业福利的削减。此外，政府还鼓励劳动者在劳动力市场上不要"挑精拣肥"，而要敢于选择一些薪水低而劳动强度大的工作。

毫无疑问，这一改革对德国的长远发展有好处，但短期效益却是负面大于正面。由于压缩社会福利开支，导致原来由政府负担的医疗项目改为个人自费，享受养老津贴的年龄由 65 岁提高到 67 岁，享受失业津贴的最长时间由原来的 32 个月缩短为 12 个月，12 个月后如果找不到工作则只能接受标准更低的社会救助，而且还必须接受家庭经济状况调查等，这使得许多人尤其是广大社会弱势群体的利益受到很大影响。2005 年 2 月，全国的失业人口增加到 520 万。虽然这一数字在 5 月减少到 380 万，但工会组织和反对党对施罗德政府的批评仍然不绝于耳。有人批评"2010 议程"与"里根主义""撒切尔主义"如出一辙，是一种

沉浮

彻头彻尾的新自由主义改革。工会组织更是表达了强烈的不满，多次组织示威和游行，德国社会民主党因此失去了一大批传统的支持者。一些反政府人士甚至成立了劳动与社会公正党，其宗旨就是反对和抵制政府的改革措施。在德国社会民主党内部也有不同声音，领导层中的一些人希望施罗德辞职。

改革的副作用在选举中得到体现。2004 年 6 月的欧洲议会选举对德国社会民主党来说是一场灾难，其得票率仅为 21.5％，创二战以来所有选举得票率最低的纪录。而在野的基督教联盟党却获得了 45％的选票。这一结果被党内不少人看成施罗德政府"2010 议程"种下的苦果。其实，对于这一结果，施罗德有所预料。2004 年年初施罗德就以自己的改革计划难以为党内所接受为由，辞去了德国社会民主党主席一职，弗朗茨·明特费林接任党主席。

2005 年 1 月，一些德国社会民主党成员离开该党成立了劳动和社会公平党（WASG），反对德国社会民主党的新自由主义倾向。随后，德国社会民主党前主席奥斯卡·拉方丹加入新党。2005 年 4 月，党主席明特费林公开反对在德国自由市场经济中的过于牟利，并且要求联邦政府在推进经济正义方面进行更多的干涉。这引起了一场主导全国新闻几个礼拜的辩论，成为几乎所有主要期刊头版文章的主题，主要电视新闻几乎每天报道。明特费林的建议遭到一些雇员组织和经济学家的批评，但却得到了公众支持，有些民意测验显示 75％的人支持明特费林的主张。

2005 年 5 月，一向有"社民党家乡"之称的北莱茵—威斯特法伦州举行大选，5 月 22 日公布的第一轮选举结果显示，德国社会民主党落后主要对手基督教民主联盟 7 个百分点，失去了在该州长达 39 年的执政党地位，从而导致施罗德政府建议 2005 年秋季提前举行联邦议会大选。在 2005 年 9 月 18 日提前举行的大选中，施罗德虽然领导德国社

三、德国社会民主党：初心越来越远离

会民主党相当成功地挽留和扭转了一部分选民的支持，但最后获得的选票仍然不足以达到多数。据统计，德国社会民主党的得票率由 2002 年的 38.5％下降到 34.3％，基督教民主联盟的得票率则由 29.5％上升到 35.2％，德国社会民主党在丢失了几百万张选票的同时也丢掉了第一大党的地位。基督教民主联盟以第一大党的身份组阁，党的领袖默克尔出任政府总理并且开始了德国政坛的一个新时代。

2007 年 10 月 28 日，德国社会民主党汉堡党代表大会通过了《汉堡纲领》。《汉堡纲领》认为德国社会民主党要肩负对人类的义务，要遵循引以为自豪的民主社会主义传统，并根据现实的需要，提出了四大思想。第一，公平的全球化和社会的欧洲。这意味着在国际政治领域和全球市场中要有合理的、有秩序的国家间多边关系，要通过各种有效的管理和协调手段，诸如金融控制等来实现。在欧盟内部，各成员国要在整体的社会层面来行动，彼此之间协调一致，使欧洲成为全球化过程中有预先行为能力的、积极的主体。第二，可持续发展。也就是在生态和社会方面可持续的经济增长，使生态与经济之间相互协调。这主要包括通过采用新的生态技术，高效节约使用能源，在能源开发领域发现新材料和发明新工艺等。这不仅仅是具体的技术和行动，而且还要改变投资战略，使之朝着有利于节约能源和资源的方向发展。第三，预防性福利国家。根据全方位覆盖原则保障每个公民受保护权利，每个公民一生中的所有风险都能有担保。实行普遍的税收政策，每一个公民都要交纳社会保障税。第四，积极的劳动市场政策。帮助人们在市场经济风险下免于贫穷的最好方法，不仅是福利国家为人们提供收入支持，而且要大规模投资到教育，把学前三年或四年的教育阶段纳入新的教育体制中，实行全面、全日制的教育。通过积极的劳动力市场政策，那些没有工作的人会被迫去做任何能做的事情，以尽快回到劳动力市场上来。在失业者和就业机构之间有一种协议，其中就要规定再教育的内容，以使失业人员

重新获得进入劳动力市场的能力。如果失业者不愿意做自己力所能及的工作，就要受到惩罚，比如减少其福利收入支持等。

《汉堡纲领》是德国社会民主党在 21 世纪制定的第一份纲领，为其未来一个时期的发展描绘了一幅美好画卷。但《汉堡纲领》并没有产生立竿见影的效果。2009 年 9 月，在德国议会选举中，德国社会民主党仅获得 23％的选票，较 2005 得票率大幅下降了 11.2％，创历史最差成绩，在连续参与执政 11 年后沦为在野党。在 2013 年 9 月大选中，德国社会民主党得票率有所上升，为 25.5％，于在野 4 年之后，获得了重新参与执政的机会。然而，在 2017 年的选举中，其得票率又创历史新低，仅为 20.5％，被基督教民主联盟甩开一大截。不过，由于新一届德国政府难产，德国社会民主党在 2018 年 3 月得到再次参与执政的机会。2021 年 9 月大选，重整旗鼓的德国社会民主党获得 25.7％的选票，得票率较之 2017 年大选上升了 5.2 个百分点，再次成为议会中的第一大党。是年 12 月，德国社会民主党与绿党、自由民主党组成新一届政府，党推出的总理候选人朔尔茨当选为德国政府总理。但朔尔茨政府内部矛盾重重，德国社会民主党能否得到较快发展，目前还有待观察。

变革与发展的若干思考

当前，德国社会民主党虽然是德国主要执政党，但仍面临着前所未有的难题：党员人数持续下降、领导人频繁更迭、党的组织分裂、中右翼联盟党的挤压、右翼德国选择党的冲击以及整个欧洲社会民主主义的衰微。这种处境使得德国社会民主党要么不思进取、自甘沉沦；要么改革创新，力争破解选举困局。

其实，透过历史的迷雾，我们不难发现，德国社会民主党走的是一条立足自身实际不断探索变革的发展之路。这条发展之路使这个当之无愧的德国历史最为悠久的大党一次次地摆脱了困境。展望未来，德国社会民主党要复兴，还要继续沿着这条发展之路向前迈进。而这一发展之路，也带给人们许多启示和思考。

（一）必须适应客观条件变化修改完善党的纲领，扩大党的阶级基础和群众基础

每一个党的纲领就像一面旗帜，它是在公众面前树立起来的用以判定党的活动水平的界碑。每一个纲领都反映了当时党内的主流思想。纵观德国社会民主党历程，每逢形势发生重大变化，都会通过修改完善党的纲领来引领党的发展、统一党的思想。在德国社会民主党的历史上，有几个具有广泛影响和标志性的纲领，如 1891 年的《爱尔福特纲领》、1959 年的《哥德斯堡纲领》、1989 年的《柏林纲领》、2007 年《汉堡纲领》等，这些纲领都代表着德国社会民主党的时代特征和重要转折。特别是著名的《哥德斯堡纲领》对推进德国社会民主党由革命到改良、由工人政党向人民党的转型产生了直接而深远的影响。德国社会民主党后来的发展，证实了它在《哥德斯堡纲领》中所表达的"从一个工人阶级的政党变成了一个人民的政党"的自我认识。从 1960 年到 1969 年，工人在新入党的党员中所占的比例由 55.7％下降到 39.6％，而职员和公职人员则由 21.2％上升到 33.6％，自由职业者和脑力劳动者由 2.7％增加到 7.8％；此外还有占 5.6％的独立经营者，占 5.6％的养老金领取者和占 9.6％的家庭妇女。到 1972 年，在新吸收的党员中，工人仅占 27.6％，而职员和公务员则占了 34％，超过了工人。因此，1971 年 12 月通过并沿用至今的德国社会民主党组织章程正式确认了党的转型，它明确宣布德国社会民主党是一个民主的人民党。

其实，德国社会民主党实现由革命到改良、由工人政党向人民党的转型不是由主观意愿决定的，而是由客观环境和历史条件决定的，不能把它简单地归咎于某些领袖人物或所谓"工人贵族"的变节、背叛。事实上，德国社会民主党之所以最终变成了改良党，主要是因为在当今德国社会中已经不存在革命的条件，相反，却具备充分的条件进行社会改良并能取得实实在在的成果。德国社会民主党之所以变成人民党，是因为在议会民主制条件下，一个政党要上台执政，就必须争取到大多数选民的支持，而单靠工人阶级，它不可能取得这样的多数。据统计，工人在德国就业人口中所占的比例，在 1925 年上升到大约 46％以后就停滞不前，以后又急剧下降。与此相对照，新中产阶级的比例却不断上升。据统计，到 1976 年时，独立经营者、公务员和职员等中产阶级在总就业人口中的比例达到了 50.7％，超过了工人的比重。[①] 随着社会结构的进一步变化，传统意义上的工人数量锐减，德国社会民主党也不得不将自己的定位从工人党转向人民党——让所有认可自己纲领的人成为党员、支持者和选民。所以德国著名学者、德国社会民主党重要理论家托马斯·迈尔断言："仅仅以工人阶级为对象的社会主义纲领，在一个已发生社会分化、工人在其中不占社会多数的社会里是没有成功希望的"，因为"依靠传统的、以工人阶级为对象的纲领、行为准则和语言模式是无法争取到职员和公务员的"，而"没有他们的支持，社民党就不能获得多数"。[②] 正是在这种背景下，德国社会民主党决定用新的纲领来取代过时的哥德斯堡纲领。

的确，一个政党在政治上属于谁、代表谁、为谁的利益服务，是其性质的集中体现。与欧洲社会民主党和共产党相比，中国共产党对新的社会力量进行了准确的分析判断。早在 2001 年 7 月 1 日，在庆祝中国共产党成立 80 周年大会上的讲话中，江泽民就提出，民营科技企业的

---

① 〔联邦德国〕弗里德里希·菲尔斯滕贝格著，黄传杰等译：《德意志联邦共和国社会结构》，上海译文出版社 1987 年版，第 31 页。

② 〔德〕托马斯·迈尔著，殷叙彝译：《社会民主主义导论》，中央编译出版社 1996 年版，第 81 页。

创业人员和技术人员、受聘于外资企业的管理技术人员、个体户、私营企业主、中介组织的从业人员、自由职业人员等，也是有中国特色社会主义事业的建设者，强调"来自工人、农民、知识分子、军人、干部的党员是党的队伍最基本的组成部分和骨干力量，同时也应该把承认党的纲领和章程、自觉为党的路线和纲领而奋斗、经过长期考验、符合党员条件的社会其他方面的优秀分子吸收到党内来"[①]。党的十六大通过的党章对此作了进一步明确。这之后历次党的代表大会通过的党章都把"其他社会阶层的先进分子"与工人、农民、军人、知识分子一起列为入党对象。中国特色社会主义进入新时代，习近平又多次强调，要坚持以人民为中心，把群众观点和群众路线深深植根于思想中、具体落实到行动上，不断巩固党执政的阶级基础和群众基础。这充分表明中国共产党已经深谙世界政党建设的共同规律，体现了中国共产党政治上的远见卓识。

（二）必须选择适合自己的运作模式，推进政党组织与运行的法治化制度化

在政党体制成熟的西方国家，注重采取法律制度约束，监督政党权力的运作。执政党作为国家政权的掌握者，控制着行政和立法机关的主要权力。但是，执政党的一切活动都要置于法律的监督和约束之下。法律在一切政治权力之上，具有最高的权威。为避免重蹈魏玛共和国时期政党体制高度碎片化与希特勒时期政党体制高度集权的覆辙，1949 年联邦德国建立后通过的《基本法》，就确定了政党的地位、作用和政党活动的原则。1967 年联邦德国又颁布了《政党法》，这是世界上第一部专门规定政党制度的单项法典，更加明确和具体阐述了政党的地位和政党的各项职能。该法典从四个方面加强了对政党活动的监督和制约：严

[①] 《江泽民文选》第 3 卷，人民出版社 2006 年版，第 286 页。

格规定政党内部的组织原则、组织形式和活动规范，政党参加竞选的程序和细则，政党经费的来源及使用、政党财产的开支与审计情况，政府有权取缔不符合规范或违背宪法和法律的政党。《政党法》是德国政党体制形成的法律基础，它通过一整套法律规范，对政党政治发展方向进行约束，对德国民主政治的发展起了很好的保护作用。另外，德国是实行议会制的国家，各政党通过选举，竞争议院中的席位，获得多数席位的政党成为执政党，执政党领袖出任政府总理。因此，执政党不仅控制政府，而且控制议会，集立法、行政于一身。这种议行合一制在相当程度上维持了政党政治的稳定。无疑，这种议行合一制的政党政治在德国是成功的。

（三）必须善于学习、勇于变革，不断焕发党的生机和活力

2003 年 5 月 23 日，德国社会民主党举行了主题为"革新是我们的传统"的庆典活动，以纪念"全德工人联合会"成立 140 周年。时任德国政府总理、德国社会民主党主席施罗德发表讲话，总结和回顾了德国社会民主党的历史，并就党的建设和发展问题作了一些重要指示。姑且不论施罗德讲话内容如何，单就"革新是我们的传统"这个庆典主题就很有意思，既简明扼要概述了德国社会民主党勇于变革、开拓创新的历史传统，又提出新世纪的德国社会民主党还需要进一步革新以营造更宽阔的发展空间。新世纪的德国社会民主党也的确如此，一直在用开放视野学习借鉴其他政党的先进经验和执政理念，善于适应时代条件的变化更新自己的传统。比如，预防性福利国家就是学习借鉴瑞典模式的产物。施罗德担任政府总理期间，社会福利支出不断膨胀，财政压力日益增大。2002 年，福利支出占联邦财政预算的比例由 1992 年的 48%上升至 52%。德国政府债台高筑，国债超过 1.3 万亿欧元。这使蝉联执政的德国社会民主党领导人处于两难困境。一方面，以高工资、高福利、高税收为主要特征的福利国家经济模式难以为继，改革德国的经济体制

三、德国社会民主党：初心越来越远离

已经迫在眉睫。另一方面，福利国家是德国社会民主党长期高举的旗帜，改革必将违背德国社会民主党社会民主主义的基本准则，损害广大普通民众的切身利益，搞不好就会引火烧身、自取灭亡。因此有人说，德国不改革是"等死"，改革是"找死"。在这种情况下，怎么办？德国社会民主党在 2007 年推出的《汉堡纲领》中提出"预防性福利国家"政策，而这种政策正是学习借鉴瑞典社会民主党经验的结果。再如，根据法国著名社会学家布尔迪厄总结的"社会经济场域"概念来划分德国社会结构，德国社会包括十个场域：三个上层场域，三个中层场域，三个下层场域，还有一个最下层场域。这些场域中的人群，根据其阶层地位、收入、职业和教育等方面的情况彼此区分开来，同时他们在思想、文化、态度和习惯方面也彼此不同。德国社会民主党根据"社会经济场域"这样的方法来进行社会分析，也是其善于学习的一种表现。

的确，世界上没有哪个政党能够完全掌握真理，必须向外面看，观察别的国家和政党取得了什么样的成就，怎么取得成就，采用怎样的制度和政策，这就需要重视学习、善于学习。

四、瑞典社会民主党：
北欧左翼一面旗

四、瑞典社会民主党：北欧左翼一面旗

瑞典社会民主党，是瑞典社会民主工人党的简称，创建于 1889 年，是北欧地区非常具有代表性的左翼政党。自 20 世纪 20 年代起，该党一直保持着瑞典第一大党的地位，并从 1932 年起连续执政 44 年。这段时间正是"瑞典模式"诞生、发展到成熟的时期。瑞典社会民主党以职能社会主义为指导，通过政府宏观调控，使经济基础和上层建筑之间的矛盾、生产力和生产关系之间的矛盾、劳动人民和资产阶级之间的矛盾逐步缓和，促进了经济发展和社会进步。瑞典由"欧洲穷人"和"海盗国家"一跃变为"田园诗般的国家"和世界上人均产值最高、社会福利最发达的国家之一。人称瑞典是西方国家中社会差距最小，社会再分配程度最高，而工资和奖金收益之类的市场收入占职工可支配收入比例最低的国家。"瑞典模式"从此被人津津乐道。

1989 年，正处于执政地位的瑞典社会民主党迎来了建党 100 周年，全党上下举办了系列活动进行庆祝，并对 100 年来党兴衰沉浮的经验教训进行总结。党的高层认识到，随着"第三条道路"政治理念的兴起，需要进一步调整党的政策，推行新自由主义改革，以便再创辉煌，使左翼政党的大旗继续高高飘扬。

"瑞典模式"创造者

瑞典位于北欧斯堪的纳维亚半岛上，自然条件恶劣，在 19 世纪以前，还是一个贫穷农业国与"海盗之国"。当欧洲主要资本主义国家从自由资本主义向垄断资本主义过渡时，瑞典的资本主义发展才刚刚起步。到 19 世纪后期，瑞典逐步完成了工业革命的进程，全国各地的城镇规模不断扩大，越来越多的人口从农村走向城市，使得工人阶级的队

沉浮

伍不断壮大，而且各行各业的工人先后建立起地方性的工会组织。到19 世纪 80 年代初，瑞典工会组织发展到 206 个，工会会员达到 9000名，到 19 世纪末，工会成员进一步发展到 66000 人，占全国产业工人总数的 25%。① 而且，马克思主义也开始在瑞典传播，1848 年《共产党宣言》发表当年，瑞典作家帕·哥德雷克就翻译出版了瑞典文版，此后马克思和恩格斯的《资本论》《社会主义从空想到科学的发展》等著作也相继翻译出来，为瑞典工人运动的发展提供了指南。随着工人运动的发展，瑞典社会主义积极分子提出要建立一个全国性的政党，以加强工人运动的联合，促进社会主义发展。瑞典社会民主党就是在这样的背景下成立的。

瑞典社会民主党，全称瑞典社会民主工人党，成立于 1889 年 4 月19 日。当时社会民主主义斯德哥尔摩协会提出倡议，邀请所有社会民主主义协会和工会组织参加"社会民主大会"。邀请信既发给了政治协会也发给了工会组织，因为人们认为政党工作与工会工作是工人阶级解放事业同一件事的两个方面。但仅有五分之一的工会组织出席了大会。就是在这次大会上，正式宣布成立瑞典社会民主党。这支由工人、革命家、自由主义知识分子和"厌倦社会不公正现象的男男女女"组成的队伍当时共有 3149 人。雅尔马·布兰廷被选为党的主席。布兰廷早年受过马克思主义的影响，思想总体上属于改良主义，不过他并不否定暴力革命。他认为仅仅改良是不够的，还要改变财产的不平等分配。

瑞典社会民主党成立后，以德国社会主义工人党的《哥达纲领》来指导工作，1897 年 7 月，在第四届党代表大会上通过了以德国社会民主党《爱尔福特纲领》为参照的党纲，这也是瑞典社会民主党制定的第

---

① 〔英〕威廉·佩特森、阿拉斯泰尔·托马斯主编，林幼琪等译：《西欧社会民主党》，上海译文出版社 1982 年版，第 287 页。

四、瑞典社会民主党：北欧左翼一面旗

一个党纲。党纲贯彻了马克思主义的理论原则，即社会是分阶级的，党应该是一个阶级的政党，并揭示了当时社会种种弊端在于私人资本主义生产方式。党纲庄严宣告党的奋斗目标是"取消私人资本主义对生产资料的垄断，使之变为共同的为整个社会共有的财富，用一个社会主义的、与社会需求真正相适应的生产来取代无计划的生产"[①]。党纲还提出党的首要任务是为争取工人阶级的普选权而斗争，以期达到"给所有成年人普遍的、同等的在政治和地方选举中的直接选举权，不因其性别不同而有所差别"[②]。毫无疑问，这个党纲总体来说是具有革命性的，要求非常彻底的社会变革。

在争取普选权的斗争中，瑞典社会民主党在自由主义组织中有一些同盟者。1896年布兰廷在斯德哥尔摩与自由党进行竞选合作，当选为瑞典下议院第一位社会民主党议员。随后，在瑞典社会民主党的领导下，瑞典工人运动迅速发展。1898年，瑞典总工会成立。1902年，12万工人走上首都街头要求选举权。1909年夏天，在总工会的领导下，30多万瑞典工人举行了长达一个多月的全国总罢工，规模之大超过了当时欧洲历史上的任何一次工潮。随着工人运动的发展以及党的影响的扩大，瑞典社会民主党在议会中的席位得到了明显增加。1905年，瑞典社会民主党与自由党联盟取得了下议院的多数席位。1917年的大选赢得了31％的选票和86个席位，成为议会中的第一大党，并与保守的人民党联合执政。1918年两党在议会中提出并通过了每个成年男女每人一票的普选权法案和8小时工作制法案。以前规定只有成年男人在全国议会和地方选举中才有选举权，而且选举权与财产和收入挂钩，收入

---

① 高峰、时红编译：《瑞典社会民主主义模式：述评与文献》，中央编译出版社2009年版，第157页。

② 高峰、时红编译：《瑞典社会民主主义模式：述评与文献》，中央编译出版社2009年版，第158页。

沉 浮

和财产越多，选举权就越大。随着普选权法案的实施，数以百万计的劳动人民开始行使其政治权利，从而改变了瑞典政党间的力量对比。

1920年瑞典社会民主党与自由党联合政府破裂，瑞典社会民主党第一次得到机会单独上台执政，布兰廷出任首相。这是瑞典社会民主党首次单独组阁的尝试。但瑞典社会民主党在20世纪20年代组织的三届政府在议会中都得不到多数支持，地位极不稳固。面对遍布全国的失业、疾病、饥饿和社会不公，瑞典社会民主党连对失业保险做些小调整都做不到，更不可能实现党纲所提出的"取消私人资本主义对生产资料的所有权"的目标。全党上下为此感到十分困惑，开始反思党的路线和政策，党的理论家对所有权问题提出了许多新认识。

1925年布兰廷逝世，佩尔·阿尔宾·汉森担任瑞典社会民主党主席。1928年汉森公开提出了"人民之家"的口号，他将国家比作一个家，说家庭的基础是共同体和团结一致，一个好的家庭里没有特权，没有剥削，只有平等，彼此关心爱护、互助合作。国家也应如此。瑞典社会若要成为好的人民"大家庭"，就得消灭阶级差别，发展社会福利，实现经济上和政治上的平等和民主。他把平等、福利和合作当作"人民之家"的基本要素。社会化当然要搞，否则就不称其为社会民主党，但这是长远目标。现实任务是实施提供各种社会保障的社会改良措施，代替以前提出的阶级斗争和生产资料社会化的政策主张，建立"人民之家"。应该说，汉森提出的"人民之家"口号和与之相适应的一系列改良主义政策，使瑞典社会民主党走上了一条民主社会主义或福利社会主义的道路。

20世纪30年代的世界性经济危机沉重打击了瑞典，仅工会会员失业率就达30％。自由党政府非但不设法减轻群众痛苦，反而借口供求关系，采取紧缩政府开支、降低职工工资的政策，使瑞典经济雪上加霜，也使自己走到了执政的尽头。瑞典社会民主党抓住有利时机，在猛

四、瑞典社会民主党：北欧左翼一面旗

烈抨击资本主义种种弊端的同时，极力宣传党主席汉森提出的把瑞典建成人人"平等、互相关心，合作与互助"的"人民之家"的主张和党的新经济政策，终于赢得了1932年的大选。汉森组织了少数党政府。他先与遭受经济危机严重打击的广大农民和中小地主阶级的代表农民协会进行谈判，以对农产品进行价格补贴的许诺换取了农民协会对瑞典社会民主党政策的支持，这使得瑞典社会民主党在议会中获得了稳定多数，并开创了社会民主党与农民协会长达24年的合作历史。地位稳定后，汉森着手进行社会改革，建立"人民之家"，用福利社会对付资本主义周期性经济危机，如增加了对有儿童家庭的补贴，法律规定了两周假期和对残疾人提供某些补助等。但扩大人民养老金的提案在议会中得不到多数支持，因为农民协会和其他资产阶级政党一起投票反对。汉森不得不于1936年春天辞职，但在同年秋天大选获胜后他又重新上台执政。随后失业保险、养老金等福利措施继续推出。"人民之家"虽还不是十分富裕，但基本上人人安居乐业。特别是汉森在1938年促使劳资双方，也就是瑞典总工会与雇主联合会达成《萨尔茨耶巴登协议》，确立集体谈判机制后，罢工事件几乎绝迹，劳资纠纷总能协商解决。瑞典总工会主席阿尼·盖伊尔和雇主联合会主席帕蒂尔·古纳尔贝尔到国外同台作报告，介绍瑞典经验。1936年美国记者麦奎斯·查尔斯在深入考察瑞典后，出版了《瑞典：中间道路》一书，将瑞典描写成世外桃源，引起人们瞩目。从此，"瑞典模式"不胫而走，不少人认为瑞典模式是"可行的乌托邦"，国际上也掀起了"瑞典热"。人们把汉森政府采取的措施同罗斯福在美国的改革相提并论，称为"汉森新政"。1940年，瑞典社会民主党在选举中获得了54%的历史性支持率，成为当时西欧最强大的工人政党。汉森遂以"国父"的称号载入瑞典史册。

1946年，担任首相14年的汉森不幸逝世，塔格·埃兰德接任瑞典社会民主党主席和政府首相。埃兰德继续推行福利政策，开始进行全面

沉浮

的福利建设。如 1947 年开始实施儿童补贴和大规模增加人民养老金。1950 年决定实行九年制小学教育，所有儿童都必须参加。1951 年法律规定所有人都有权带薪休假三周。随后又分阶段扩大了医疗保险的规模。政府还开始对住房建设提供资助，以便建造更多住房，使住房困难问题得到缓解。

1960 年瑞典社会民主党召开党代会。会议认为瑞典已经进入福利社会，党的改造工作旨在消除社会上的不良状况，在自由平等的基础上建立人与人之间的伙伴合作关系；会议取消了原党纲中"阶级斗争""工人阶级的历史任务"等提法，强调国际团结的重要意义。随后埃兰德政府把福利政策的重点放在扩建公共服务部门，以满足包括工人和职员在内的绝大多数居民的实际需求，如大力扩建教育机构，改善医疗保健设施，增加老幼护理的可能性，对高中和大学增加投资，建立一批大学和高等院校，提高医疗部门的质量和数量等。这样一来，瑞典成为几乎完美无缺的"从摇篮到坟墓"的福利国家。对瑞典持有保留意见的英国作家克里斯·莫塞也不得不承认："这是一个没有阶级，没有种族分离的国家。政府稳定，在大部分时间里比较开明。早已消灭贫困，没有贫民区，只有很小规模的失业和无家可归的人。饥饿和艰难岁月已经绝迹。绝大多数瑞典人生活得很健康，很有规律。从表面上看，他们喜欢自己的工作，回到郊区的家里，家里很暖和，家具很齐全，附近有松树林，可以在林中沿着一条踩出来的淡淡的小道跑步；附近还有水如明镜的湖，或者有一个海滩。电视节目除三个国家控制的频道外，还有卫星电视节目，供人尽情享受。喜欢学习的人还可以上成人夜校，各种科目都有。"生活如此舒适、恬静，百姓还有何求？因而埃兰德受到绝大多数人的尊敬和爱戴。他当了 23 年首相，从一个不显眼的"无名之辈"成为瑞典社会民主党和瑞典政府毫无争议的领导人。

1969 年 10 月，建党已 80 年的瑞典社会民主党迎来了新的党主席，

四、瑞典社会民主党：北欧左翼一面旗

这就是 42 岁的奥洛夫·帕尔梅，他同时还从埃兰德手中接过了首相的职务。此时正是瑞典社会民主党"不可战胜"的全盛时期，党员人数达到 90.7 万人。[①] 然而，出乎许多人意料的是，瑞典社会民主党在帕尔梅的领导下，很快便从政治统治的巅峰滑了下来。1970 年 9 月大选，瑞典社会民主党得票率从上一次大选的 50.1％下降到 45.3％，1973 年大选又降至 43.6％。开始瑞典社会民主党还能依靠瑞典共产党的支持，维持在议会里的多数，但 1973 年以后"社会主义集团"与"非社会主义集团"打成平手，3 个"非社会主义"政党为把帕尔梅拉下马，保持空前一致，于是 1976 年大选后，一直遭帕尔梅蔑视的中央党党魁费尔丁拉拢保守党和自由党组织起"非社会主义集团"政府，终于把帕尔梅的瑞典社会民主党赶下了台。

连续执政 44 年的"瑞典模式"创造者瑞典社会民主党丧失执政地位，令不少人感到意外与感慨。不过，认真分析不难发现，导致瑞典社会民主党丧失执政地位的原因很多，但主要还是经济问题。其实，早在埃兰德执政最辉煌的 20 世纪 60 年代后期，瑞典经济已经出现了一些被经济学家后来称为"瑞典病"的不祥之兆。这种不祥之兆源于福利政策，因为福利政策并不是根治资本主义矛盾的特效药，它本身存在着许多弊端。自 20 世纪 70 年代起，西方经济出现危机，西方国家纷纷出现"滞胀"困境。瑞典显然受到了这一大气候的影响，加上固有的内在矛盾，福利社会危机四伏。作为福利国家，政府不得不支付巨额的医疗保险、失业保险、养老金等开支，结果导致公共开支猛增。帕尔梅执政后公共开支平均每年以 5.9％的速度上升。比如，医疗保险费 1960 年只占国民生产总值的 3％，1970 年增至 7.5％，1975 年超过 8％，其中

---

① 黄安森、张小劲主编：《瑞典模式初探》，黑龙江人民出版社 1988 年版，第218 页。

沉浮

50％用于65岁以上老人。因为瑞典跟日本一样，是世界上平均寿命最长的国家，65岁以上老人占全国总人口的比例高达16％。再如，养老金也是不断增加。由于瑞典早已进入老年社会，领养老金的人数逐年增多，养老金入不敷出。养老金的来源本是在业职工交纳的保障税。保障税从1960年的3％增至70年代后期的10％，青壮年劳动者当然不满。然而保障税还得提高，否则无力支付退休老人的养老金，"从摇篮到坟墓"的保障网就要崩溃。为了应付日益增加的公共开支，政府不得不增加税收，当时瑞典赋税名目之多、负担之重为世界少有。如此一来，不但富人不满，一般职工也怨声载道。此外，随着福利社会深化，财政赤字也呈几何级数增加。为弥补财政赤字，政府又不得不扩大货币发行量。这就直接导致了通货膨胀。帕尔梅执政时，物价上涨率通常为两位数字，如1971年、1972年、1974年和1975年，瑞典的通货膨胀率分别达到了11.4％、10％、13.7％和12.1％，这给国民经济与工薪阶层生活带来了严重影响。

总之，帕尔梅是瑞典社会民主党执政时代的分水岭。瑞典社会民主党巧妙地利用瑞典工人运动，从微不足道的政治力量而成为"天生的执政党"，连续执政44年之久，而到了帕尔梅执政的第七个年头，他却将政权让给了"非社会主义集团"。对此，帕尔梅有其不可推卸的责任。但也应该看到，20世纪70年代的经济滞胀，使瑞典经济陷入困境，这是任何纳入资本主义世界经济体系的国家都无法避免的。而"瑞典模式"又不可能从根本上解决资本主义固有的矛盾和其自身的种种弊病。当经济危机来临时，社会矛盾激化，日益强大的工人运动要求实现经济民主，提出了解决生产资料私人占有问题的要求。帕尔梅政府无法解决这些矛盾和要求，遂使人民大众对其政策失望，对瑞典社会民主党失去信心。在这种情况下，瑞典社会民主党丧失执政地位也就顺理成章了。

探索新的发展道路

1976 年大选失利，结束了连续 44 年的长期执政历程，瑞典社会民主党并没有因此沉沦下去，而在苦苦思索未来的发展之路。

1981 年瑞典社会民主党召开全国代表大会，通过了题为《瑞典之未来》的决议。决议在分析国内外形势后强调，凯恩斯主义的膨胀政策和里根主义的供应学派紧缩政策各执一端，都不符合瑞典的情况。决议主张将扩张与紧缩相结合，走"第三条道路"，即在减少政府干预、压缩政府开支和私人消费的同时，有选择地增加公共投资，刺激工业生产，带动以出口为导向的经济回升。

此时，以中央党主席费尔丁为首相的中右联合政府由于大力推行国有化和进一步扩大社会福利，使瑞典经济危机更趋恶化。为兑现竞选诺言，新政府的社会福利总开支由 1974 年的 619.4 亿克朗（占 GDP 24.8%），激增至 1982 年的 2076.5 亿克朗（占 GDP 33.1%）。加上对危机企业的资助，国家的财政赤字由 1975 年至 1976 年度的 37 亿克朗上升到 1982 年至 1983 年度的 866 亿克朗（占总开支的 31%）。国债由 1976 年的 687 亿克朗（其中外债 1.92 亿）猛增至 1982 年的 3770.9 亿克朗（外债达 1358 亿），占 GDP 的 21.8%。与此同时，瑞典经济主要指标却远远低于经合组织各国的平均水平，成为欧洲经济困境严重的国家之一。1982 年的大选就是在这一背景下举行的。瑞典社会民主党赢得了 45.6% 的选票，重新上台执政，帕尔梅再次出任政府首相，并将"第三条道路"经济政策付诸实施。

为改善企业的国际竞争力，帕尔梅政府执政后便将克朗贬值 16%。为使货币贬值的效用不为工会的补偿要求迅速吞没，政府在冻结物价的同时，恢复了被前政府削减的几项福利。同时，瑞典社会民主党还决定

沉 浮

对大中企业加征 20％的超额利润税，增收 0.2％的工资税，以建立职工基金，购买企业股票，扩大工会影响。瑞典社会民主党宣称，这是实现政治民主、社会福利之后的第三大目标——"经济民主"。此外，帕尔梅政府还彻底放弃了国家对信贷金融市场长达 50 年的行政控制，同意外资在瑞典自由购买企业，外国银行在瑞典自由营业，瑞典人可以到国外投资，这为国际资本流动打开了国门。政府还取消了农业补贴和对农产品和食品的价格控制，使外国农产品在第二次世界大战结束后首次得以在瑞典市场上自由竞争。政府又加大了改造国有企业与追赶欧洲一体化列车的力度，把八大国有企业、事业管理局改造为股份公司，将其推向市场，使它们在竞争中得到发展。由于采取了这些措施，瑞典经济自 1983 年起出现强劲回升。1983 年至 1988 年间 GDP 增长 13％，工业生产增长 20％，失业率降到 2％以下，政府财政开支走向平衡，其中 1985 年，瑞典人均 GDP 总值超过 1.3 万美元，人均国民收入达到 3500 多美元。然而，1986 年 2 月 28 日，帕尔梅在斯德哥尔摩一电影院观看影片回家时，不幸遇刺身亡。为捉拿凶手，瑞典政府重金悬赏提供线索者。赏金最初定为 50 万克朗。1987 年 2 月，提高到 500 万克朗。到 1987 年 11 月，赏金再次提高 10 倍，达 5000 万克朗，约合 850 万美元。但凶手一直未抓到。2020 年 6 月 10 日，也就是时隔 34 年之后，瑞典检方宣布终止此案调查，原因是检方认定的嫌犯已于 2000 年死亡。

帕尔梅遇刺后，英瓦尔·卡尔松接任首相和瑞典社会民主党主席。卡尔松是"职能社会主义"理论的杰出代表。"职能社会主义"理论的首创人物是 20 世纪 20 年代瑞典社会民主党理论家厄斯登·翁登。卡尔松在 20 世纪 60 年代发展了这一理论。该理论的要旨是：所有权是一个包含众多不同所有权职能的概念，这些职能可以被任意分割。所有权 0 并非一个不可分割的概念，而应等于若干职能如 a、b、c…n 的相加。其公式为：$0=a+b+c\cdots+n$。为了实现社会主义的目标，完全没有必要在社会上实行全面的社会化，只需对所有权的部分职能如 a 和 b 实行社会化，就可以实现社会主义的目标。这意味着，在保留生产资料形式上由资本家占有的条件下，国家可以通过各种经济政策和宏观管理手段，直接或间接地对国民经济中的不同组成部分进行有效控制和管理。工人阶级实际上可以通过国家的立法以及其他强制性和非强制性的手段对整个社会进行管理，这体现了工人阶级拥有的社会权利，但同时资本家阶级在生产资料方面的私人占有性质可以不发生根本性的改变。这一理论的核心部分在于，它改变了以往社会主义关于所有权是一个不可分割的整体的理论观点，而认为所有权是可以按照不同的职能加以划分的。卡尔松认为，"职能社会主义"的实践证明了通过对构成所有权的各个职能逐个地进行社会化，既可以避免对资本家的大规模的补偿，维护了社会稳定，又可以渐进地实现所有权的社会化的目标。它是一条理想又可行的道路。

不过，卡尔松就任首相后，瑞典社会并不稳定。世界范围内的经济衰退使瑞典深受其害，金融危机、高失业率更暴露了原有福利体系的缺陷，劳工市场罢工不断，经济环境日渐恶化，瑞典资本外移不断加快。形势的恶化使瑞典社会民主党意识到改革社会福利制度特别是疾病保险制度的紧迫性。考虑到当时的议会力量对比和群众意愿，1990 年初，卡尔松政府首先提出了冻结工资、冻结物价和禁止罢工的提案。工会立即表示强烈反对。其同盟者左翼党和其他资产阶级政党在议会中共同反对这一提案，迫使卡尔松政府提出辞职。由于资产阶级政党在议会中拼凑不出多数，瑞典社会民主党很快就得到议会再次组阁的授权。大权在握的卡尔松政府不顾工会的强烈反对，坚持对疾病保险进行调整。为避免承担政府再次垮台的责任，左翼党对其提案投了弃权票，使卡尔松政府最后成功地将病假工资由原工资的 90％～100％，改为头三天 65％，之后 80％，自第 91 天恢复到 90％；对劳资集体协议规定的各种补贴，

沉浮

政府也做了一些限制，要求职工各类疾病补贴加在一起，头三天不得超过原工资的 75％，之后不得超过 90％；因小孩生病请事假，补贴由工资的 90％改为头两周 80％，之后 90％。与此同时，瑞典社会民主党又在 1990 年对党纲进行了新的修改，提出了许多新观点。如：国有化不是关键，改变生产秩序不必一定要取消生产资料私有制；计划经济与市场经济都是手段，这两种手段并非互不相容，可以相辅相成；基本保障不能由市场决定，任何人不能因为经济原因放弃他所需要的医疗，或者放弃他有权利获得的教育，也不能让医疗、护理和教育仅适应于购买力最强的群体的需要，以此损害弱势群体的利益；坚持可持续发展，环境问题不能通过事后修补来解决，等等。

尽管瑞典社会民主党和卡尔松政府做出了种种努力，但瑞典的经济形势依旧不容乐观，而苏东剧变又为瑞典国内资产阶级政党反对瑞典社会民主党执政增加了口实，瑞典社会民主党的职工基金和工会会员集体入党制度成了其主要攻击目标。在它们的强大攻势下，左翼党（原共产党）为了洗刷自己与苏联的历史关系，准备支持其他党派在议会提出禁止集体入党的法案，这使瑞典社会民主党在 1990 年底最终放弃了其自建党以来实行的工会会员集体入党制度，其党员人数由 20 世纪 80 年代的 100 万猛降到 1991 年的 26 万。1991 年 9 月，瑞典举行新一轮大选，瑞典社会民主党只得到 37.7％的选票，得票率下降了 5.5 个百分点。最大的资产阶级政党保守党（得到 21.9％的选票）和另一个右翼政党基督教民主党（得到 7.1％的选票）的选票率分别增长了 3.6 和 4.2 个百分点。它们和两个中间党派中央党（得到 8.5％的选票）和人民党（得到 9.1％的选票）联合在议会中组成了新的多数。保守党主席卡尔·比尔特当选为新首相。这是瑞典社会民主党 1982 年重新执政以来第一次丧失执政地位。

面对沉重的经济危机，四党联合政府一上台便开始实施其"改换制度"的竞选纲领，政府宣布立即撤销资方所痛恨的职工基金，取消它们不喜欢的股票交易税，并降低遗产税、财产税、能源税和雇主税等；开展私有化运动，宣布将 34 个大、中型国有企业私有化（营业额达1500 亿克朗）；同时还在国内民航、广播电视、邮政电信、高等教育、汽车检测等一系列领域放松控制、引进竞争。为了避免金融危机导致其金融信贷体系的崩溃，1992 年 9 月新政府决定为所有瑞典银行提供担保，其后又一度将央行的边际利率提高到惊人的 500%，但此举仍未能挡住国际投机家对瑞典货币的猛烈袭击。同年 11 月 19 日，瑞典被迫放弃了近 120 年来坚持的相对固定的汇率制，让瑞典克朗自由浮动（贬值约 20%）。为了控制迅速增长的财政赤字，政府与瑞典社会民主党进行磋商后提出了紧缩开支、降低福利的计划，决定在瑞典社会民主党 1990 年调整的基础上，将失业保险、疾病保险和父母保险等各项社会保险的补偿率统统由工资的 90% 调至 80%；失业一周后，生病一天后才发保险金；政府还决定改变社会保险资金全部由雇主承担的做法，1993 年职工开始将工资的 1.95% 作为个人保险金上交国家。

这些以自由化、私有化和结构调整为重点的新自由主义政策使瑞典经济雪上加霜，加上世界经济不景气，1991 年至 1993 年间瑞典经济出现战后首次负增长，3 年下降共约 5%，失业率同期由 1.5% 激升到8%。政府财政收支由 1990 年的盈余（相当于 GDP 的 4%），迅速变成1993 年的赤字（相当于 GDP 的 12.3%）。国债占 GDP 比例由 1990 年的 42.3% 上升到 1994 年的 77.9%。这是近 60 年来瑞典历史上最严重的经济危机。经济困难使得人心思变。1994 年 9 月大选中瑞典社会民主党得到 45.3% 选票，增加了 7.6 个百分点。其支持者左翼党（得到6.2% 的选票）也增长 1.7 个百分点。环境党（得到 5% 的选票）再次进入议会。中央党（得到 7.7% 的选票）、人民党（得到 7.2% 的选票）

沉浮

和基督教民主党（得到 4.1%的选票）得票都有下降，新自由主义代表——保守党（得到 22.4%的选票）得票却继续增长。选举结束后，卡尔松第二度出任政府首相。

重新执政后，瑞典社会民主党下决心继续其自 1990 年开始的政策调整。卡尔松政府决定在四年任期内把消灭财政赤字作为首要政策目标，提出了四年内增收节支 1180 亿克朗（相当于 GDP 之 7.5%）的计划。宣布在提高资本税和财产税的同时，将高收入者所得税率由 20%提高到 25%，从而改变了前政府把整顿国家财政的负担主要放在普通群众身上的做法。政府在大力减少公共开支的同时，1996 年开始改革预算程序，决定一次提出未来三年的公共部门预算支出总额，提交议会讨论批准后，任何人不得突破（开支封顶），并决定把政府开支分解成 27 个领域，任何领域内的新增开支必须以减少本领域内同额开支为前提。同时，进一步加大了对社会福利的调整力度，把社会保险的补偿程度由 80%下调到 75%，养老金、儿童补贴、住房补贴等其他福利也全线下调，从而彻底打破了社会福利只增不减的刚性约束。政府要求失业者随时准备工作，对不接受所推荐的适当工作或自己辞职者，保险部门要扣发其 20 天至 60 天的失业保险金。政府还提高了住院费、挂号费和药费等，但同时又规定医药费总开支一年内超过 2200 克朗（约合 270 美元）后全部免费，以照顾弱者。此外，为顺应经济全球化发展的需要，1995 年瑞典正式加入欧盟。

1996 年 3 月，佩尔松接替主动辞职的卡尔松担任瑞典社会民主党主席和政府首相，继续推行调整措施。如继续提高福利资金个人承担比例，2000 年每个职工需将收入的 7%作为个人养老保险金上交国家。为促进经济发展，政府下大力抓科研和产业结构改革，使科研开支占 GDP 比例自 1997 年起跃居世界首位（2000 年达到 GDP 的 3.8%）。政府还大力支持信息技术和高技术产业发展，支持在社会上和学校里普及电脑和上网技术，并向为其职工购买私人电脑的企事业单位提供减税待遇。著名美国国际数据公司 IDC 对 55 个国家进行调查比较后宣布：2000 年瑞典首次超过美国，成为世界上信息化程度最高的国家。与此同时，瑞典社会民主党政府还进一步加大国有企业的改革力度，先后颁布《国有企业领导人员雇用条件》《国有企业职工激励措施》《国有企业董事会内部工作条例》和《国有企业对外经济报告指导方针》等文件，指导国有企业围绕加强核心产品和增加透明度等目标进行大规模改组和重组。经过大规模改组，瑞典国有企业在瑞典经济中的重要性大大提高，2000 年国内营业额最高的十大企业中国有企业占了七个，国有企业产值达到瑞典企业国内产值的近 1/4，瑞典政府也一跃成为斯德哥尔摩股市最大股东。

几年的调整整顿，效果十分明显。1995 年至 2000 年瑞典 GDP 年增长约 3%，通货膨胀率下降到 2% 以下，失业率减半，国际收支经常项目连续 5 年顺差，政府财政状况也有很大改善。其中，财政收支由 1994 年的赤字（占 GDP 10.8%）转变成 2000 年的黑字（占 GDP 4.1%）。同期瑞典国家债务占 GDP 的比例由 76.2% 下降至 55.6%，公共开支占 GDP 比例也由 67.3% 下降到 55.4%，社会福利开支占 GDP 的比例由 1993 年的 38.6% 下降到 1999 年的 32.7%。瑞典社会民主党由此完成了瑞典历史上最大规模的国家财政整顿任务。

随着经济的好转，瑞典政府决定从 1998 年 1 月 1 日起，将社会保险补偿度调回到 80%。通过集体保险，绝大多数职工的医疗保险金可达病前工资的 90%。2000 年政府又决定退还个人交纳的参保金的一半，在恢复福利金基数全额的同时，还提高了补充养老金、提前退休金、儿童补贴（提高到每月 950 克朗）、住房补贴和没有参加保险的失业者现金补贴等，从而使这些社会弱者的经济条件开始有所改善。采取这些举措后，瑞典社会民主党的影响开始回升。

沉浮

2001 年 11 月，瑞典社会民主党召开第三十四次全国代表大会，全面总结建党治国经验，并通过了新党纲。新党纲承认，瑞典仍然是一个阶级社会，阶级差别近十年来又重新拉大。但是这种权力向资方利益的倾斜"并非不可避免或者不可改变的"。新党纲强调，经济全球化要求工人运动的斗争必须全球化，要联合世界各国进步力量，建立新的政治联盟，把全球化变成促进民主、福利和社会公平的工具，引导社会向前发展。新党纲进一步批判了苏联模式，明确反对宗教激进主义与资本主义，强调要坚持历史唯物主义。由此可见，新党纲还是在继续探索一条既能实现社会公正，又能让经济充满活力的新路。

在党代会召开期间，瑞典总工会主席决定工会支持社会民主党的纲领和为改善劳动人民生活所做的努力。总工会主席宣布总工会在一年内动员 10 万名工会骨干入党，以增加瑞典社会民主党的工人阶级成分。这无疑给迈入 21 世纪的瑞典社会民主党以极大的鼓舞。

21 世纪何去何从

从 20 世纪末到 21 世纪初，不少西方国家的社会民主党纷纷上台执政，如英国工党、德国社会民主党、法国社会党等，并且在执政后要么实现连选连任，要么出现国家元首和政府首脑都出自社会民主党的情形（即社会民主党既赢得了议会选举，又赢得了总统选举）。这不由得令人联想到社会民主党已经实现了重大复兴。然而，天有不测风云，没过几年，也就是到了 2010 年前后，随着社会民主党因选举失利而下野，西方国家普遍恢复了由右翼政党执政的局面，而且在英国、德国等国，右翼政党在此后的多次选举中一直连选连任。

社会民主党真的一蹶不振了吗？还能不能走出低谷、再创辉煌？瑞

四、瑞典社会民主党：北欧左翼一面旗

典社会民主党在21世纪以来的发展，给人们尤其是那些关注社会民主党的人带来了一些新的希望。

跟西方其他国家社会民主党一样，21世纪到来之时，瑞典社会民主党势头强劲。在2002年9月举行的大选中，由于得到总工会的全力支持，瑞典社会民主党获得39.8％的选票，不仅保住了执政党地位，而且得票率有3.4个百分点的较大增长。在这次大选中约60％（1998年为55％）的蓝领工人，39％（1998年为37％）的中下层职员和26％（1998年为22％）的高级知识分子投了瑞典社会民主党的票，从而使该党首次同时成为瑞典三个最大工薪者组织（从蓝领到白领）的成员投票最多的党。获胜之后佩尔松继续担任政府首相。

新政府走马上任后，提出了重建瑞典福利国家的施政纲领，采取了一系列措施发展社会经济。瑞典生产能力以每年2.5％的速度提升，国内生产总值2002年以来年平均增长3％，在2006年第二季度创下了增长5.6％的历史纪录；出口增长则更快，2002年以来年平均增长率达7％；而通货膨胀率控制在1％以下，2005年的公债跌至国内生产总值50％以下，为10年来的第一次。然而，良好的经济发展势头并没有给瑞典社会民主党带来好运，在2006年9月举行的大选中，以温和党为首的中右联盟获得51％的选票胜出，执政的瑞典社会民主党与左翼联盟以49％的选票落败。瑞典社会民主党尽管仍是瑞典第一大党，在议会中拥有130个席位（温和党只有96个席位），但得票率只有35.2％，比上届下降了4.7％，是过去80年中大选表现最差的一次，其从1994年以来的连续12年执政就此画上句号。这也是该党近30年来遭遇的第三次下野。

如此结果，的确出人意料，瑞典社会民主党高层开始全面深刻反思。2007年3月，瑞典社会民主党召开党的代表大会，佩尔松在会上辞去党主席一职，莫娜·萨林当选为新的党主席，她是瑞典社会民主党

沉浮

历史上第一任女性主席。萨林当选后采取了一系列改革举措，如针对党组织影响日益弱化的挑战，提出要开放人民运动，发展更多技术性的手段来加强与民众沟通，并从新的团体中吸收新鲜血液等。这些举措的实施扩大了一些影响，正因为如此，不少人对萨林寄予厚望，期望她带领瑞典社会民主党走向一个新时代，赢得 2010 年的大选并重新夺回执政权。然而，事与愿违。在 2010 年 9 月举行的大选中，瑞典社会民主党再次严重受挫，只得到 31％的选票，为 1914 年以来的最低。不少人认为瑞典社会民主党会面临与英国工党、德国社会民主党一样的结局，短期内恐怕很难再执政。

但瑞典社会民主党还是创造了奇迹。奇迹是从 2012 年 1 月斯特凡·勒文当选为党主席开始的。勒文 1957 年出生于斯德哥尔摩一个贫困家庭，由于生母养不起孩子，仅 10 个月大他就被送往福利院。随后，他被瑞典东北部小镇的一个林业工人家庭收养。幼年时期，勒文的养母热心参加社会民主党在当地的妇女俱乐部活动，这对他政治理念的形成有重要影响。中学毕业后，勒文接受焊工培训，在于默奥大学社工专业学习一年多后退学。他的第一份工作在当地邮政局，后来又转行为海格隆德兵工厂焊接工。1995 年，勒文以基层工会代表的身份进入斯德哥尔摩全国五金工会总部工作，2006 年 1 月至 2012 年 1 月担任五金工会主席。

正是这种贫寒出身，又长期在工会工作，使勒文接触了大量基层工作的工人，又与瑞典各大企业高管有很多交流。这无疑锻炼了他善于团结共事、寻求共识的协调能力。同时，勒文从未在瑞典政府中担任要职，其身上所具备的普通工人气质，让那些对政客产生厌倦情绪的瑞典民众眼前一亮，认为他是真正了解瑞典的人，因而获得了中产阶级和底层民众的好感。勒文上任一个月后，瑞典社会民主党支持率提升了 4.6％，全国支持人数增加 28 万；上任三个月后，瑞典社会民主党支持率从 26％升至 41％。①

2014 年 9 月，瑞典议会举行新一轮选举，瑞典社会民主党赢得 31.2％的支持率和 113 个席位。虽然得票率并不高，但由于得到绿党（得票率 6.8％）和左翼党（得票率 5.7％）支持，"红绿联盟"共获得 43.7％的支持率，执政联盟也就是以第二大党温和联合党为首的中右四党组成的"瑞典联盟"只获得 39.3％的支持率。主张排外的右翼民粹主义政党——瑞典民主党得票率由 2010 年的 5.7％翻了一番多，大幅提升到 12.7％，一跃成为国会第三大党，成为影响瑞典政坛的一支不可忽视的力量。这反映了在资本主义危机加重的背景下，瑞典国内面临着民粹主义浪潮兴起的威胁。大选后，"瑞典联盟"拒绝与极右的瑞典民主党合作，转而与"红绿联盟"达成妥协，不反对"红绿联盟"以少数派政府上台执政。这样，瑞典社会民主党得以重返执政舞台，与绿党、左翼党合作组成了少数党政府。2014 年 10 月 2 日，瑞典议会通过投票表决方式，正式通过瑞典社会民主党主席勒文为瑞典新首相的提名。

这是 8 年之后，瑞典社会民主党重返执政舞台。由于在议会中不占据优势，社会民主党的执政根基并不牢固，面临着诸多挑战。如 2015 年，社会民主党政府提出的关于增加税收以提高对教育、福利和创造就业的投入的预算法案，就遭到反对党"瑞典联盟"的否决，酿成了新政府的执政危机，社会民主党不得不宣布在 2015 年 3 月提前进行大选。后经过反复协商，执政的"红绿联盟"与反对党"瑞典联盟"达成"十二月协议"，让预算法案在议会中得以通过，危机才暂告化解。

2018 年 9 月，瑞典再次举行议会大选，选前大量民调显示：执政的"红绿联盟"和在野的"瑞典联盟"都会败选，瑞典民主党将继续成

---

① 《瑞典社民党主席斯特凡·勒文——从电焊工到"准首相"》，《扬州日报》2014 年 10 月 5 日。

沉浮

为最大赢家，得票率很可能超过 20%，夺得国会第二大党，甚至有望争取为最大党。大选结果显示："红绿联盟"和"瑞典联盟"分别取得 144 席及 143 席，双方只差一席，但均未达到超过半数的 175 席。瑞典社会民主党虽然保持了议会第一大党地位，但只获得 28.4% 的选票，为 110 年来的新低，选前来势汹汹的瑞典民主党得票率较预期要差，只有 17.6%，赢得 62 个席位。[①] 2019 年 1 月 18 日，经过 133 天的历史最长组阁拉锯战，瑞典新政府才正式组建，"红绿联盟"继续执政，勒文再次当选为瑞典首相。这个结果出人意料。在这之前，不少政治观察家与舆论认为，瑞典政局已经进入百年未有的大动荡时期，以瑞典社会民主党为主的联合政府必定更迭，瑞典还有可能卷入近年来在欧美不断扩展的极右民粹大潮之中。2021 年 11 月，勒文辞去瑞典社会民主党主席和首相职务，时任财政大臣玛格达莱娜·安德松成为瑞典社会民主党新主席并当选为瑞典首相，成为瑞典首位女首相。

2022 年 9 月 12 日，瑞典举行新一轮议会大选。选前瑞典各大媒体用"并驾齐驱""胜负难料"等词汇来形容左右翼两大阵营这场势均力敌的竞争。9 月 14 日，瑞典选举委员会公布了议会选举 99% 选票的统计结果，由温和联合党、瑞典民主党、自由党和基督教民主党组成的反对党阵营共赢得 176 个议席，由社会民主党、环境党、左翼党和中间党组成的支持现任政府的党派阵营获 173 席。分析人士认为，在此次选举中，瑞典民主党无疑是大赢家。尽管安德松领导的瑞典社会民主党仍以 30.3% 的支持率高居首位，但极右翼的瑞典民主党以 20.5% 的支持率成为瑞典第二大党，同时也成为反对阵营第一大党。[②] 9 月 14 日，瑞典

---

① 《瑞典大选：民主党迅速崛起，或将成为主要拉拢对象》，《新民晚报》2018 年 9 月 11 日。

② 付一鸣：《瑞典议会选举结果反映政局发生较大转向》，新华网，2022 年 9 月 14 日。

首相安德松宣布辞去首相一职。10 月 17 日，瑞典议会通过投票，任命温和联合党主席乌尔夫·克里斯特松为瑞典新一任首相。这样，瑞典社会民主党再次沦为在野党。

目前，受外部因素影响，欧洲纷纷出现极右和民粹浪潮，奥地利、意大利等国已建立起极端主义政府，这使得瑞典社会民主党这样一个典型的以中下层劳动者为基础的传统型政党，赖以生存的社会基础受到冲击，党员及支持它的选民的价值观、利益追求、期望等愈加多元且难以满足。因此，今后瑞典社会民主党何去何从，能否妥善应对极右翼势力的崛起、新自由主义势力的进攻以及外来移民大量涌入带来的诸多问题，还有待进一步观察。

值得吸取的经验与教训

瑞典社会民主党在其诞生、发展的前 100 年间，的确创造了欧洲社会民主党执政的奇迹，连续执政 44 年的纪录恐怕今后其他社会民主党难以打破，将其称为欧洲政坛的"不老松"一点也不过分。100 年之后的瑞典社会民主党则有起有伏，既有连续 12 年执政的辉煌历史，又有 2006 年、2010 年两届大选相继失败的惨痛记忆。其兴衰沉浮的经验与教训无疑需要好好总结。

经验之一：坚持从社会发展的实际出发调整党的政治主张和执政政策

与欧洲其他许多社会民主党相似，早期的瑞典社会民主党把解决所有制问题以及生产资料的社会化作为党的主要任务。但在 20 世纪 20 年代的几次执政过程中，由于其他党的反对，瑞典社会民主党不仅无法真正实施它所承诺的国有化政策，甚至无法推行一些具体的社会福利政策。在总结早期的执政教训过程中，瑞典社会民主党及时调整了自己的政治主张。党的理论家尼尔斯·卡莱比提出了对所有权的新认识，认为可以通过国家干预，包括立法和社会政策来限制或改造所有权。八小时工作制、劳动保险和社会政策的其他所有内容，实际上都是对作为资本主义基础的私人所有制绝对主权和自由竞争制度的一种废除。因此，瑞典社会民主党可以通过立法、税收、教育以及社会政策等方式来限制所有权，提升工人阶级的地位，从而达到改造整个社会的目的。这也就是说，社会主义可以与社会化分开。党的领袖汉森接受了这种思想。与此同时，汉森提出了"人民之家"的思想，主张把消灭阶级差别、发展社会福利、实行经济平等和社会民主这些改良主义措施置于社会化长远目标之前。建设"人民之家"意味着瑞典社会民主党在事实上放弃了通过直接向私有制发起进攻改造资本主义的思想，转而以实现普遍的社会福利、缩小阶级差别作为党的主要任务。同时，以"人民"概念取代"阶级"概念也意味着社会民主党突破阶级政治的限制、寻求更广泛的政治支持的意图。这一观念转变为瑞典社会民主党与其他政党的合作开辟了道路。1932 年后瑞典社会民主党的长期执政过程实际也是这一理念的实践过程。实践证明，这一理念是瑞典社会民主党保持长期执政的重要思想基础。人们把这一理念及实践的过程称为瑞典的"中间道路"，卡尔松将其理论化，称为"职能社会主义"。

瑞典社会民主党在执政思想方面的这种变化突出体现了瑞典社会民主党所持的社会改良主义的一个基本特点，即将实用主义精神与传统的价值目标相结合。这一特点在 20 世纪 70 年代中后期以后瑞典社会民主党应对新的挑战过程中同样体现出来。面对新的挑战，瑞典社会民主党也曾有过反复和政策的不一致。一方面，为了促进竞争力，减少了政府的干预和降低了税收；另一方面，又重新将经济民主提上政治议程，通过立法设立雇员投资基金，用于在股市上购买瑞典企业的股票，以实现雇员参与企业的决策和管理（此举也被称为以"雇员投资基金"为主要方案的基金社会主义），但结果并不理想。这也反映了瑞典社会民主党在以实用主义方式追求自己的传统价值目标实现过程中的一种矛盾心态。不过，面对20世纪90年代初更为严峻的经济和政治形势，实用主义的精神重新主导了瑞典社会民主党。1994年重新执政后，瑞典社会民主党政府在坚持由保守党领导的前政府带有明显的新自由主义特征的调整措施，削减政府开支，控制政府预算的同时，不顾作为其主要政治基础的工会的反对，加大了对社会福利的调整力度。瑞典社会民主党致力于通过有效的积极的福利来改革传统福利体制问题，而不是简单地削减福利。因而，在20世纪90年代末瑞典经济得到复苏、财政状况好转后，瑞典社会民主党政府又对削减的社会福利进行了回调。所以，总的来看，瑞典社会民主党的调整，奉行的是新凯恩斯主义的政策，它也因此在当今欧洲各国社会党的普遍政策调整趋势中保持了自己的特色。

经验之二：始终保持与工会以及其他一些社会组织的密切关系

作为在工人运动中发展起来的现代政党，大多数欧洲社会民主党都在不同程度上保持了与各国工会的密切关系。这一点在瑞典尤其突出。瑞典社会民主党充分利用了瑞典社会高度组织化的特征来发展和保持自己的政治基础。瑞典社会中最大的两个基本阶级，即无产阶级与资产阶级都高度组织化。全国绝大多数受雇佣的职工都参加了总工会；而全国绝大多数的私人企业主都参加了雇主协会。瑞典社会民主党得以保持长期执政的最大政治支柱就是工会的稳定支持。瑞典总工会是由瑞典社会民主党成员在1898年建立的，它是由跨私有和公共部门的各类工会组成的伞状组织。工会传统上保持了很高的组织率。在瑞典总工会的组织领域范围内80%～85%的雇员是工会成员。虽然它与瑞典社会民主党是相互独立的，但直到20世纪90年代末以前，总工会下面一些与瑞典

沉浮

社会民主党存在所属关系的地方分会的会员自动成为瑞典社会民主党的集体党员，两者之间从上到下都存在密切的组织联系和合作关系。据统计，工会集体党员最多时占瑞典社会民主党党员总数的 85％。而且，总工会的主席是瑞典社会民主党中央委员会的当然成员，总工会在由党代会选举的党的执行委员会中有一个代表。总工会和各成员工会向瑞典社会民主党提供大量资金。党经常就一些问题与工会领导人商谈并通告党的政策信息。同时，工会也向党提出政策建议。雇员基金制度就是由工会提出来后被党接受的。在地区和基层，党的工作委员会的一些人选由党组织与工会组织协商决定；在工作场所，党在超过一定人数的工作场所设立一名代表。这些措施使党保持了与工会的稳定联系。总体来说，这种关系保持至今。2012 年至 2021 年任瑞典社会民主党主席的勒文曾是五金工会主席就充分说明了这一点。当然，20 世纪 80 年代以来，由于社会结构的变化，传统工人阶级队伍萎缩的现象在瑞典同样出现，瑞典社会民主党与工会之间的关系也出现了一些微妙的变化。尤其是在 20 世纪 90 年代，为了寻求日益庞大的中间阶级的支持，瑞典社会民主党在政策方面与工会之间的矛盾开始增多，双方关系有不断疏远的趋势。因此，如何正确处理与工会之间的矛盾，还需要瑞典社会民主党高层认真加以研究。

除工会外，瑞典社会民主党还保持了与其他一些独立的外围组织的稳定关系。如瑞典社会民主妇女联盟、瑞典社会民主青年团、瑞典社会民主学生会、基督教兄弟会等，它们分别组织各个领域的社会民主主义者。其中，成立于 1917 年的瑞典社会民主青年团是瑞典最大的青年组织，也是瑞典社会民主党的重要后备组织，包括帕尔梅和卡尔松在内的许多瑞典社会民主党的重要领导人都是从该组织开始其政治生涯的。这些覆盖范围广泛的组织无疑是瑞典社会民主党扩大政治基础的重要资源。

经验之三：奉行以妥协政治为特征的阶级合作政策

奉行以妥协政治为特征的阶级合作政策既是瑞典社会民主党执政的重要经验，也是它的特点。在当代资本主义社会结构日益多元化和在多党议会民主制的条件下，即使是在瑞典这种工人高度组织化并长期保持对社会民主党的稳定支持的国家，单纯依靠工人阶级并不足以使社会民主党获得稳定的执政地位和推行自己的政策所需要的议会多数支持。瑞典社会民主党在 20 世纪 20 年代三次组建政府，三次都因在议会中得不到多数支持而草草收场就充分说明了这一点。在这种情况下，瑞典社会民主党第一任主席布兰廷提出了三种策略手段：议会斗争、阶级合作和政治妥协。阶级合作政策指的是瑞典社会民主党在制定、实施某项政策时，充分地与其他政党、利益集团、社会团体协商与对话。这种阶级合作机制促使瑞典社会民主党对社会所有对立问题均采取实用主义态度，以求各利益集团利益和力量平衡。

从 20 世纪 30 年代以后，瑞典社会民主党就从"人民的党"观念出发，把各阶级合作团结作为其中间道路的政治基础。这种阶级合作主要体现在两个方面。一是作为执政党，无论是单独执政还是与其他政党联合执政，都注重寻求在经济和福利国家等问题上与其他政党的政治共识和妥协，由此开放了瑞典社会民主党与其他政党政治合作的空间。从 1932 年以来，瑞典社会民主党先后与自由党、农民协会、绿党和左翼党（共产党）等建立过执政联盟。二是作为一种执政理念，瑞典社会民主党十分注重使不同政治角色拥有参与和决定社会政治生活的平等权利和义务，在共同认可的政治制度的基础上，通过彼此承认的程序和过程达成彼此可以接受的结果。为此，瑞典社会民主党建立了一套灵活的制度机制，包括建立调和劳资关系的集中化的最高级劳资谈判机制，建立政府与主要利益集团之间协商合作的正式或非正式机制等。在这种合作精神和制度机制之下，瑞典社会民主党政府的重大决策在正式形成之前一般都是在经各政党、各利益集团的代表协商并基本取得一致意见后才出台。

总之，从汉森的"人民之家"到埃兰德的"星期四俱乐部"和"哈普森民主"，再到卡尔松的"职能社会主义"和帕尔梅的"基金社会主义"，以及勒文连续两届以少数派身份执政，都可以看到阶级合作和政治妥协无时不有、无处不在。作为一种策略手段，阶级合作和政治妥协也就成了瑞典社会民主党的"传家宝"，甚至在一定程度上说，瑞典社会民主党之所以能够长期在瑞典政坛发挥极其重要的影响，与其在各政党、各阶层之间纵横捭阖、"左右逢源"密不可分。

经验之四：注重加强党的基层组织建设

瑞典社会民主党组织结构分为四级：社会民主主义协会（俱乐部）、工人公社、党区和中央机构，这是 1911 年党的代表大会上正式确定的。其中，社会民主主义协会（俱乐部）是党的基层组织。这些协会（约有3000 个）可以有自己的章程，可根据党纲、党章独立开展活动。协会党员大会是其最高决策机构。党员大会每年 3 月底前召开，讨论协会理事会关于上年工作的报告和免除理事会责任问题；推选筹备下次选举的选举小组并为协会下年工作制订计划。大会选举两名审计。投票用公开方式，但人员选举一般通过秘密投票进行。协会理事会不少于 5 人，包括主席、司库（总监级别以上的负责人）和学习辅导员各一人，都由大会选举产生，任期两年，每年改选其中一半成员。理事会根据协会章程和大会决议领导协会工作。其任务是宣传党的主张和政策，发展党员和提高党籍价值，根据党纲积极地开展开放式的工作，在与选民对话中制定瑞典社会民主党地方政策。每个党员和各协会、俱乐部都有权向各级代表大会提出议案，有权推荐本党参加各级代表机构包括欧洲议会竞选候选人。此外，工人公社是瑞典社会民主党的地方组织，同一市政区内的所有社会民主主义协会、社会民主主义妇女俱乐部和社会民主主义基

四、瑞典社会民主党：北欧左翼一面旗

督教协会（兄弟会）、社会民主主义青年组织等都在其所在市政区的工人公社的领导下工作。而党区则是瑞典社会民主党的地区性组织，是在该地区内的所有工人公社与理事会之间的联系纽带。

瑞典社会民主党十分注重基层组织建设，20世纪70年代以来尤其重视在居民社区、第三产业和中小企业建立党的基层组织。各级议员、政府官员通过基层组织同选民保持经常性联系，每名党员也固定联系一定数量的群众。这样在全国，不论偏僻与否，居民多寡，都有瑞典社会民主党声音存在。基层组织经常开展政策讨论和献计献策活动，邀请党的领导人和专家学者做各种专题介绍，积极开展形式多样的文体活动，努力提高党员的参与意识，增强党的凝聚力和向心力。此外，基层组织还经常邀请党外群众及家属参加联谊活动，全面了解民情民意。此举既扩大了党的影响，又赢得了选民的支持。

经验之五：采取各种措施充分发扬党内民主

瑞典社会民主党是一个以民主为根本的政党，早在1960年，其党纲就指出，没有民主就没有社会主义。长期以来，瑞典社会民主党采取多种措施来发扬党内民主，通过发扬党内民主来有效保证党的统一。如1965年，瑞典社会民主党首次由中央发起，各级领导带头，3万多党员和工会会员围绕"党的未来目标问题"进行大讨论。这次大讨论形成了党内大讨论的协商传统，这之后类似的政策协商和讨论还进行过多次。1967年，2.5万名党员就经济政策进行大协商。1969年，4万名党员就税收政策进行讨论。1974年，4.4万名党员就能源政策进行了对话。1978年，6.5万名党员就职工基金问题进行协商。这些讨论与协商促进了党内团结，有助于共识的形成。面对全球化、媒体化发展和其20世纪90年代政策大调整所遇到的阻力，党内协商和讨论更加频繁。1997年，瑞典社会民主党新成立了党的信任委员会，委员会每年至少开会一次，由党的执行委员会成员、理事会成

员、审计员、党纲委员会成员、党区理事会主席等党的领导层与该委员会 120 名成员一道，就党面临的重大问题进行协商。此举进一步推动了政党协商的制度化。

在党内生活中，瑞典社会民主党更加重视民主原则，在党内各级选举中坚持候选人全部来自党员提名并经过相应会议的表决。选举中一人一票，得票多数者入选。在进行决策时实行少数服从多数，多数尊重少数，特别注意保护党员的个人权利。党内还引进了公投机制。只要有 5％以上党员要求，理事会就必须组织对某问题进行党内公决。瑞典社会民主党这种党内民主的传统不仅增强了党的凝聚力战斗力，而且也推动了瑞典社会民主的发展。

当然，100 年之后的瑞典社会民主党在选举中得票率有逐次下降的趋势，这为该党的发展敲响了警钟。其中许多教训值得吸取。

教训之一：不能过于迷信过去的成功经验

瑞典社会民主党的确取得了巨大的成功。在它的领导下，瑞典从一个落后的农业国变成高度工业化、电气化和信息化的发达国家。而且瑞典社会民主党按自己的理念在瑞典建立起了福利社会。通过充分就业与收入再分配政策，建立起包括失业救济、养老金、疾病保险、免费教育等在内的全方位多层次的福利制度。几十年来，瑞典经济社会一直发展良好，贫富差距不大，社会稳定和谐，被认为是世界上最理想的国家。不过，瑞典模式的成功实践，除了瑞典社会民主党领导有方外，还有其独特的外部环境的影响。瑞典崛起之时正是冷战时期，两大阵营的对立使瑞典经济发展有相对和平的政治环境，这样，瑞典社会民主党在探索自身发展道路时能做到自立自主，而且从 20 世纪 50 年代起，西方资本主义世界经历了高速发展的黄金时期，这又为瑞典的发展提供了良好环境。

然而，从 20 世纪 80 年代末开始，推动瑞典社会民主党成功的外部环境发生了变化。随着苏东剧变，经济全球化和欧洲一体化的发展，民族国家的经济越来越深地受到国际经济的影响，冷战后兴起的新一轮经济自由主义大潮使福利制度的基础受到冲击；而新兴产业的发展，跨国公司的投资活动都给福利社会的发展带来挑战。尽管瑞典社会民主党针对这些变化作了一定调整，但是该党仍过于迷信其过去的成功经验，坚持高税收（其税收在欧盟国家是最高的）的现行政策，否认其缺陷，这种过分自信的心态与已变化的形势相冲突，从而使瑞典社会民主党的社会政策越来越僵硬，总体上已不适应新形势的发展需要。正因为如此，其在大选中得票率逐次下降也就不令人意外了。

教训之二：要注重克服官僚化倾向

瑞典社会民主党由于长期处于执政党的地位，滋生了一种优越感，久而久之出现了官僚化现象。在其执政时期，瑞典常常被描绘成"一党国家"，党政不分，社会民主党与劳工联盟和政府机构在许多方面融合在一起，权力机构经常被忠于社会民主党的人所控制。在这种政治环境下，瑞典社会民主党愈来愈被看作瑞典的政治贵族，而那些居于高位的人尽管没有多大贡献，可正常享受着高额工资。

就广大民众而言，他们肯定不喜欢那种老化了的、疲乏的与官僚化严重的政党，他们渴望充满朝气、热情洋溢的政党，尤其是年轻人，他们更希望社会有大的变化，政党之间的竞争越激烈，他们越感觉到刺激。在这种情况下，作为百年老店的瑞典社会民主党必须丢下历史的包袱，严防党内官僚化倾向，否则继续发展、再创辉煌难上加难。

教训之三：要认真解决好民众的工作问题

众所周知，瑞典社会民主党的高福利高税收政策，留下了许多积弊，这种政策缺乏对工作的激励机制，缺乏对创业精神的鼓励，使得

沉浮

瑞典人成了欧洲最不愿创业的人，许多瑞典人宁愿待在家里依靠政府的救济金生活也不愿出去工作。同时，瑞典政府还缺乏安排新到这个国家的移民参加工作、融入当地社会的机制，只是鼓励移民享受政府的补贴而不要去工作，而这份补贴数额则超过了那些"不入流"的工种，如清洁工、手艺人或是民工的收入所得，从而给社会带来了新的不平等现象和新的矛盾。结果，瑞典社会民主党的就业政策一方面使社会出现一批不愿工作的懒汉，另一方面使瑞典国际竞争力逐年下降。

当然，在瑞典社会民主党执政时期，瑞典的失业率在欧洲并不是特别高的，但几十年来瑞典人享受了充分就业，即使失业率在3％或2％，对他们来说都已过高了。而且，传统上，瑞典人支持瑞典社会民主党执政，是因为它把创造就业岗位放在首位，瑞典社会民主党本身也将此作为自己最重要的任务。但进入21世纪后，虽然瑞典经济发展了，就业形势却不见好转，这不能不令人失望。这是导致瑞典社会民主党选举失利的重要原因之一。

教训之四：要妥善处理外来移民问题

这些年，随着经济全球化、欧洲一体化进程加快以及一些国家和地区动乱加剧，移民瑞典的人数不断增多。据统计，自2012年以来，人口不足千万的瑞典就接收了40多万难民。其中在2015年，瑞典就收容了16.3万名来自叙利亚和阿富汗等地的难民，以人均计算是欧盟成员国中最高的。大量难民涌入，严重制约了瑞典经济的可持续发展，大大加重了瑞典政府的福利负担，并引发了诸多治安问题。瑞典国内的反移民情绪由此不断升温，奉行反移民主张的瑞典民主党迅速崛起就充分说明了这一点。

面对外来移民大量涌入的威胁，勒文政府不得不调整其施政策略，于2015年宣布限制难民数额。但这一做法，又令人感到瑞典社会民主

四、瑞典社会民主党：北欧左翼一面旗

党开始迎合极右翼政党的某些愿望。不少观察家认为，难民问题今后还会越来越严重，很可能会带动瑞典的政治风向集体右转，这是瑞典社会民主党不得不面对的巨大挑战。毫无疑问，只有妥善处理好外来移民问题，瑞典社会民主党才能行稳致远。

五、英国工党：世纪之交展风采

英国工党成立于1900年2月，是英国国内具有重要影响的一个政党，在世界政党政治建设史上也占有重要地位。在第一次世界大战爆发之前，英国工党在政治上受制于自由党。第一次世界大战之后，英国工党力量不断发展，逐渐取代自由党在英国议会中的地位。1924年1月，在自由党支持下英国工党第一次组阁，党的领袖麦克唐纳出任首相。1945年，英国工党以绝对多数上台执政。从此，英国工党成为英国议会的两大政党之一，同保守党轮流执政。

2000年英国工党迈过百年门槛。此时全党上下还沉浸在胜利的喜悦之中。喜悦来自3年前在英国大选中的创纪录胜利。作为一个已在野多年的政党，这次大选共获得419席，比所有反对党获得的席位加起来还多179席，真可谓是毫无争议地赢得了执政机会。喜悦还来自党的领袖布莱尔改革带来的新气象。布莱尔成功塑造了"新工党"形象，使工党从一个传统上"只会花钱不会赚钱"的左翼政党走上了"会花钱也会赚钱"具有较强经济竞争力的现代化道路。可以说，此时，建党100周年的英国工党正处于鼎盛之时。

从成立到发展壮大

英国工党是在工会运动的基础上形成的一个以工人阶级为主体的政党。19世纪下半叶，英国政坛上出现了两支令人瞩目的力量：一支是工会，其中1868年成立的英国职工大会是一个全国性的总工会组织；另一支是社会主义团体，主要有独立工党、社会民主同盟与费边社。这两支力量都十分活跃。然而，19世纪90年代发生的一系列针对工会的诉讼案件，使工会的合法权利受到威胁，迫切需要有一个自己的政党在

沉浮

议会中代表工人阶级说话；而社会主义团体在当时的情况下，如果得不到工会的支持，也不可能成为真正有影响力的政治力量。正因为如此，工会和社会主义团体尽管在一些重大问题上还存在分歧，甚至是严重的分歧，但最终还是走到了一起。

1900年2月27日至28日，在独立工党的协调下，各工会代表和独立工党、社会民主同盟、费边社三个社会主义团体的各自代表共129人在伦敦召开了英国工党成立大会，当时使用了"劳工代表委员会"这一名称，并决定各团体和组织以集体名义加入，没有个人党员。从严格意义上讲，新成立的英国工党性质还是一个竞选联盟，主要任务是力争把更多的劳工议员选进议会，去争取通过一些有利于工人阶级的立法，其思想基础是劳工主义而非社会主义。

成立初期，由于力量相对弱小，英国工党在很多方面必须与自由党合作；而自由党出于选举的需要，也希望得到英国工党的支持。1903年双方达成秘密协定，即英国工党通过在大选中支持自由党，来换取自由党在选举中的支持。如此一来，英国工党在政治上受制于自由党，在一些重大问题上不得不作出违心的表态，这使得其处境十分尴尬。

1906年对英国工党来说，是意义非凡的一年。在这一年的议会选举中，英国工党取得了意想不到的胜利，它所推出的50名候选人，竟有29人当选。这一胜利震动了整个英国政坛。随即英国工党组成了自己独立的议会党团，党的名称在经过一番争论后，由"劳工代表委员会"正式改为"工党"，以突出其是为劳工服务、代表劳工利益的政党。不过，此后10多年，英国工党一直在徘徊中前进，虽有所发展，但并不突出。其根本原因是没有明确的奋斗目标和纲领，也谈不上有理论基础。

1918年，由于俄国十月革命的胜利，大大激发了英国民众向往社会主义的热情，英国工党随即宣布了它以社会主义为奋斗目标，并把公有制作为社会主义的标志。是年 2 月 26 日，英国工党特别大会通过了由工党书记阿瑟·韩德逊和费边社领袖西德尼·韦伯共同起草的新党章。党章第四条第四款规定党的目标是："要使从事体力或脑力劳动的工人获得他们的全部劳动成果并享受最公平的分配，从而使生产、分配和交换手段的公有制和可以实现民主管理及控制企业与公用事业的最佳体制成为可能。"① 同年 6 月，英国工党大会还通过了西德尼·韦伯夫妇起草的党纲——《工党与新社会制度》。党纲强调"工党要尽最大努力使私有制和被它所毁灭的千百万生命一同埋葬"②。同时，提出新的社会制度的基础是：为了一切劳动者的利益；实现世界上每个人在物质条件上的平等；广大人民在最大限度民主上参加政治、经济管理。党纲还提出实现社会改造的四项原则：第一，实施"国民最低生活标准"，包括最低工资、起码劳动条件和 48 小时工作周；第二，工业的民主管理，主要是强调工业国有化的必要性；第三，国家财政政策的改革，主要是对高收入者征收重税来补贴社会公益事业，征收直接资产税以偿还部分战争费用；第四，剩余财富用于公共福利事业，主要是国家财富的结余，必须尽可能用于扩大全体人民享有教育与文化的机会。③ 此外，新党章还废除了之前要求入党的人员只能以团体的形式加入的要求，规定只要认同党章，不论团体还是个人都可以加入。这为社会上大量的知识分子、妇女等社会主义同情者入党，打开了方便之门，英国工党的社会基础进一步扩大。

1918 年通过的党章和党纲使英国工党具备了一定的社会主义目标

---

① 〔英〕亨利·佩林著，江南造船厂业余学校英语翻译小组译：《英国工党简史》，上海人民出版社 1971 年版，第 47 页。

② 刘建飞：《布莱尔》，当代世界出版社 1997 年版，第 229 页。

③ 〔英〕亨利·佩林著，江南造船厂业余学校英语翻译小组译：《英国工党简史》，上海人民出版社 1971 年版，第 47—48 页。

的纲领，同时英国工党也公开承认自己是一个社会主义政党。这时的英国工党，在思想上、理论上基本受费边社会主义的支配。费边社会主义虽然同科学社会主义是对立的思想体系，反对马克思主义的暴力革命和无产阶级专政的学说，但它否定资本主义的私人占有制度，主张通过渐进的方式建立以公有制为基础的社会，改善劳动者的生活和地位。正因为如此，1918年党章和党纲的制定被认为是英国工党的重建，对其发展具有极其重要的意义。在这一年12月的议会大选中，英国工党共推出361名候选人，比过去最多的一次（1910年78名）4倍还多。大选结果，英国工党获得57席，比以前多出15席。更为重要的是，英国工党在许多选区中的支持力量已超过自由党。

1922年是英国工党的一个重要里程碑，也是英国政党政治史上的重要分界线。在这一年11月的议会大选中，英国工党在多数选区都推出了自己的候选人，共414名。选举结果，英国工党获得142席，比以前增长了一倍多。虽然保守党在议会中仍占明显多数，但英国工党席位总数已超过自由党而成为议会第二大党和第一反对党。

1923年9月，由于关税改革问题受阻，保守党决定提前解散议会举行大选。在这次选举中，英国工党总共获得191席，比上一年多49席。保守党虽然得到258席，但未过下院席位总数606席的半数。在自由党的支持下，英国工党以少数党的资格组成内阁，开始了它的第一次执政生涯。英国工党领袖麦克唐纳出任首相。麦克唐纳为首相的工党政府由于是少数党政府，不可能完全按自己的意愿行事，在行动上受到了保守党和自由党的很大制约，党的社会主义纲领没有得到直接的施展，有时还不得不做一些与其社会主义目标背道而驰的事。然而，工党政府还是在力所能及的情况下做了一些有利于工人阶级和其他劳动群众的事情，如救济失业者、改善社会福利设施、改善卫生和教育设施等。在外交上，麦克唐纳政府上台仅1个月，就于1924年2月1日无条件地正式承认苏联，并主张尽快谈判解决两国间的争议问题。工党政府的这一壮举，在欧洲引起了巨大震动，其他资本主义大国纷纷效法英国，形成了一个承认苏联的浪潮，彻底改变了苏联在外交上被动、孤立的局面。但同苏联建交却影响了工党政府的执政地位，保守党乘机大造反苏舆论，给许多原先同英国工党合作的自由党人带来了负面影响。在 1924 年 10 月的大选中，英国工党失败下台，保守党获得胜利。

1929 年，保守党内阁任期届满，6 月举行大选。这时的英国工党，虽然自身状况不太好，党内独立工党分裂倾向严重，财政收入情况不佳，党员人数下降，但由于经济危机已经到来，失业情况严重，人们对执政党普遍不满。大选结果，英国工党获得 288 席，第一次成了议会多数党；保守党得到 260 席，自由党仅得到 59 席。英国工党再次上台执政，但还是少数党政府，因为它的席位仍未超过半数。新的工党政府还是由麦克唐纳任首相。由于还是少数党政府，受制于议会其他两党，麦克唐纳政府在内政上很难有什么成就。1931 年 8 月 23 日，麦克唐纳辞职，次日清晨，他奉英王之命组织了一个得到自由党和保守党支持的"国民内阁"，自己担任"国民内阁"首相。临近中午时分，麦克唐纳向他的工党同僚们宣布了自己的决定。很多原工党内阁成员未参加新内阁，他们感到自己的领袖"背弃"了自己的党。9 月 2 日，英国工党全国执行委员会将麦克唐纳及其支持者开除出党，英国工党由此出现大分裂。分裂使英国工党力量一度下降，直到第二次世界大战期间，英国工党才恢复到原来的规模。

20 世纪 30 年代，在战争危险日益加深的情况下，英国工党表现出了自己是维护和平的中坚力量。在"慕尼黑阴谋"时期，全国劳工理事会公开声称反对向希特勒让步；工党议会党团对"慕尼黑协定"投了反对票。第二次世界大战爆发后，英国工党一开始决定不参加政府，后张伯伦辞职，丘吉尔出任首相，才参加政府，成为参政党。在战时内阁 5

沉浮

名成员中，英国工党占了两名，也就是艾德礼和格林伍德。1940年9月，战时内阁扩大为7人，贝文进入内阁。在内阁中组成了一个工党三人小组。战争期间，丘吉尔的主要精力放在了战争和外交事务上，国内的许多行政事务都由副首相艾德礼主持。参加战时内阁不仅使英国工党为战争胜利做出了应有的贡献，而且也使工党的领袖们丰富了治国经验。到此时，英国工党已彻底取代了自由党的议会第二大党的位置。英国政坛上罕见的三党竞争的局面结束了。英国工党经过40年的发展，终于突破英国两党制格局的限制，挤走自由党而成为两党竞争的主角之一。英国工党的崛起与自由党的衰落是政党发展史上人们最感兴趣的事件之一。

英国工党历史上最辉煌的时期是1945年大选的胜利和其后的工党政府的改革。现今英国的福利制度的基础就是那时奠定的，许多英国史学家都把1945年作为一个里程碑。是年5月，对德战争结束，英国战时内阁失去了存在的基础，两党争权夺利问题变得突出起来。丘吉尔估计，大战胜利后他个人的巨大声誉对保守党会有很大价值。于是，他对英国工党提出了两个方案让其选择，要么马上举行大选，要么把战时联合内阁维持到打败日本之时。艾德礼考虑到要到秋季工党年会时才能同全国执行委员会商量，然后作出答复，于是提议联合内阁应该维持到秋天，同时工党也可以有较多的时间去组织竞选和准备选民名单等。可是丘吉尔不讲情面，他决定听从他的保守党竞选顾问们的主张，坚持要尽快举行选举。在这种情况下，联合内阁中的英国工党大臣们只好在5月底前卸任。大选定在7月举行。在正式选举前，许多观察家和政治家，包括丘吉尔本人和像斯大林这样的左派都认为保守党会稳操胜券。可是，选举一揭晓，一个极富戏剧性的结果使全世界为之震惊。英国工党以意想不到的绝对优势击败了"战争领袖"丘吉尔领导的保守党，其得票率和下院席位分别超出对手8%和146席，成为战后英国的第一个执政党。英国工党的席位比以前增加了一倍，达到393席；保守党的席位则减少了一半，为213席；自由党无可奈何地衰落了。这个戏剧性的变化不但使局外人感到意外，就连英国工党领袖艾德礼本人也没有这个思想准备。从根本上说，英国工党获胜是因为迎合了当时人们希望变革、要求公平的潮流。20世纪30年代的大萧条充分暴露了传统的自由市场经济的弊端，要求国家干预经济的呼声越来越高。英国工党高举国有化、公平化、福利化的旗帜，对广大英国选民有很大的吸引力，也为其赢得了用来实现自己目标的第一次实践机会。

艾德礼政府在大选胜利的鼓舞下，在全党一致的支持下，在内政外交上作出了一系列重大决策。在内政上，国有化和"普遍福利"是英国工党的主要施政纲领。艾德礼政府执政头三年，立即将国有化纲领付诸实践，接二连三地推出了8项国有化法案，包括英格兰银行、煤业、民用航空业、通信业、国内运输业、电业、煤气业和钢铁业等。除钢铁工业国有化法案因遭到保守党的反对而延迟到1951年才生效外，其他法案均在议会顺利通过，并于1947年至1949年先后生效。这些国有企业在整个工业部门中的比重达到20%，而且原私营企业中约200万名工人也为国家全部接收。社会保障政策是英国工党社会主义大厦的又一重要支柱。这一套法案包括国民保险法、国民医疗保健法、国民救济法、教育法、住房法等。社会保障法案本着"一视同仁"的原则，不分等级差异，向所有的人提供同样的医疗服务和"从摇篮到坟墓"的全面保障。维持这套社会保障制度的资金来自政府补贴、雇主交税和捐款以及个人投保等几个方面。艾德礼政府厉行累进所得税，提高最高收入等级纳税标准，降低免税额，仅降低遗产税额一项便使交纳遗产税的人数扩大1/3左右。这些政策对促进社会财富再分配，使其向更加公平方向发展，拯救工人阶级的苦难，缓解社会矛盾起了一定作用，因而受到工人阶级及社会其他阶层的普遍欢迎。1948年，工党政府首相艾德礼颇为自豪地宣称英国在世界上第一个建成了"福利国家"。按照英国工党的

沉 浮

解释，"福利国家"的内容是：混合经济、充分就业、全面福利和公平分配。艾德礼认为，工党已找到了一种新的社会主义模式，"一种把个人自由与计划经济、民主与社会主义结合起来的制度"[①]。

不过，福利制度并未消除社会的贫困现象，国有化也不能完全解决公平与效益的矛盾。英国工党建立了庞大的社会保障体系，但这个体系要靠沉重的赋税来支撑，英国工党实行了国有化，但国有化却要以国有企业降低生产效率为代价。正因如此，虽然这届工党政府做了大量卓有成效的工作，但到最后，英国选民就像过去对待自由党改良主义政府那样，对改良主义的艾德礼政府也采取了不领情的态度。在 1951 年 10 月举行的大选中，英国工党虽然得到 1395 万张空前多数的选票，但得到的席位却比保守党少 26 席（工党得 295 席，保守党得 321 席，自由党和其他政党共得 9 席），英国工党只好让出政权。

1951 年大选失败后，英国工党内部围绕着公有制问题展开了讨论并形成了两种观点。右翼观点认为进一步扩大国有化是没有必要的，现阶段工党的首要任务是巩固工党在执政时期已取得的成就，提出具体的提高现有国有化企业效益的实际可行的方法。左翼观点则认为工党在执政时期的国有化实践，只是迈向社会主义经济的第一步，工党的公有制的战略目标不能仅仅停留在现已取得的成就上，而应该在更广更深的范围内进行国有化。与此同时，英国工党内部还出现了修正主义的思潮，即不仅要修正现存的工党政策，而且对工党传统的社会主义信条提出了批评，认为古典的资本主义已经发生了重大变化，私营企业中的所有权和经营权相分离的结果，使"资本主义剥削"的概念伴随着资本家权利的丧失而消失了。这种思潮引起了人们对公有制的怀疑，遭到了党内左

---

① 〔苏〕米列伊科夫斯基著，叶林等译：《第二次世界大战后的英国经济与政治》，世界知识出版社 1960 年版，第 540 页。

派的抵制和反对。整个 20 世纪 50 年代，英国工党就是在争论中度过的。在这种徘徊不定的状态下，英国工党连续三次在大选中失败，而且一次比一次败得惨。

在 1959 年大选失败后，英国工党进行了一次彻底的反省，其中最突出的是，党的新领袖盖茨克尔提出要对党章第四条进行修改，认为它是造成工党在大选中失败的关键原因。在他看来，公有制是手段而不是目的。第四条使选民对工党产生了误解，即认为工党要对英国经济的全部，至少是大部分实行公有制。为了强调公有制并不是工党的首要目标以及阐明工党明确的社会主义目标，必须对党章第四条进行修改。客观地说，盖茨克尔的目的是拯救英国工党，但其主张却太超前了，在党内大多数人的反对下，盖茨克尔只能让步。这件事破坏了内部的团结，还直接导致了盖茨克尔的不主张单方面核裁军的建议在党内被否决。这样一来，在 20 世纪 50 年代末、60 年代初，英国工党处在一种 30 年来未曾有过的虚弱状态之中。不彻底垮台，就必须迅速复兴，英国工党在两者之间只能尽快作出选择。因此，盖茨克尔又提出了新的折中建议：工党确信只有通过公有制才能实现社会平等和经济繁荣的目标，但公有制的形式是多种多样的，包括完全国有、合作、混合等形式。工党认识到公有经济和私有经济均是经济活动中的组成部分，而且公有制是否需要进一步扩大，应该根据民众的意愿和实际情况而定。新建议在党内通过，而且得到了左派的认同。

1962 年底，英国工党内部的激烈争斗消失了，又重新团结起来，盖茨克尔的威望得到了恢复和提高，工党的威信不断上升，有了重新掌权的希望。1963 年 1 月 18 日，56 岁的盖茨克尔因病突然去世，威尔逊被选为党的新领袖。威尔逊走马上任后，提出了"专家治国的集体主义"观点，强调技术专家和有效的国家干预的重要性。他主张将科学技术和国家经济计划有机结合起来，突出了自然科学和教育的重要性。在

沉 浮

威尔逊的领导下，1964 年 10 月，英国工党在大选中以 4 席微弱多数险胜（工党得 317 席，保守党得 304 席，自由党得 9 席），结束了长达 13 年的在野期。党内两派也暂时停止内讧，党内关系进入了一个新时期。大选获胜后，威尔逊政府立即着手实施上述主张，并取得了一定的成效。然而，由于一些客观因素的影响，英国工党在 1970 年大选中，又出人意料地败北了。后来由于英国经济开始恶化，威尔逊组成少数派政府再次上台。为了从恶化的经济状况中摆脱出来，威尔逊政府只能放弃过去的社会主义政策，转而采取大幅度削减公共开支的方法，以求减少赤字，并向国际货币基金组织贷款来解决英镑贬值问题，抑制通货膨胀。然而，上述措施没有遏止经济的进一步恶化，而工党失败的结局几乎在预料之中。

1979 年 5 月，保守党获得议会大选胜利，组成了以撒切尔夫人为首的保守党内阁。撒切尔夫人公开宣布，她的使命就是要"埋葬工党的社会主义"。她率先放弃国有化和国家干预政策，鼓励自由竞争，充分发挥市场机制的作用，紧缩货币，降低税率，鼓励私人企业的发展，将国有企业私有化，大幅度削减社会福利开支，镇压工人运动，削弱工会作用。撒切尔夫人的这套经济政策被称为"撒切尔主义"，即新自由主义政策。面对着英国甚至整个西方世界兴起的一场向右转的运动，英国工党在其左派领袖福特的领导下，开始了针锋相对的全面左转。此举则导致了工党内部又一次大的分裂，部分右翼从工党中分离出来，成立了社会民主党。

此时，撒切尔夫人的经济改革措施取得成效，英国摆脱了经济危机，经济出现了增长的势头。1983 年大选，英国工党遭遇了自 1918 年以来的最大一次失败，其得票率仅高于社会民主党 2.2 个百分点。极左的道路被证明是行不通的，英国工党又处于一个十字路口，改革是其唯一出路。金诺克担任工党新领袖后，对工党进行全面改革。其改革主要集中在三大领域：理论政策变革、组织体系变革与竞选战略变革。

在理论政策变革方面，英国工党放弃了传统主张的国家大规模管制经济的思想，第一次明确认同市场经济的优点。金诺克认识到：工党支持者的思想明显远离工党传统立场，人们对公有制、工会权力以及社会福利的支持在明显下降。因此，工党必须更好地运作市场。金诺克在接受市场经济的同时，还放弃了工党左翼传统主张的公有制与中央管制经济的思想以及工党老右翼主张的凯恩斯主义和通过再分配与普遍福利来实现平等的思想，并认同了私有制，从而使英国工党在历史上第一次不再把改变所有制关系作为一个主要的政治目标，表明其在意识形态上发生了重要的具有历史意义的变化。在此基础上，英国工党在其他政策领域，如与工会关系、核裁军以及对欧政策上，态度均发生改变。

在组织体系变革方面，金诺克加强了中央对政党组织权和决策权的控制，要求党内严格组织纪律，保持对领袖的忠诚，将英国工党变成一个中央集权化的政党。金诺克进行组织体系变革的第一步是改革决策机制，加强中央权力。金诺克削减了左翼控制的全国执委会的权力，建立了全国执委会——影子内阁的联合政策委员会，使权力逐渐向后者倾斜。在加强对决策内圈控制的同时，加强影子内阁和领袖办公室对决策外圈，即政策和政治顾问的控制，要求他们保持对领袖的忠诚。与此同时，影子内阁职位均由与金诺克持相同观点的人担任。此外，还有效利用媒体为政党服务，利用党内简报孤立对工党路线持异议的党员，以维持党内团结。第二步是改革选举制度。金诺克制定了新的管理规则，控制议会补缺选举中对工党候选人的选拔，以避免极端左翼分子成为候选人。经过组织改革，金诺克加强了中央对决策权和组织权的控制，削弱了左翼在党内的地位，右翼开始占据主导，改革后的英国工党逐渐从一个分裂、松散、士气低落的政党，变成一个有凝聚力、有纪律、有较强组织能力的政党。

沉浮

　　在竞选战略变革方面，金诺克改变传统竞选运动方式，使之变得专业化和媒体化。金诺克于 1985 年成立竞选运动专业化组织——竞选运动和联络理事会，此后建立影子联络机构，包括一些设计家、作家、广告评估家、研究学者和策划者，其主要职责是制定选举战略，解释舆论研究，提出宣传广告和选举运动主题，提供必要的联络支持等。在竞选战略上，金诺克出台了"新战略思维"，对英国工党如何进行政治定位，如何控制大选舆论走向等问题制定出一套有效的宣传联络模式，其中，尤为关注的是利用大众媒体宣传政党理念，塑造领袖媒体魅力。

　　此外，在 1987 年英国工党年会上还修改了工党的党标：用红玫瑰代替了红旗，意味着工党要走一条既不同于左，也不同于右的第三条道路——民主社会主义道路。总之，金诺克的改革将党内极左的"好战"集团清理出去，重新树立英国工党是普通大众党的形象，并且恢复了党内团结，唤起了工党的自信，这为英国工党在日后上台执政奠定了坚实基础。

布莱尔的"第三条道路"

　　经过金诺克的改革，英国工党已经逐渐变成了一个温和、现实、团结的政党，赢得了不少选民的好感。在 1992 年英国议会选举前同保守党的竞争中，英国工党始终略占优势，以至于许多评论家都认为工党会赢得大选。然而，选民在最后时刻还是选择了梅杰领导的保守党。这次选举，保守党获得 336 席，英国工党尽管得票率上升 3.5 个百分点，达到总票数的 35％，所得席位也由上次大选的 229 席增加到 271 席，但仍不敌保守党。

　　1992 年大选失利后，英国工党新领袖史密斯决心在改革的道路上继续走下去。在 1993 年的工党年会上，他取消了在议会选举上工会集体投票的做法，改为一人一票制，这从根本上保证了工党与工会拉开距离，使工党真正可以独立自主地进行活动。而此时的保守党面对经济滑坡，却无能为力，内部的分歧日益加剧，英国工党上台执政已指日可待。1994 年 5 月 12 日史密斯因心脏病猝发逝世，同年 7 月 21 日，年仅 41 岁，曾担任过英国工党影子内阁能源大臣、劳动大臣、内政大臣，被称为工党内最重要的现代派人物——托尼·布莱尔当选为党的新领袖。布莱尔是英国工党有史以来最年轻的领袖，而且也是最不循规蹈矩的。他上任不久就提出建设"新工党"的口号，大刀阔斧地进行改革。

布莱尔的改革是从修改党章第四条开始的。1994 年 10 月，在布莱克浦举行的英国工党第九十三届年会上，布莱尔向全党提出了修改党章第四条的动议。但这一动议以 49.1％对 50.9％的票数被否决。尽管被否决，但布莱尔从中看到了希望。随后布莱尔到处演讲、游说，指出党章第四条存在诸多不合理之处："第一，对公有制的范围没有规定，只提到公有制，而没有提到混合所有制经济；第二，目标过于遥远，没有一个政府能够实现这一点；第三，公有制既是目标又是手段，而不只是作为一个手段来对待，不能与现代人的价值要求和经济目标相吻合。"[①]在接见美国《时代》周刊记者时，布莱尔又说："工党党章中无选择地主张实行国有化是很愚蠢的。事实上，工党已不再相信它，况且 10 年来也未曾承诺要真正地扩大国有化。"[②] 在布莱尔的努力争取下，1995年 3 月 13 日英国工党执行委员会会议通过了对党章第四条进行修改的动议。4 月 29 日，英国工党召开特别代表会议，以 65.23％对 34.77％的票数赞成制定新党章。

---

① 〔英〕托尼·布莱尔著，曹振寰等译：《新英国：我对一个年轻国家的展望》，世界知识出版社 1998 年版，第 67—68 页。

② 林建华、张有军、李华锋等：《冷战后欧盟诸国社会民主党政坛沉浮研究》，人民出版社 2010 年版，第 99 页。

沉 浮

　　新党章中党的价值与目标的表述与原党章在内容和形式上都发生了较大变化。第一，新党章开宗明义，宣称英国工党是一个民主社会主义政党，而原党章中的国内部分，则未提社会主义一词。第二，原党章中关于党的价值观没有多少表述，而新党章有关条文宣称，工党相信通过集体的努力，我们将比单个行动获得的更多；通过集体的努力，可以创造各种手段实现我们每个人真正的潜能，并为我们所有的人创造一个政治共同体。在这个共同体里，权力、财富、机会掌握在多数人手里而不是少数几个人手里；在这里，我们享有的权利反映了我们应尽的义务；在这里，我们自由、团结、宽容、互相尊重地生活在一起。第三，新党章规定了党的目标。其中较为重要的是第一个目标，即实现充满活力的经济。这种充满活力的经济把繁荣的私营部门和高质量的公众服务结合在一起，服务于公共利益。在这里，市场的进取精神、竞争的严酷性与合作力量结合在一起，去生产国民需要的财富，去创造工作和成功的机会。这是在党章中第一次对混合经济、市场、竞争及私营经济采取肯定的态度。当然，从中也可以看出，这个新目标也包含有对公有制的某种保留。第二个目标是正义的社会，第三个目标是开放的民主，第四个目标是健康的环境。第四，在对外政策方面，修改后的党章强调维护英国人民的防务和安全，强调与欧盟、英联邦、联合国和其他国际组织为保障和平、自由、民主、经济安全和环境保护进行合作，没有像原党章一样提到与国外社会党和国际社会主义组织的合作。第五，在国内党派合作问题上，与原党章不同的是：原党章只强调与工会及工联的合作，新党章则规定要与工会、合作组织及其他联盟组织、自发性的组织、消费者团体和其他利益团体合作。从总体上看，修改后的党的目标和价值观要比原党章条文涵盖的内容多，基本上反映了国内外形势的变化，而且这种以价值为取向的指导思想为英国工党各项改良政策的出台提供了广阔空间。随后，布莱尔革新的广度和深度在很多领域都超过了金诺克，尤其在理论政策领域和组织体系领域。

在理论政策领域，就经济政策而言，布莱尔主张实行严格的财政预算，不再实行大规模的公共开支，目的是确保财政和货币政策的稳定，其发展目标则是控制通货膨胀，推动宏观经济的稳定。在所有制问题上，布莱尔表示同意将铁路、煤矿等产业私有化，仅承诺提高私有部门的服务质量。在社会政策领域，布莱尔的福利制度比金诺克的福利制度更加严格，布莱尔严格限制领取救济金的标准，并制定了从福利到工作的计划。在劳动市场政策上，布莱尔接受了保守党放松对劳动市场管制的计划，劳动市场的灵活性进一步增强。在其他政策领域，布莱尔均进行了改革，其改革方向相比金诺克更为右倾化，在具体政策尤其是经济政策上与新自由主义信条趋同。

在组织体系领域，布莱尔的改革十分深入。布莱尔于 1997 年建立了联合政策委员会全国政策论坛、政策委员会等新的决策机构，中央掌握了决策权，年会、全国执委会和选区工党的权力大大缩减。布莱尔还将选举制度的变革扩展到决策机制上，英国工党在 1995 年修改党章、1997 年批准竞选宣言等问题上，都采取了党员一人一票的表决方式，这使工党传统的代议制民主形式逐渐被一种直接民主形式所取代，党员通过投票表决，同党的最高层建立直接联系。从形式上看，这种直接民主制扩大了党员参与决策的范围，但其结果是，作为英国工党地方动员和协调的机构——广大选区工党组织逐渐萎缩，领袖加强了对普通党员的影响力，权力的中央集权化相比金诺克时期更为加强。

此外，布莱尔还继续拉大英国工党与工会的距离，更加向中间阶级靠拢，并逐渐扩大党的党员基础，吸收大量中产阶级人员加入。布莱尔在 1995 年 9 月费边社召开的纪念 1945 年大选获胜 50 周年大会上公开表示："要使工党变成一个开放的党，一个成员包括私营业主和无产业者、小商人及其顾客、经营者和工人、有房者和住公寓者、熟练的工程

沉浮

师以及医术高超的医生和教师的党。"① 在 1996 年的工党年会上，布莱尔再次明确表示，英国工党是全体英国人民的政党，而不是个别人的政治臂膀。

布莱尔的改革不仅改变了党的形象，提高了自己的威信，而且吸引了许多中产阶级的选民。1997 年 3 月 17 日英国首相梅杰宣布 5 月 1 日举行大选。有趣的是，这次竞选活动一开始，就出现了十分反常的"一边倒"现象。几乎所有的英国主要媒体都一致表示支持布莱尔，就连过去一直在大选中帮助保守党的报纸也纷纷"倒戈"，这更促使力量天平向英国工党一方倾斜。不过，英国工党在这次大选中赢得这样"火"，却是很多人未料到的，其得到 659 个席位中的 419 席（增加了 146 席），占总数的 63.6%，比保守党多 254 席（保守党只得 165 席，减少 178 席），比所有反对党的席位加起来还多 179 席，这是 20 世纪英国历次大选所有政党取得的最好成绩。有这么多的席位，为布莱尔和工党政府大展宏图创造了良好的条件。大选结束后，年仅 44 岁的布莱尔入主唐宁街 10 号，成了英国 180 多年来最年轻的首相。

年轻而大胆的布莱尔上台后不久，就提出"第三条道路"的主张。不过，布莱尔的第三条道路不同于传统民主社会主义的第三条道路。传统民主社会主义走的是一条不同于资本主义又不同于共产主义而是介于两者之间的道路，但布莱尔和新工党所走的第三条道路则有另一种含义。用布莱尔自己的话说，第三条道路的本质就是"力图吸取反对派和中左翼的基本价值，把它们运用于（其）社会经济（已）发生了根本性变化的世界中，而这样做的目的是（为）摆脱过时的意识形态"。这也就是说，布莱尔的第三条道路既不同于主张国家管理一切的老左翼的观

---

① 林建华、张有军、李华锋等：《冷战后欧盟诸国社会民主党政坛沉浮研究》，人民出版社 2010 年版，第 97 页。

点，也有别于过分重视市场经济的新右翼的观点。它主张重新界定政府、市场和个人的作用，通过政府、企业和个人的共同参与，建立一个更加公开、公正和繁荣的社会。其核心问题是要实现资本主义市场经济与社会公正、自由与责任的有机结合，使社会更加和谐一致并富有活力地发展。随后，布莱尔就在第三条道路基本理念的指导下，对英国进行了大刀阔斧的改革。

区域政策与宪制改革方面：在以政治权力非集中化以解决区域身份认同的总体思路指导下，布莱尔工党政府实施了英国政府体制的联邦化改革。在苏格兰与威尔士等区域的自治问题上，实行权力下放，选举成立苏格兰和威尔士地方议会。在英格兰政府的改革上，一方面，建立主要负责协调相互间经济发展合作的区域性委员会；另一方面，通过《地方政府法》允许地方政府在经过合乎宪政程序的选举基础之上，自行决定地方政府的组织形式。批准重建大伦敦市政府，于 2000 年 5 月 4 日进行市政府第一次选举，产生了大伦敦议会和首任市长，进一步理顺了中央和地方的关系。在中央政府的改革上，一方面，形成了上议院的改革方案，力图实现将具有贵族特色的上议院改组为经过选举产生的，代表性别、种族、区域和政党等多方面平衡的代表性机构。如《1999 年上议院法案》决定，除了 90 名由上议院自己选举的世袭贵族外，任何人不得因其世袭头衔而成为上议院议员，而且这 90 名贵族只能在其有生之年担任议员。另一方面，继续探索全国议会选举制度改革的可能性与可行性。此外，在久拖不决的北爱尔兰问题上，布莱尔政府投入大量精力，推动北爱冲突各方达成和平协议，选举成立北爱地方自治议会，组建北爱地方自治政府，使长期发生冲突和相互制造流血事件的天主教和新教徒两派势力，在北爱尔兰地方议会坐下来，和平共商政事。

经济改革方面：在宏观经济政策上，制定严格的"货币政策框架"和"财政政策框架"，以确保实现宏观经济稳定的目标，提高英格兰银行的独立性，授予其自行决定利率升降的权利，这是英格兰银行成立300多年以来从未享有过的大权。在微观经济政策领域更多地承袭保守党政府改革的基本政策框架，继续实行放松市场管制和私有化政策，进一步减轻企业负担和提高竞争力，并针对保守党政府经济政策过于依赖市场的弊端，加强政府对市场的积极干预。同时，实施新的竞争法案，强化公平贸易局对市场竞争状况的调查和监督作用，进一步消除不利于企业竞争的政府管制行为，确保公平竞争环境；通过进一步降低企业税，通过对中小企业实行税额减免或税收补贴政策加大对中小企业的扶持力度，通过对研发项目的税收补贴鼓励企业研发与创新；增加对交通、通信、社会服务等领域的基础设施的公共投资，通过改革金融服务机制和提高服务效率，增加金融市场的灵活性，不断优化投资环境，鼓励企业增加物质资本投资；通过"新政计划"（New Deal）等一系列政策措施提高劳动力技能，并加强国家与企业间在职工培训方面的合作和对企业培训的资金支持。

社会改革方面：增加对公共服务部门的投入，如提出国家医疗保健体系十年改革计划，大幅度缩短等候就医时间，建立一套方便病人的医疗服务体系，出台消除地区发展差距的政策，提高最低工资标准（18岁至21岁的工人每小时时薪3英镑；22岁以上的雇员时薪至少为3.6英镑；接受新职业培训者，最低时薪为3.2英镑，但不应超过6个月），兴建保障性住房，增加养老金额，扩大私人养老保险，设立"工作家庭税收补贴"，倡导种族和谐等。与此同时，推行"工作福利计划"，创建基于所有社会成员工作责任的工作福利。也就是通过市场把解决就业问题和改革福利制度结合起来，以克服失业和高福利给政府财政造成的沉重负担。一方面，强调失业金的领取必须以寻找工作的努力程度为前提，另一方面，增加工作支付的努力必须物有所值。此外，创建主要向经济困难者和无法有效融入社会群体的人的"救助福利"。将社会救助的对象定义为那些真正的穷人，将社会救助的主要群体定义为那些被社会排斥的人群。

教育改革方面：针对最薄弱学校及地区制定最低目标，促使学校提高教学标准，帮助不合格学校提高办学水平（未获提高的学校被关闭或替代）；为每一所学校增加经费投入，培训和招募更多、更好的教师和校长，如为学校配备的连接宽带和互动白板的电脑增加了一倍，对校舍的经费投入增长了8倍；促进教育供给形式的多样性，扩大教育选择权，同时，鼓励学校享有更多的自主权，如所有学校对其预算都有实质控制权，80%以上的中学都为学生开设了信息技术、外语和体育等特色专业课。

欧盟与外交政策方面：布莱尔工党政府实施了一个比较积极的欧盟与区域外交政策。工党政府最活跃的欧洲区域政策在于欧洲快速反应部队的建设，希望能够在这样一种独立于欧盟的战略部队之外的武装力量中获得领导地位，以增加对欧洲事务的发言权。在欧盟机构改革和欧盟扩大等问题上，英国基本上采取一种相对积极的做法，在最为困难的英国加入欧元区的问题上，布莱尔政府采取了一种谈判和务实的做法。在对外政策上面，英国坚持新干涉主义立场，意图通过干涉手段来增强西方价值观念在全球范围内的传播，在世界范围内捍卫自由、民主和人权等基本理念。

从总体上看，布莱尔政府的这一系列政策取得了明显成效。在布莱尔执政的10年间，英国GDP年均增长2.3%，保持着连续54个季度的经济增势，成为工业革命以后200年来从未有过的持续增长期。10年中，英国国内的年均失业率仅为4%左右，处于20世纪70年代以来的最低水平，而英国国内居民消费价格指数年均仅增长2%，大大低于居民收入的增长速度。低通胀率成就了低利率。1997年至2005年，英国央行基本利率和抵押贷款利率平均水平分别为5.3%和6.1%，几乎为

沉 浮

1979年至1997年期间的一半。日益增长的收入和低利率的共同作用使得国内消费和投资需求构成了经济增长的主要动力。资料显示，英国中等以上家庭在税后仅储蓄的收入，比10年前减少了近7个百分点。与此相关，10年间英国民间投资、消费和国内需求分别保持了年均4.5%、2.75%和5%的增长速度。受到消费需求力量的强力拉动，本已十分活跃的英国金融、零售等服务业更显亢奋，服务业产生的价值已经占到了英国国内生产总值的一半以上，雇员人数已经超过了制造业。同时，受低借贷利率作用的刺激与英国投资环境的改善，国际资本纷纷加快了向英国转移的节奏。据联合国贸发会议的分析报告，2005年英国吸引外商直接投资达2190亿美元，成为世界第一外资投资国，这是英国近30年来的第一次。有评论称，布莱尔把"只会花钱不会赚钱"的工党，变成了"会花钱也会赚钱"的新工党。这也是布莱尔得以三度击败对手，连续赢得大选的重要原因之一。

不过，布莱尔在内政外交上的严重错误也是显而易见的。英国权威民调机构"民治"的调查数字显示，布莱尔开始第三个任期后，英国工党的支持率持续在30%以下的低谷徘徊，比主要反对党保守党低4至5个百分点。分析人士认为，布莱尔的政治资本已被他的政策失误消耗殆尽。布莱尔的失误主要体现在以下几个方面。

首先，追随美国发动伊拉克战争。这场战争从一开始就备受英国公众的争议，特别是在美英军队没有找到萨达姆政权大规模杀伤性武器后，人们越发质疑这场战争的合法性。2005年大选，英国工党仅以微弱多数险胜，就是因为伊拉克战争使大量选票流失。

其次，陷入"金钱换爵位丑闻"。英国媒体披露，2005年大选前，英国工党接受了12位富商总共1400万英镑的贷款。作为回报，富商中的一些人经工党提名进入上议院。这一消息立即震惊朝野，并导致警方介入，布莱尔的几名亲信和幕僚都受到传讯，工党主要筹资人利维勋爵以及布莱尔的助手先后被捕。这一丑闻给布莱尔及英国工党的声誉再次造成了沉重打击。

此外，政府在公共领域的改革进展缓慢，百姓税收负担沉重，移民政策过松且管理不善，社区治安日益恶化等，也使选民对布莱尔感到失望。雪上加霜的是，英国工党内部对布莱尔的施压也在不断增大。自2005年开始，就有人担心布莱尔继续担任领导人会危及工党执政的前景，他们多次上演"逼宫"，要求布莱尔下台。

2006年9月，布莱尔终于作出决定，宣布自己将在未来12个月内辞去首相职务。2007年5月1日他又表示，将在一周内拿出具体的辞职时间表。2007年6月27日，布莱尔正式辞去英国首相职务，在此前的6月12日，布莱尔辞去了英国工党领袖一职。长达10年的布莱尔时代宣告结束。接替布莱尔任英国工党领袖和英国首相的是戈登·布朗。

布朗从1997年5月至2007年6月一直担任英国财政大臣。从1999年9月11日起，他还开始担任国际货币基金组织临时委员会主席。布朗成为财政大臣之后，在这个仅次于首相的重要位置上一干就是10年。他不仅创下150年来担任财政大臣一职时间最长的纪录，而且协助布莱尔打造了"新工党"，推出了一系列改革措施，使得英国经济实现了低通胀、低失业率、低利率和高增长的奇迹。

布朗出任首相提高了英国工党的民意支持率。但到了2008年5月，英国工党在地方选举中遭遇了40年来最惨重的失败。祸不单行的是，英国经济经过多年繁荣之后，次贷危机的打击迫使布朗下令政府举债赎救濒临破产的大银行，英国的财政赤字因此直线上升，布朗以往的政治功绩被大幅度抵消。执政13年之久的英国工党有些黔驴技穷。2009年爆发的议会议员报销舞弊丑闻重创各主要政党，保守党迅速把问题描述为工党十多年治理下的体制弊端为舞弊提供了温床，使得英国工党开始出现执政危机。

沉 浮

2010 年 5 月 6 日，英国举行大选。这是英国 20 年来竞争最为激烈的选举。选举结果显示，没有一个政党在议会中赢得半数以上席位，从而形成自 1974 年以来第一个"无多数议会"。但保守党获得 306 席，大大超过获得 258 席的工党，成为议会第一大党。5 月 11 日，布朗正式宣布辞去英国首相与工党领袖之职。5 月 12 日，43 岁的保守党党魁卡梅伦接掌唐宁街 10 号，成为 198 年来最年轻的英国首相。这意味着，在英国执政 13 年的英国工党正式下台。

东山再起未可知

2010 年 5 月，布朗引咎辞职后，英国工党着手选举新的领袖。参加竞选的有前外交大臣大卫·米利班德与他的弟弟前能源和气候变化大臣埃德·米利班德。40 岁的埃德·米利班德在工党内部算是温和左翼，本来并不被看好，但他主张提高最低工资，增加富人税收，对银行征收惩罚性税收，因而获得大量工会成员支持。他的哥哥大卫·米利班德则获多数英国工党国会议员和党员支持。2010 年 9 月 25 日选举结果揭晓，埃德·米利班德后来居上，以微弱的优势击败大卫·米利班德，当选为英国工党第 20 位领袖，成为工党有史以来最年轻的领袖。

埃德·米利班德当选后，对英国工党进行了一些改革。2012 年，埃德·米利班德提出"一个国家的工党"的理念，主张建立一个根植于广大工人阶级生活和社区的政党，为工党树立新形象。随后，以此为基础，系统提出了工党 2015 年竞选纲领，主要内容包括：在经济方面，增加对富人的税收，提高最低工资，减免大学学费等；在国民健康和教育方面，增加财政投资，废除政府国民保健服务的私有化计划等；在家庭和社区方面，实施全国初级儿童保育服务，加大新房建设投入力度等；在国际领域和外交方面，恢复英国在欧洲的领导地位等。^① 然而，这一竞选纲领并没有给英国工党带来多少人气。在 2015 年大选中，英国工党败得比 2010 年还要惨，在议会 650 个席位中仅得到 232 席，比 2010 年减少 26 席。保守党则从 2010 年的 306 席增加到 330 席，获得了议会的绝对多数。

大选失利后，埃德·米利班德引咎辞职。随后，英国工党影子内阁内政大臣伊维特·库伯、卫生大臣安迪·伯纳姆和养老大臣利兹·肯德尔宣布参加党的领袖竞选。为了扩大辩论立场的广泛性，党内左翼代表、人称卡尔·马克思"粉丝"的杰雷米·科尔宾成为第四名候选人。他接受采访时坦言，参选旨在"推动工党的辩论"。候选人需要 35 名以上英国工党国会议员的提名，科尔宾仅获得 36 名国会议员提名而勉强入围。

科尔宾当了 30 多年的后座议员，从未担任过党内要职。他坚持民主社会主义传统，反对"新工党"改革，属于英国工党的强硬左翼。随着他获得越来越多的关注，工党的重要人物纷纷表示担忧。英国前首相布莱尔撰文抨击科尔宾的政策如同"爱丽丝梦游仙境"，警告说其一旦当选，工党可能陷入分裂的"选举灾难"。布朗则称工党面临沦为"抗议党"的危险。大卫·米利班德认为，科尔宾关于国有化、退出欧盟、增加富人税收等主张，在 20 世纪 80 年代初就被事实证明是错误的。尽管党内精英和主流媒体纷纷抨击，但科尔宾的支持率不降反升。2015 年 9 月，科尔宾仅经过第一轮投票就以 59.5％的支持率胜出，超过布莱尔 1994 年当选工党领袖时的 57％的支持率，而"布莱尔主义者"利兹·肯德尔仅获 4.5％的票数，这被看作布莱尔"第三条道路"衰微的

---

① 郑海洋：《从 2019 年大选看英国政党政治新变化与英国工党的现实困境》，《当代世界与社会主义》2020 年第 3 期。

沉 浮

标志。① 2016 年 9 月，科尔宾又以 61.8％的总得票率击败挑战者，进一步巩固了领袖地位。科尔宾的支持者不断战胜党内右翼候选人，在全国执行委员会中占据了多数。

科尔宾在这场左翼与右翼、草根与精英的较量中获胜，从某种程度上说是英国工党内部对 2015 年大选惨败进行深刻反思的结果。也有政治观察家认为，科尔宾的获胜并不代表整个英国社会向左转。他的胜利是选民对 20 世纪 90 年代以来布莱尔"第三条道路"的失望和对伊拉克战争不满的爆发。不少人认为，科尔宾希望用与同僚们不同的方法来搞政治，他可能不会成为英国首相，但可以改变英国政治。

事实也是如此，科尔宾以压倒性优势当选英国工党领袖后，便带领英国工党开启继续"左转"的历程和回归作为劳工运动的传统。在这个过程中，英国工党内部形成了一种带有科尔宾个人特质的政治理念——科尔宾主义。科尔宾和他的盟友支持凯恩斯主义，主张反紧缩，实现社会公平正义，主张反帝国主义和反对战争。科尔宾主义的理念和主张集中体现在英国工党 2017 年竞选纲领中。

2017 年，自认为形势对自己有利，为了加强自己在议会中的优势地位以便顺利脱欧，同时也是对英国工党进行追杀，时任保守党领袖、英国首相特蕾莎·梅决定提前进行大选，科尔宾以一个颇为激进的纲领加以应对。在题为《为了多数而非少数》的竞选纲领中，英国工党对英国社会日益严重的两极分化现象进行了抨击，明确提出能源、铁路、邮政、水务等行业国有化，设立国家转型基金，增加富人和大公司税收，废除公有部门工资上限，提高最低工资，免除大学学费，恢复大学助学

---

① 胡若愚：《马克思粉丝当选英国工党新领袖》（新华国际客户端特稿），转引自《西安日报》2015 年 9 月 14 日。

金，提供住房补贴，兴建大批廉租房，停止国民医疗服务私有化等。这些左翼特色鲜明的纲领被科尔宾称为"现代进步社会主义政党的方案"，在那些构成新中间阶级的"多数人"特别是在广大青年学生中间引起了强烈反响，并使英国工党在大选中的得票率上升至 40.0%，比 2015 年的 30.5% 高出近 10 个百分点，席位也由 2015 年的 232 席增加到 262 席，虽然还不及保守党 42.3% 的得票率和 317 个席位，但可以说有些势均力敌了。正因为如此，2017 年英国大选的结果不仅巩固了科尔宾的领袖地位，也坚定了英国工党继续向左转的决心。

2019 年底，由于保守党政府连续 5 个脱欧方案都被议会否决，首相约翰逊不得不宣布提前进行大选。这一次，英国工党提出了最近几十年以来最为激进的竞选纲领——《真正改变的时刻到来了》。纲领不仅保留了 2017 年提出的很多激进措施，还提出了一个庞大的把公用事业国有化的计划。该计划被认为是几十年来对企业所有权和经营方式提出的最激进的改革建议。结果，英国工党的得票率只有 32.1%，比 2017 年下降了近 8 个百分点，获得的席位只有 202 个，比 2017 年减少了 60 个，成绩还不如 2015 年。鉴于工党在 2019 年大选中的败绩，英国前首相布莱尔呼吁，工党必须改变，否则十年之内也难以东山再起。① 的确，2019 年大选的失败，已经是英国工党连续第四次大选败北了，党的领袖科尔宾不得不宣布辞职。

2020 年 4 月，57 岁的温和左翼基尔·斯塔默在全党选举中以首轮过半数即 56.2% 的优先选票击败其他两位候选人，当选英国工党新领袖。斯塔默是一名律师，2015 年成为英国议会下院议员，曾担任工党影子内阁"脱欧"事务大臣。英国工党议员对他的评价是"顽强、严

---

① 陈晔、魏鹤鸣：《英国工党向何处去？》，《当代世界社会主义问题》2020 年第 1 期。

谨、勤奋、聪明、果断、温和"。斯塔默提出了领导工党发展的愿景，强调要建设与"日常生活"相关的"道德社会主义"，以"和平、正义、平等与尊严"为价值观，促进经济正义、社会正义和气候正义，进而形成一种新的、更公平的经济模式。他还表示，将领导工党继续反紧缩，支持共同所有权，倡导对公共服务投资，捍卫国民保健服务，为建立社会照护制度提供依据；实行"绿色新政"，实现经济与环境发展协调统一；将权力彻底下放给地区、城市和城镇，打破威斯敏斯特对政治权力的控制，并将决策权交给社区，促进社区蓬勃发展。①

毫无疑问，斯塔默的当选对于英国工党来说是一个可喜的新起点，也使工党看起来更像一个温和左翼的政党。不过，斯塔默是否能够坚定地进行那些既激进又务实的改革，帮助工党实现重建与转型，进而再次登上执政舞台，还有待进一步观察。

世纪之交展风采的启示

英国工党从一个初期的选举政治联盟发展为英国两大政党之一，走过了一条比较漫长而曲折的道路。在 21 世纪即将到来之时，也就是即将迎来建党 100 周年之时，英国工党创造了辉煌，取得了 20 世纪以来英国历次大选中政党最好的成绩。这一成绩的取得绝不是偶然的，有许多成功的经验值得总结与研究，而且这些经验对我们今天加强党的建设仍然具有重要的启示。

（一）坚定不移地推进党的改革

英国工党发展史就是一部改革史。尤其是建党 100 年前后，面临着

---

① 郑海洋：《英国工党：从激进向温和转变》，《中国社会科学报》2020 年 9 月 24 日。

五、英国工党：世纪之交展风采

英国社会、经济、政治以及文化等方面发生的深刻变化，特别是工人阶级人数减少、工会力量减弱、工党内部左右翼力量消长等现实困境，英国工党加大了改革的力度。如史密斯改进党的领袖的选举办法，规定工会和选区工党在领袖选举和议会候选人选举时采用"一人一票制"，从而结束了工会集体党员左右工党人事以及工会享有特权的传统，减少了工会对工党的影响；布莱尔对党章第四条的修改，则使工党不仅在实践上而且在理论上，从一个目标比较狭窄的政党转变为能够有效地管理一个发达社会、促进自由市场经济发展的政党。再如1997年工党年会决定对党的组织结构进行重大改革，在保留大会作为党的最高决策机构地位的同时，设立全国政策论坛、政策委员会和联合政策委员会等新的决策机构。这一新的决策体制充分反映了党内不同层次、不同群体的要求，对提高党的执政能力、巩固执政地位产生了深远影响。

英国工党这条经验表明：不断应对形势的发展变化，在改革创新中加强党的建设，是一个政党不断发展壮大的重要前提。立足新的历史起点以改革创新精神建设党，这是时代发展给执政的中国共产党提出的新要求。当今世界正经历百年未有之大变局，当代中国正处于实现中华民族伟大复兴关键时期，中国共产党正带领人民进行具有许多新的历史特点的伟大斗争，形势环境变化之快、改革发展稳定任务之重、矛盾风险挑战之多、对我们党治国理政考验之大前所未有。我们党作为百年大党，要始终得到人民拥护和支持，书写中华民族千秋伟业，必须始终坚持以改革创新的精神加强党的建设。要以加强党的长期执政能力建设、先进性和纯洁性建设为主线，以党的政治建设为统领，以坚定理想信念宗旨为根基，以调动全党积极性、主动性、创造性为着力点，全面推进党的政治建设、思想建设、组织建设、作风建设、纪律建设，把制度建设贯穿其中，深入推进反腐败斗争，不断提高党的建设质量。只有这样，才能把党建设成为始终走在时代前列、

沉 浮

人民衷心拥护、勇于自我革命、经得起各种风浪考验、朝气蓬勃的马克思主义执政党。

（二）切实加强党的内外团结

党的内外团结至关重要，而要保持党的团结就必须充分发扬党内民主。英国工党之所以能够在世纪之交创造辉煌的历史与政绩，与其密切党内外团结和联系，扩充执政资源、改善执政环境，充分发扬党内民主密不可分。英国工党组织机构之复杂，在世界政党中是罕见的。既有力量庞大的工会组织，又有形形色色的社会主义团体。既有个人会员，又有集体会员。不同主张的人和集团共同集结在工党的旗帜之下，虽具备兼收并蓄的优势，扩大了党员队伍和选民队伍，但由于存在着不同的派别、不同的势力，甚至不同的价值观念，党内内耗比较严重，有时决策、意见很难达成高度一致。布莱尔任党领袖以来，巧妙地平衡了各派力量，并特别注意协调各方意见，让党员说话，将一盘散沙的工党凝成了一股力量。同时，为让党员和民众及时充分地了解、支持其政策、主张，英国工党还十分重视利用现代传媒，加强对外宣传党的政策、主张的力度。如通过建立工党网站，传递亲民信号。对工党的重大决策，党员和选民可以直接通过电子邮箱提出意见、建议，甚至进行批评和抨击。许多工党国会议员也在各自代表的选区建立了属于自己的网站，对外公布通信地址、联系电话、电子邮箱、传真等，全天候为选民服务。英国工党还经常主动邀请媒体和积极接受媒体的邀请，就当前的社会热点问题发表见解，以推销工党的政治主张。这些做法无疑有效地减少了执政阻力，优化了执政环境。

英国工党这条经验表明：保证党内各个群体的发言权和参与权，同时让党外民众对党的路线、政策充分了解，对党的发展壮大影响极大。的确，党内民主是增强党的创新活力、巩固党的团结统一的重要保证。中国共产党一直注重党内民主建设，着力增强党的团结统一；一直注重密切党与人民群众的关系。早在延安时期就初步形成了党内外和上下级之间的监督体制，事前、事中和事后监督相结合的监督机制，党内监督、参议会监督、政府内部监督、党外人士监督、司法监督、群众监督、舆论监督等"七位一体"的监督体系，以促进党风转变。2009 年 9 月，中国共产党十七届四中全会审议通过的《中共中央关于加强和改进新形势下党的建设若干重大问题的决定》明确提出，要以落实党员知情权、参与权、选举权、监督权为重点，建立健全党务公开、党内情况通报、党委新闻发布、党内事务听证咨询、党员评议基层党组织领导班子等制度。同时，对健全服务群众制度、健全联系群众制度、健全党和政府主导的维护群众权益机制等作了明确规定。党的十八大以来，党内民主制度体系得到进一步健全，同时，把尊重民意、汇集民智、凝聚民力、改善民生贯穿党治国理政全部工作之中，通过完善制度保证人民在国家治理中的主体地位，着力防范脱离群众的危险。正因为如此，中国共产党执政的阶级基础不断巩固，执政的群众基础不断厚植，中华儿女心往一处想、劲往一处使的强大合力得以形成。

（三）党员队伍建设的核心在于提高质量

一个政党，没有一定数量的党员，体现不了政党的战斗力和影响力；但是只注意发展党员的数量，不注重提高党员的质量，同样体现不出政党的战斗力和影响力。从英国工党来看，工党过去特别看重党员的数量，大量发展集体党员，使工党在 1979 年拥有集体党员 650 万，达到历史的最高峰。但是工党的战斗力并没有得到相应提高，相反，工党却在 1979 年失去执政地位，自 1979 年到 1997 年长达 18 年在野。进入 20 世纪 90 年代后，工党领导层改变发展集体党员的做法，大力发展个人党员，并着力发挥个人党员的作用。个人党员作用的强化，大大提高了工党党员队伍的整体质量。在 1997 年的英国大选中，工党在党员队伍数量大幅减少的情况下，非常漂亮地赢得了执政地位，此后又连续两

沉浮

次获得大选胜利。

英国工党这条经验表明：一个政党的生机和活力，不在于该党拥有多少党员，而在于该党的党员队伍的质量如何。滥竽充数的党员放在党内比在党外更危险。如果党员队伍整体质量不高，数量再多也没有用。

六、法国社会党：世间
已无"密特朗"

六、法国社会党：世间已无"密特朗"

法国社会党是社会民主主义类型的政党，是西欧颇有影响力的大党，也是社会党国际和欧洲社会党的重要成员。作为法国一支重要的政治力量，法国社会党早在 1936 年就在法国政治生活中发挥过重要影响。当时，法国社会党与法国共产党等组成的反法西斯人民阵线在议会选举中大获全胜，组成了人民阵线政府，这是法国近代史上第一次由左翼政党执政。第二次世界大战后，从 1944 年至 1958 年，法国社会党在法兰西第四共和国时期的二十七届短暂政府中，参加了二十一届政府，并在其中五届政府中任总理。1981 年法国社会党创造了新辉煌。该党推出的候选人密特朗当选为法兰西第五共和国第四位总统，这是法国历史上第一位入主爱丽舍宫的社会党总统。密特朗连续担任两届总统，一共执政 14 年，给法兰西第五共和国留下了厚重的社会党印记。

2005 年，法国社会党迎来建党 100 周年。4 月 22 日和 23 日，法国社会党在巴黎举行了盛大的庆祝建党百年的纪念活动。其时，在第一书记奥朗德的领导下，法国社会党基本摆脱了 3 年前总统和议会选举均遭惨败的困境，党的影响有所扩大。然而，百年庆典过去没多久，法国社会党内部却因《欧盟宪法条约》全民公决引发分裂。党的第二号人物、前总理法比尤斯及其支持者不顾党内公决结果，继续坚持自己坚决反对的主张，公开与党唱对台戏。这说明迈入 100 年门槛的法国社会党，正面临着越来越严峻的考验，想再创造密特朗时期的辉煌可谓难上加难。

非同凡响的发展之路

法国社会党从成立到密特朗当选总统，历经 75 年，其间有过多次执政的喜悦，也有过度日维艰的辛酸。

沉 浮

1905 年 4 月 23 日至 25 日，在第二国际支持下，由革命的社会主义者盖德派和瓦扬派组成的"法国社会党"同由主张入阁和改良的饶勒斯派组成的"法兰西社会党"在巴黎的环球大厅召开大会实行合并，成立"统一社会党"，取名为"工人国际法国支部"，这就是今天的法国社会党，让·饶勒斯、儒尔·盖德等担任党的领导人。从法国社会主义运动历史来看，法国社会党在 20 世纪初的诞生不是偶然的，它是社会主义思想和工人运动在法国蓬勃发展的产物。因为早在 1879 年 10 月，法国第一个工人阶级政党——法国工人党就成立了，这之后，又出现许多工人阶级政党和社会主义团体。

法国社会党成立不到 10 年，第一次世界大战就开始了。1914 年 8 月，法国组成"神圣内阁"，进行全国战争总动员，法国社会党应邀入阁，这是法国社会党第一次参加政府。像其他政治和工会组织一样，此时的法国社会党也采取了"保卫祖国"的立场，参加了第一次世界大战，由此也陷入了社会沙文主义的泥坑。但值得一提的是，让·饶勒斯这位曾长期从事反对帝国主义战争和争取世界和平宣传活动的法国社会党主要领导人、第二国际社会主义活动家和《人道报》创始人，却在第一次世界大战爆发前夕遭到保皇党人刺杀，他的牺牲谱写了法国社会党人一曲反战悲歌。

随着俄国十月革命的胜利，法国社会党的内部矛盾进一步加剧。1920 年 12 月 29 日，法国社会党在图尔召开代表大会，在是否参加共产国际的问题上发生严重分歧，以加香为首的多数派（约 12 万党员）支持无条件加入共产国际，由此成立了法国共产党（当时称为"共产国际法国支部"），弗罗萨尔当选为法国共产党总书记。以保罗·福尔和莱昂·勃鲁姆为首的少数派（不到 5 万党员）则继续保持"工人国际法国支部"的名称，由保罗·福尔担任党的总书记，党原有的议员大多数选择继续留在法国社会党内。

六、法国社会党：世间已无"密特朗"

　　法国社会党成立初期，发展较为顺利。1929 年至 1933 年，资本主义国家爆发严重经济危机。在这场经济危机的冲击下，法国工农业生产与对外贸易损失惨重，国内矛盾异常尖锐，工人要求增加工资和减轻劳动强度的斗争不断高涨，各种游行示威活动此起彼伏，法国资产阶级政府对此束手无策，从 1930 年至 1935 年更换了 10 次内阁。在这种背景下，法国社会党实施了同法国共产党接近和联合的政策。1935 年 7 月 14 日，法国社会党与法国共产党、激进党、激进社会党、共和社会党和其他左翼的议会党团和总工会等几十个组织、团体组成了反法西斯的人民阵线。1936 年 4 月 26 日至 5 月 3 日，人民阵线在法国议会选举中取得重大胜利，共获得 64％的席位，即 381 个，其中，法国社会党获得了 146 个席位，法国共产党获得了 72 个席位。人民阵线的这一胜利，对法国乃至世界的反法西斯运动都产生了巨大影响，而且鼓舞和增强了各国进步党和人民的反法西斯信心。6 月 5 日成立了第一届人民阵线政府，莱昂·勃鲁姆出任法国历史上第一位社会党总理。尽管人民阵线从 1936 年至 1938 年只执政了两年，但却有效地推动了法国人民的反法西斯主义斗争，确保了共和制度的继续存在，为广大劳动群众争取了基本权利。

　　第二次世界大战爆发后，纳粹德国仅用了 6 周时间就攻占了法国。法国社会党在抵抗斗争问题上发生了分裂，以莱昂·勃鲁姆为首的一部分法国社会党议员反对卖国的贝当政府，另外半数法国社会党议员却支持授予贝当全权。在抵抗运动时期，莱昂·勃鲁姆被德国监禁，以达尼埃尔·梅耶为首的法国社会党领导人参加了武装抗德斗争。1943 年 5 月，法国社会党同法国共产党、抵抗运动和工会组织一道，参加了以戴高乐为首的，由让·穆兰在本土建立的全国抵抗委员会。1944 年 6 月，当盟军在法国登陆和戴高乐号召解放法国时，法国社会党也参加了最后的斗争。

沉浮

战后初期，法国社会党召开了全国代表大会，清洗了党内同德国占领军合作的分子，按照战前的组织系统建立了地方组织，对党章也做了适当修改，如不再允许党内公开存在派别，建立全国指导委员会代替原来的常设委员会，加强中央与地方党组织的联系等，力图恢复战前第一大党的地位。但重建后的法国社会党的路线并不清晰，政策摇摆不定，因此，在右翼的人民共和党和左翼的法国共产党的挤压下，力量和作用都大受影响。1945 年法国举行了议会选举，法国社会党尽管得票率达到 24.6％，获得 135 个席位，但在议会中只居第三位，落后于法国共产党和右翼的人民共和党。而法国共产党的力量却有惊人的增长，获得了 26.1％的选票、148 个席位，成为议会的第一大党。① 此后，法国社会党试图在人民共和党和法国共产党之间左右逢源，但却遭到了部分选民的抛弃。在 1946 年议会选举中，法国社会党只获得 21％的选票，党内因此陷入路线之争。党的战前领导人莱昂·勃鲁姆主张对党进行革新，向妇女和青年开放。党内另一位新生派代表居伊·摩勒则认为，战后法国社会党受挫的根本原因"首先是在理论上不断犯错误"，用"假人道主义"掩盖"阶级斗争的根本事实"，在政治上表现为"议会主义和入阁主义"。争论结果，莱昂·勃鲁姆主张革新的思想未能在党内占上风，1946 年 8 月居伊·摩勒担任党的总书记。法国社会党从此进入居伊·摩勒时期。1947 年 1 月，法国成立了社会党人拉马迪埃为总理的政府。由于冷战形势的影响和法国政局的向右转，拉马迪埃政府于是年 5 月将法国共产党赶出政府，所有的法国共产党党员的部长被撤职。此举标志着法国社会党赞成北大西洋公约，支持马歇尔计划，开始在法兰西第四共和国时期推行一条既反对右翼的法兰西人民联盟，又反对左

---

① 林建华、张有军、李华锋等：《冷战后欧盟诸国社会民主党政坛沉浮研究》，人民出版社 2010 年版，第 127 页。

六、法国社会党：世间已无"密特朗"

翼的法国共产党的"第三种力量"路线。

20 世纪 50 年代后期，法国社会党的力量和影响进一步下降。1957年 5 月，居伊·摩勒政府因苏伊士运河战争而被迫下台。1958 年戴高乐将军重返权力中枢和成立法兰西第五共和国以后，法国社会党长期处于反对党地位。值得一提的是，时任共和体制大会党主席、尚未参加法国社会党的密特朗，此时成为坚定的反对派，抨击戴高乐实行个人专政，并提出建设"法国式社会主义"的主张。在 1965 年总统选举中，密特朗与戴高乐对垒，出人意料地获得了 45.49％的选票（戴高乐获得54.51％选票），一举成为法国左翼力量的代表人物。

1968 年 5 月，法国在政治稳定、经济发展的形势下突然爆发了大规模的学生游行、工人罢工的"五月风暴"。在这场风暴中，法国社会党全力支持大学生和工人，参与挑起政治危机。密特朗曾参加反蓬皮杜政府的游行示威，声称"政权空缺"，建议成立以激进党人孟戴斯·弗朗斯为首的临时政府，并由他自己出面竞选总统，结果徒劳一场而留下历史笑柄，但密特朗也从中看到了人民建立新社会的强烈要求，以及法国共产党的软弱和左翼联盟的脆弱。他转而认真反思，闭门著书，完善自己的"法国式社会主义"理论，以等待东山再起的时机。1969 年举行总统选举，法国社会党领导人加斯东·德费尔参加竞选，但仅获得了5％的选票，这是法国社会党参加选举以来最惨重的一次失败，表明法国社会党面临着十分严重的危机。

法国社会党的衰落，引起了党内有识之士的忧虑。他们强烈要求领导层认真总结经验教训，进行深刻的党内改革，以彻底摆脱目前困境。随后，党内出现了一股要求摆脱居伊·摩勒控制，加速党的思想现代化的潮流。正是在这股潮流的推动下，法国社会党开始了重组。

1969 年 7 月，法国社会党、"争取左翼复兴俱乐部联盟"和"社会主义小组、社会主义俱乐部联盟"联合举行代表大会，大会做出了三项有重要影响的决定。一是与会党派合并成立"新社会党"（1905 年成立的法国社会党称为"老社会党"），社会党不再称工人国际法国支部；二是将总书记改为第一书记，以彰显党的集体领导；三是选举"争取左翼复兴俱乐部联盟"主席阿兰·萨瓦里为新社会党第一书记。不过，党的实际领导权仍掌控在居伊·摩勒手中。

1971 年 6 月 11 日至 13 日，在塞纳河畔的埃皮纳体育馆，法国新社会党和密特朗领导的共和制度大会党等召开大会，共和制度大会党并入社会党。密特朗在会上发表了一篇充满社会主义激情的富有魅力的演讲，征服了与会的多数代表。结果在选举党的领导机构时，还没领到法国社会党党证的密特朗就被推选为党的第一书记。密特朗的当选，意味着掌控法国社会党长达 23 年之久的居伊·摩勒时代的结束。法国社会党的历史翻开了崭新的一页。

密特朗铸造辉煌

密特朗 1916 年 10 月 26 日出生在法国西部夏朗德省雅尔纳克市一个铁路工人家庭，曾就读于巴黎大学法律系和政治学院，获法学和文学学士学位，后又荣获法学博士，做过记者和律师。第二次世界大战爆发后入伍，当了炮兵团的一名二等兵，被派往守卫法国与比利时接壤的马其诺防线。1940 年 6 月因伤被俘，拘留在德国集中营。1942 年第三次越狱成功后，参加抵抗运动。战后，长期担任国民议会议员，还先后担任法国政府退伍军人部长、海外领地部长、内政部长等职。1965 年参加总统选举，败给了戴高乐，随后开始致力于左翼力量的整合，先后出任民主和社会主义左翼联合会主席、共和制度大会党主席。

当上法国社会党第一书记后，密特朗立即对党的组织机构进行改组，起用了他的一些亲密助手担任党内的重要职务，以夯实自己在党内的根基。同时，为了进一步扩大左翼阵营，密特朗提出与法国共产党合作，以实现党的崛起。1972年6月27日，密特朗同以乔治·马歇为首的法国共产党签署《共同施政纲领》，后来左翼激进党也在这个纲领上签了字，"左翼联盟"由此形成。共同纲领明确指出，法国社会党和法国共产党要团结一致，开辟走向社会主义的道路。该纲领的签署标志着法国社会党从"第三种力量"政策向"左翼联盟"政策的根本性转变。此后，法国社会党举行多次代表大会，强调社会党是一个"革命的党"，实行"阶级阵线"和"同资本主义决裂"，党的目标是通过民主道路夺取政权。①

1974年4月2日，乔治·蓬皮杜总统因病突然逝世，法国又要进行总统大选。左翼的密特朗和右翼的吉斯卡尔·德斯坦成为总统候选人。密特朗由于与共产党的主张不一致，遭到左翼联盟的谴责而落选。但密特朗并不罢休，选举结束不久就在巴黎主持召开"社会主义者大会"，以扩大法国社会党的队伍。他还选拔一批30多岁和40岁出头的才华出众的年轻人进入社会党的中央领导机构。在密特朗的领导下，法国社会党的力量不断壮大。同时，他不计前嫌，致力于加强左翼联盟的团结。

在1976年3月的省议会选举及1977年3月的市政选举中，左翼联盟获得大胜。然而，随着左翼联盟力量的壮大，联盟内部两大力量法国社会党和法国共产党之间争夺领导权及在一些原则问题上的矛盾有增无减，法国共产党指责法国社会党向右转，执行"阶级合作"的路线，抛弃共同纲领。结果，"左翼联盟"宣告破裂，随后左翼政党在1978年3月的议会选举中失利。不过，在这次选举中法国社会党还是获得了

---

① 林建华、张有军、李华锋等：《冷战后欧盟诸国社会民主党政坛沉浮研究》，人民出版社2010年版，第130页。

沉 浮

22.6％的选票，比法国共产党高出两个百分点。这是在全国性的选举中，法国社会党第一次超过法国共产党。从此，在左翼内部，法国社会党的力量和影响大于法国共产党的格局基本固定下来，而且两党力量对比的差距还在不断拉大。

1981年初，七年一度的法国总统选举揭开了序幕。是进还是退，密特朗面临重大抉择。前两次的总统竞选他都失利了，这次的成败对密特朗来说的确非同小可。若参加竞选再次失利，他将无颜面对广大法国社会党选民，到时只能非常难堪地退出政坛。这也就是说，这次不参选也许能保持自己的体面，但他已60多岁，经受不起时间的考验，如果这次放弃机会，就再也没有可能问鼎爱丽舍宫，实现多年的夙愿。在这人生的十字路口，密特朗在他助手们的帮助下再三权衡利弊，终于做出要第三次参加总统竞选的决定，与在职总统德斯坦决一雌雄。随后，法国社会党召开特别代表大会，通过了密特朗竞选总统的110条纲领，若斯潘当选为党的第一书记。

是年4月，法国举行总统选举的第一轮投票，虽然在职总统德斯坦以28.31％的选票领先，但密特朗以25.84％的选票紧追其后。在法国的历史上，法国社会党还从未单独获得过这么多的选票，密特朗的信心由此大增，他以更加高昂的热情投入第二轮选举中。为了击败德斯坦，密特朗一方面坚决回击德斯坦对他的指责，另一方面则积极争取共产党等左翼派别和中间选民的支持。在第一轮选举中遭到淘汰的法国共产党总书记乔治·马歇公开表示："我们不能让右翼捡便宜，应该号召选民投密特朗的票。"

1981年5月10日晚，第二轮投票终于见分晓。密特朗以51.76％的多数当选为法兰西第五共和国第四位总统，这是法国历史上第一位入主爱丽舍宫的社会党总统。而德斯坦对他的失败感到惊讶，竟拒绝向密特朗祝贺。5月10日晚，当宣布密特朗当选总统的消息传出时，10万

六、法国社会党：世间已无"密特朗"

法国人冒着倾盆大雨，汇集在巴黎巴士底广场，庆祝这个世纪性胜利。作为法国社会党的标志，玫瑰潮席卷法兰西，给西欧和世界带来了巨大的震撼。5月21日，密特朗终于入主爱丽舍宫，宣告了他的走议会道路和左翼联盟战略的"法国式社会主义"的理论以及在野的实践取得了成功。

不过，密特朗并没有陶醉于胜利与喜悦之中，他清醒地意识到自己所肩负的重任及面临的困难。当时的法国经济困难重重，失业人数与通货膨胀率居高不下，国际局势又动荡不安。为了巩固胜利成果，密特朗上任后立即解散了国民议会，进行重新选举，产生了一个法国社会党人占绝对多数的新议会。接着他又任命莫鲁瓦组成有44名成员的内阁，其中法国共产党人占了4个职位，以体现左翼的联合。这是自1947年以来，法国共产党在野34年之后再一次参政。

经过一段时间紧张工作，密特朗稳定了局面，为全力实施自己的政策和主张奠定了基础。密特朗主张在不消灭私有制的基础上，通过一定程度的国有化、计划化和自治管理，对法国经济进行渐进性的结构改革，以建立"民主""自由"的"法国式社会主义"。密特朗实施了多项改革措施。在经济上，加强国家对经济生活的干预，强调经济计划化，采取扩大国有化、改革税收制度、扩大就业、增加社会福利、按生产系列调整工业结构、鼓励投资与革新、增加科研经费、发展高精尖技术等一系列政策，以提高法国在国际经济中的地位。在政治上，推行以"权力下放"为中心的体制改革，力图逐步改变法国传统的中央集权体制，充分发挥地方选民机构的作用。在外交上，继续奉行从戴高乐到德斯坦时期所坚持的独立外交和防务、争取大国地位的总方针。密特朗的基本思想是：保持东西方力量的均势，特别是欧洲均势，以维护世界和平；维护和加强大西洋联盟，积极推动西欧联合，既要加强法美关系，又要保持法国独立；反对苏联霸权主义和扩张主义，主张在加强实力抗衡的

沉 浮

同时，保持与苏联对话和发展双边经济关系；加强和发展同第三世界的关系，推进南北对话，扩大法国在世界各个地区的影响。

在第一个总统任期内，密特朗的这些外交思想基本上得到实现。然而，他所推行的各种经济和社会改革步子过大，超过了法国的经济能力，出现了一系列经济和社会问题，如大量资金外流（估计为 400 亿至 500 亿法郎）、财政赤字猛增（1984 年达 4200 亿法郎）、通货膨胀加剧（一年内物价上涨 14%）、失业人口增加（从 5.8% 上升到 12.3%，10% 的人生活在贫困线下，1% 的人长期无家可归）、黄金外贸储备流失（一年内减少 700 亿法郎）、法郎疲软（1981 年 10 月至 1983 年 3 月 18 个月内三次贬值）。密特朗的信誉因此受到严重损害。1984 年底的一次民意调查表明，法国只有 36% 的选民信任密特朗。这种状况一直持续到 1986 年 3 月国民议会选举。在这次选举中，密特朗为首的左翼执政党失去了议会多数，右翼政党保卫共和联盟和法国民主联盟获胜。根据宪法，密特朗不得不任命在议会中占上风的右翼反对派领导人希拉克为政府总理，从而，在法兰西第五共和国历史上开创了左翼总统与右翼总理"共处"的先例。出乎一些人意料的是，两年的"共处"非但没有使密特朗的声望下降，反而给了他重新战胜反对派的转机，并为他 1988 年竞选连任奠定了重要基础。

经过一阵紧锣密鼓的预演，1988 年法国总统大选又开场了。老谋深算的密特朗在这次竞选中提出了"温和的纲领"，不再像 1981 年那样大谈经济政治改革，而是呼吁团结合作。为了争取游离不定的中间选民和部分右翼选民的支持，他还极力淡化自己的法国社会党色彩，宣称他不是作为法国社会党的候选人，而是作为"社会党支持的候选人"参加竞选。同时，他还大肆宣传在自己的第一任期内所推行的社会福利政策给中下层人民所带来的实际利益，表示今后要进一步扩大社会福利政策，以吸引广大选民。在法国经济回升乏力、社会矛盾尖锐的形势下，密特朗的主张体现了多数人的意愿，终于使他战胜了希拉克，以54％的多数选票蝉联总统。年逾七十的密特朗，经历了40多年的宦海沉浮，终于登上了他政治生涯的顶峰，并为自己奠定了在法国历史上的独特地位。在密特朗第二任总统的7年任期中，法国社会党领导人罗卡尔、克勒松和贝鲁戈瓦先后担任政府总理，与此同时，莫鲁瓦和法比尤斯先后担任党的第一书记。1993年国民议会选举，右翼政党再次获胜，保卫共和联盟推举的爱德华·巴拉迪尔担任政府总理，法兰西第五共和国历史上出现了第二次左右翼"共处"，直到1995年4月总统选举，右翼希拉克当选总统为止。

毫无疑问，密特朗为自己创造了奇迹，也为法国社会党创造了奇迹。正是在密特朗的带领下，法国社会党走了一段神奇之路，并一举超越法国共产党，成为法国左翼的领头雁。

后密特朗时代起起伏伏

辉煌之后，往往是沉沦。法国社会党也是如此。1995年大选失利，标志着法国社会党辉煌时期的结束。其实，1993年的国民议会选举和1994的地方选举，法国社会党就已呈现出明显的下滑趋势。

1993年3月21日，法国举行国民议会换届选举。在第一轮投票中，法兰西联盟成为第一大党，得到39.69％的选票，执政的法国社会党虽位列第二，但只获得17.39％的选票。3月28日第二轮投票，右翼政党夺得577个席位中的449席，其中，保卫共和联盟242席，法国民主联盟207席，而法国社会党及其盟友仅夺得68席。法国社会党政府参加竞选的17名成员中，仅有2人当选，非政府成员的社会党领导人罗卡尔、若斯潘等也被淘汰出局。选举的最终结果是右翼控制了国民议会、参议院和地方议会，形成了左翼总统与右翼总理、议会并存的局

沉 浮

面。这是法国社会党自 1981 年以来的最大败选。

1994 年 3 月举行的省议会选举第一轮投票中,右翼政党共获得 44.6% 的有效票,法国社会党获得 22.6% 的有效票;在第二轮投票中,右翼政党获得 54.34% 的有效票,法国社会党获得 29.5% 的有效票。在总共 2028 名省议员的改选中,右翼政党取得了 1137 个席位,左翼政党仅取得 850 个席位。① 这说明法国社会党声望在继续下滑。正因为如此,在 1995 年总统选举中,法国社会党候选人若斯潘败给右翼候选人希拉克,并不令人感到意外。

希拉克当选总统,开始了右翼在法国的"一统天下"。右翼上台后大力调整内外政策,实行了一套带有新保守主义色彩的改革措施,紧缩财政,改革社会保障制度。但这些改革遇到了重重阻力,遭到了民众反对,进而引起了新的社会危机。希拉克和保卫共和联盟的声望迅速下降,右翼政府陷入困境。此时,法国社会党利用右翼困难,开始对右翼展开反攻。1995 年 10 月,刚在半年前总统选举中失利的若斯潘继 1981—1988 年后再度出任法国社会党第一书记。在他的领导下,法国社会党在党内先后开展了关于"全球化与欧洲和法国""民主和公民权利"以及"社会党的社会经济建议"大讨论,明确提出促进经济增长、创造就业和加强公平分配是社会党社会经济政策的三个主要目标,党的目的是制定出有号召力的竞选纲领,为在议会选举中东山再起做思想和组织准备。

1997 年 4 月 21 日,希拉克总统在错误估计国内局势和左右翼力量对比的情况下,突然发表电视讲话,宣布解散国民议会,将原定于 1998 年 3 月举行的国民议会选举,提前到 1997 年 5 月进行。然而,希

---

① 林建华、张有军、李华锋等:《冷战后欧盟诸国社会民主党政坛沉浮研究》,人民出版社 2010 年版,第 132 页。

六、法国社会党：世间已无"密特朗"

拉克此举并没有达到形成新的右翼多数派的目的，反而加速了左翼的重新上台。根据法国内政部统计，在这次议会选举中，577个新当选的国会议员中，法国社会党和激进左翼占252名，法国共产党占38名，绿党占7名，各左派力量占21名，保卫共和联盟占135名，法国民主联盟占108名，各右派力量占14名，极右国民阵线和其他各党各占1名。在1993年议会选举中沉落谷底的法国社会党，出其不意地以多数席位，无可争议地重新上升为法国政坛第一大党。绿党借助左翼联盟的力量，第一次进入国民议会。而4年前以排山倒海之势获得执政多数派地位的右翼联盟痛失200多个席位，创下了1981年以来的最低纪录。6月1日，若斯潘接受总统希拉克任命，出任左翼联合政府总理。法国再一次出现"左右共治"的局面。

若斯潘走马上任后，面对的是一大堆难题：经济回升迟缓无力，失业队伍持续扩大，社会不公正现象有增无减，公众对前途缺乏信心……若斯潘一方面要取信于民，遵守法国社会党的竞选诺言，另一方面又要考虑到法国的现实情况，注意保持政策的连续性，因而执行了一套既有别于法国社会党在20世纪80年代的执政纲领，也不同于右翼政策的"左翼现实主义"治国纲领。

在若斯潘执政的5年间，法国经济经历了一个持续增长期，取得了一系列成就。如2000年法国人均GDP增长达到3.8％；实行35小时工作制，采取促进青年就业的政策，使失业率由1997年执政时的高达12.6％下降到2002年初的9％左右，法国是这一时期欧元区经济表现最好的国家之一。正因为如此，一些媒体称赞若斯潘领导了"新的法国革命"，增强了法国的竞争力，重新确立了法国推动欧洲经济一体化的信心。然而，在2002年法国总统选举中，法国社会党候选人、现任政府总理若斯潘却在第一轮投票中出人意料地败给了极右翼政党国民阵线候选人勒庞，遭到了历史性的惨败，也使得决定性的第二轮投票变成了

沉 浮

法兰西第五共和国历史上第二次没有左翼候选人的竞争，使得本来平淡乏味的总统竞选突然间变得生动紧张起来。5 月 5 日举行的第二轮投票在很大程度上演变成了法国公众对共和制民主还是新极右主义的全民公决，被边缘化的法国社会党只能鼓动自己的左翼支持者积极投入反对勒庞的政治动员和表决中，并促成了温和右翼候选人、现任总统希拉克的绝对胜利。

总统选举失利的创伤尚未抚平，两个月之后的国民议会选举，法国社会党再度遭到重创。2002 年 6 月 9 日和 16 日，国民议会选举进行了两轮投票。希拉克领导的"总统多数党"获得国民议会 577 个席位中的 357 个，形成了法兰西第五共和国 34 年来以最高得票率当选的总统和议会两院拥有最大多数的执政党，拜劳领导的法国民主联盟获得 29 个席位，而法国社会党领导的包括法国共产党和绿党在内的左翼执政联盟仅获得其中的 172 个席位。[①] 如果说 2002 年总统选举的第一轮投票是广大选民对现实政治说"不"，总统选举的第二轮投票是广大选民对极右翼主义政治说"不"，那么，国民议会选举就是广大选民对"左右共治"的政府结构说"不"。国民议会选举的这一结果，不仅标志着法国社会党领导的左翼阵营在与中右政党联盟的政治竞争中，自 20 世纪 80 年代初以来首次处于明显的劣势地位，而且赋予了希拉克的总统竞选胜利以足够的合法性，使法国步许多欧盟国家后尘，中右保守政党及中右政治成为国内政治主流，右翼一统天下的局面就此完全形成。

两次选举的失利，给法国社会党带来了沉重打击，党内思想一度十分混乱，分歧和矛盾不断加深。处在如此困难之中的法国社会党需要进行全面深刻反思与政策调整。随后，全党上下一起行动起来，召开了几

---

① 林建华、张有军、李华锋等：《冷战后欧盟诸国社会民主党政坛沉浮研究》，人民出版社 2010 年版，第 137 页。

六、法国社会党：世间已无"密特朗"

千次不同规模的讨论会，分析选举失利的原因。在深刻反思之后，2003年5月16日至18日，法国社会党在第戎召开第七十三次代表大会。大会通过《建设一个伟大的社会党》的决议，提出了"左翼改良主义"的新主张。大会确定党在今后的路线是左翼的、改良主义的、欧洲的和国际主义的。会议提出要建立一个更加开放的党、一个更加具有社会代表性的党、一个更加民主的党、一个运动的党、一个具有公民性的和团结的党，要彻底摆脱收买人心的做法和社团主义行为。同时，不应当把左翼的团结看成单纯的选举机器，而应当看成一个战斗的、生动活泼的、有用的、无论在占多数时还是处于反对派地位时，都能对法国的集体命运产生影响的运动，应当通过团结的伙伴之间的执政协议把各种色彩的左翼联合起来，形成"彩虹般"的左翼联合。

第戎会议结束后，法国社会党主动与各左翼政党谈判，不惜作出一些让步，也要尽可能地组成最广泛的选举联盟，以便在竞选中取得主动权。此举果然产生了良好效果。在2004年3月21日和28日举行的法国地方大区议会选举中，法国社会党和左翼联盟在总共26个大区中赢得了24个大区的选举多数，在100个省中掌管了53个省。而在上次1998年地方大区议会选举中，左翼政党只赢得了8个大区的选举多数。在参议院改选中，法国社会党获97席，增加了14席，成为参议院第二大党。与1998年地方大区议会选举和2002年总统选举、国民议会选举相比，这次选举法国社会党非常成功。选举结果导致法国出现右翼掌握中央政权、左翼掌管地方大区政权的新格局。这无疑对执政的右翼势力形成了巨大压力，并在很大程度上鼓舞了法国社会党人和左翼选民的士气，壮大了法国社会党的实力。在是年6月举行的欧洲议会选举中，法国社会党也获得了不错的成绩，其得票率超过了30%，而总统希拉克领导的"人民运动联盟"仅赢得16.5%的选票。这说明法国社会党的力量和影响有了一定的回升。

沉 浮

然而，一连串的选举胜利，并没有消除法国社会党的内部矛盾，尤其是高层矛盾。2005 年在庆祝建党 100 周年生日之际，党内在《欧盟宪法条约》公投问题上，再次出现严重分歧。在《欧盟宪法条约》全民公决宣传过程中，法国社会党的《欧盟宪法条约》支持派在党内公决中获胜，但是法国社会党第二号人物、前总理法比尤斯及其支持者不顾党内公决结果，继续坚持自己坚决反对的主张。是年 5 月 29 日，法国举行批准《欧盟宪法条约》的全民公决，结果 55.96％的选民投了反对票，只有 44.04％的选民投了赞成票，法国成为 25 个欧盟成员中第一个否决《欧盟宪法条约》的国家。法国社会党第一书记奥朗德对这一公决结果深表遗憾，认为法国左翼阵营走到了抉择的关头。6 月 4 日，法国社会党全国委员会召开会议，会议以 167 票支持、122 票反对、18 票弃权通过了解除法比尤斯党内领导职务的决议，目的是保持法国社会党"指导思想的一致性"。法比尤斯曾是坚定的"欧洲派"。1986 年，时任总理的他签署了对欧洲一体化具有里程碑意义的《单一欧洲法》，2001 年，时任财政部长的他又积极支持法国将欧元作为本国货币。但在这次公投前，法比尤斯以灵敏的政治嗅觉察觉到多数法国人反对当前模式下的欧洲建设，因而，他高举反对大旗，试图借此突出自己的表现增加威望，以争取在 2007 年总统大选中有所作为。法比尤斯在法国社会党全国委员会会议结束后向新闻界表示，法国社会党全国委员会的决定与现实需要背道而驰，他将继续"走自己的路"，团结支持者，开创新局面。此话被媒体解读为法国社会党内部的矛盾难以调和。

事实也是如此。2006 年底围绕下一年法国总统大选候选人提名问题，法国社会党出现了空前的权力大战。当时有意想挑战这个职位的既有上一年被解除党内领导职务的前总理法比尤斯和前财经部长斯特劳斯·卡恩，也有众多的前部长、巴黎市长以及地区区长等，大约 10 人。面对这种情况，法国社会党只好决定进行一次改革，在党内实行对候选

六、法国社会党：世间已无"密特朗"

人的初选，并宣布凡是交付 20 欧元的人都能够入党，并且可以参加这次决定总统候选人的全党投票。之后经过民意测验的不断筛选，民调排在后面的候选人只好宣布退出竞选。只有塞戈莱娜·罗亚尔、斯特劳斯·卡恩和法比尤斯参加最后的较量。在三派的竞争中，最后罗亚尔占了上风，卡恩其次，法比尤斯排在第三。但罗亚尔在赢得总统候选人的身份后，单枪匹马地竞选总统，把法国社会党及其"大佬"撇在一边，用"参与民主"的方法，直接与选民对话，倾听选民的心声。但她实行的"参与民主"并不成功，由于没有及时出台政策纲领、战略策略，罗亚尔的民调支持率一再下滑。在这种情况下，法国社会党的"大佬"才纷纷在竞选集会上出面，帮罗亚尔补台。罗亚尔随后出台的竞选纲领洋洋洒洒有 100 条，几乎面面俱到地把所有选民的呼声都写了进去，但这也导致了选民看不出她的宏才大略，不知道她的优先选择顺序、方法措施是什么。2007 年 5 月 6 日，法国总统大选落下帷幕，中右翼人民运动联盟主席萨科齐以 53.69％的得票率击败了得票率为 46.31％的法国社会党候选人罗亚尔，摘得总统桂冠。在其后的议会选举中，法国社会党再度失利。

接二连三的选举失败，严重挫伤了法国社会党的士气，加剧了党内分歧。2008 年的一场争夺党魁的内部斗争又几乎把陷入分歧中的法国社会党推向分裂的边缘。在 2008 年召开的法国社会党代表大会上，奥朗德的第一书记职位受到挑战，罗亚尔总统候选人身份的合法性也受到挑战。按照规定，代表大会提案的第一签名人有资格挑战党的第一书记职位，但第一书记是否就是未来的总统候选人，党章上没有明确规定，这又给第一书记的选举带来变数。罗亚尔明确表示既要当第一书记，又要当总统候选人。其他人则表示，自己只竞争第一书记职位，总统候选人的推选方式以后再定。大会上提出了六项提案，得票最多的前四位提案人分别是罗亚尔（得票率为 29.08％）、德拉诺埃（得票率为

沉 浮

25.24%）、奥布里（得票率为 24.32%）和阿蒙（得票率为 18.52%）。[1]根据法国社会党党章规定，并不是得票最多的提案人当选，而是代表大会之后，由全体党员进行投票，选举党的第一书记。在这种情况下，谁能获得联盟，谁就更有胜算的把握。随后，德拉诺埃与阿蒙举行结盟谈判，但未达成一致，德拉诺埃退出竞选。11 月 20 日法国各地约 13 万社会党选民进行了投票，罗亚尔得到 42.9% 的选票，奥布里得到 34.5% 的选票，阿蒙得到 22.6% 的选票。因没有人超过半数，得票排在前两位的罗亚尔和奥布里需要通过第二轮投票来决定谁当选。阿蒙被淘汰后宣布支持奥布里。11 月 21 日晚举行了第二轮投票，几小时后，法国社会党总部公布的选举结果显示，里尔市长奥布里女士以 42 票微弱优势战胜罗亚尔当选为法国社会党第一书记。而对选举志在必得的罗亚尔阵营立即炸了锅，表示个别选区计票有舞弊之嫌，要求重新投票，并对现有结果提出强烈质疑。按有关规定，选举结果最终要由法国社会党全国委员会确定其有效性。经过 4 天紧张磋商，11 月 25 日法国社会党全国委员会机构成员内部对选举结果进行投票表决，最终以 159 票对 76 票裁决奥布里接替奥朗德担任法国社会党全国第一书记职位。至此，继 2007 年法国总统大选后有"玄武门决战"之说的法国社会党党魁之争终于偃旗息鼓。然而，法国社会党内部矛盾以及面临的发展困境在此次竞选过程中彻底暴露，"党魁之争""新老派系之争"让法国社会党声望跌入历史最低谷。不论党内或党外人士，不论普通民众还是学者专家都对代表法国传统左翼力量的法国社会党的前途捏把汗。

奥布里担任法国社会党全国第一书记后的一年多时间里，法国社会党的处境没有得到多少改观。本来预计在 2009 年 6 月举行的第七届欧洲议会选举中，法国社会党能够赢得 20% 的选票。但让人大失所望的

---

[1]　法国《世界报》2008 年 11 月 24 日。

六、法国社会党：世间已无"密特朗"

是法国社会党只得到 16.48%的选票，而同属左翼阵营的绿党则迎头赶上，赢得了 16.28%的选票。法国社会党作为法国左翼第一大党的地位摇摇欲坠。这样的选举结果使得法国社会党领导人的威信和权威再次下降。好在 2010 年 3 月举行的地方大区议会选举中，奥布里领导的法国社会党取得了压倒性的胜利。这次地方大区议会选举共选出法国 22 个本土大区和 4 个海外省大区，总计 1880 个大区议会席位，最终，法国社会党及其他左翼政党在法国本土 22 个大区中的 21 个、4 个海外省大区中的 3 个取得胜利，执政党人民运动联盟为首的右翼政党仅在阿尔萨斯和海外领地印度洋留尼汪岛获胜。法国舆论普遍认为，这一选举结果体现了民众对执政党政策的不满情绪，也为志在 2012 年谋求连任的总统萨科齐敲响了警钟。

对法国社会党来说，最重要的选举还是 2012 年的总统大选。这次总统大选，法国社会党继续进行党内初选。不过，与 1995 年、2006 年党内初选的投票权仅仅对党内积极分子成员开放不同，这次规定党内初选的投票权向所有关心和支持左派且有法定选举资格的公民开放，由公民投票来决定法国社会党的总统候选人。2011 年 10 月 9 日，法国社会党进行了第一轮初选，在 6 名候选人中，法国社会党前任第一书记奥朗德与现任第一书记奥布里排名靠前，此两人进入一周后的第二轮决战。最终，奥朗德以 56.7%的得票率赢得了党内初选，代表法国社会党参加 2012 年总统大选。在 2012 年举行的总统大选中，经过两轮投票，奥朗德最终以 51.64%的得票率战胜时任总统、人民运动联盟候选人萨科齐。

其实，奥朗德并没有什么可以圈点的亮点，在总统选举中胜出，不是由于他提出了什么鼓舞人心的主张，也不是法国社会党取得了一些实质性的重大改革进步，主要是因为他的竞争对手萨科齐有许多明显的弱点。萨科齐自 2007 年上台后，执政成绩不佳。失业率和财政赤字不断

沉浮

上升，移民问题和治安问题始终困扰民众，介入利比亚战争备受诟病，而且在 2012 年大选过程中，他又宣称减少 50％移民。这种被认为是走向极右以迎合极右政党"国民阵线"选民的做法，不仅遭到了左派和党内的强烈反对，就连"国民阵线"也不领情。此外，萨科齐还一反自己过去积极主导欧盟的做法，在大选中主张在欧盟中实行自我保护主义，并提出退出申根协定①，这又使欧盟诸国尤其是德国感到无所适从，担心法国不再承担欧盟中的大国责任。总之，萨科齐对内与对外的新主张表明他已走向了极端化的保守主义，而这种倾向是大多数法国选民所不认同的。因此，萨科齐在 2012 年法国总统选举中败选，就不令人意外了。也就是说，奥朗德的胜出并没有从根本上改变法国社会党从 1995 年以来的衰退趋势，只是以一种胜利的假象暂时掩盖了法国社会党内部的沉疴积弊和摇摇欲坠的发展态势。

果然，法国社会党在奥朗德当总统的 2012 年至 2017 年这 5 年间，无论是欧洲议会选举还是各级地方性选举，都以失败而告终，而 2017 年总统选举的惨败更是对法国社会党致命性的一击。在这次总统选举中，法国社会党总统候选人伯努瓦·阿蒙的得票率仅为 6.35％，这是法国社会党自 1969 年以来最差的得票纪录。在总统选举之后举行的国民议会选举中，法国社会党仅保留 30 个席位，而上一届议会有 280 个席位。党员人数也从 2012 年的 15 万下降到大约 5 万，大批党的干部和精英脱党加入马克龙的"共和国前进党"。② 在 2019 年欧洲议会选举中，法国社会党延续了总统选举的颓势，只获得了 6 个席位。在 2022

---

① 1985 年 6 月 14 日，德国、法国、荷兰、比利时和卢森堡五国在卢森堡边境小镇申根签署了《关于逐步取消共同边境检查》协定，其宗旨是取消各成员国之国边境，自由通行，无限期居住。现有成员国 28 个。

② 李姿姿：《法国社会党 2017 年大选失败原因及启示》，《当代世界与社会主义》2018 年第 5 期。

年的法国总统选举中，法国社会党总统候选人巴黎市长安妮·伊达尔戈的得票率再创新低，仅为 1.75%，甚至低于法国共产党候选人法比安·鲁塞尔的 2.28%①。这充分说明，法国社会党的地位已经被"非左非右"的"共和国前进党"所取代，同时还面临左翼民粹主义政党的强劲挑战。法国社会党在意识形态、组织制度、政策纲领等方面都面临巨大的困境，亟须进行全方位重建。

兴衰沉浮的若干思考

认真研究法国社会党的历史，不难发现，1995 年是法国社会党一个重要分水岭，1995 年以前的法国社会党虽然经历过曲折与低潮，但总体趋势是向上发展，并在密特朗执政之时达到巅峰；1995 年之后的法国社会党虽然有过若斯潘的 5 年总理任职与奥朗德的 5 年总统时光，但总体趋势是向下滑落。一百多年间，法国社会党如同潮起潮落般的兴衰沉浮，既给人以无限感慨，又给人留下了许多说不完道不尽的话题。其中引起我们深刻思考的有以下一些问题。

（一）加强党的思想理论建设，使党的意识形态适应社会发展的需要，是关系到党能否在竞争中获胜的重大问题

如何加强政党的思想理论建设，使政党的意识形态适应社会发展的需要，寻找到政党意识形态的基石和落脚点，以适应不断变化的社会状况，是关系到政党能否在激烈的竞争中获胜，执掌全国政权的重大问题。僵化的思想、滞后的理论与僵硬的意识形态只会给人造成因循守旧、含混不清、缺乏创新的印象，从而使政党与民众的距离越来越远。

---

① https：//www. resultats-elections. interieur. gouv. fr/presidentielle-2022/FE. html.

沉浮

而思想理论变化太大，又会给人造成政党不能坚持自己的理念、朝令夕改的印象，从而使政党失去许多传统的支持者。由此可见，对于一个政党来说，必须按照社会发展的需要，不断发展丰富自己的思想理论，不变是绝对不行的，变得太多也是不行的。法国社会党的兴衰沉浮就充分说明了这一点。

成立之初，法国社会党自称是工人阶级政党，"忠于无产阶级专政"，在理论上积极倡导多元主义。党早期领导人让·饶勒斯主张把马克思的观点和法国大革命的思想同法国的现实相结合，把马克思的唯物主义和空想的唯心主义、把科学社会主义和蒲鲁东主义调和起来。这为其初期的顺利发展奠定了基础。

冷战开始后，法国社会党对法国的现实缺乏科学全面的分析，没能制定正确的路线和政策。当时的总书记居伊·摩勒在理论上一方面声称"忠于无产阶级专政"，另一方面又极力维护共和制度并参与"管理资本主义国家"。虽然他辩解说参加政府是"权宜之计"，参加联合政府从来不是理论问题，是形势需要，但他领导的法国社会党参加联合政府后积极推行殖民主义政策，在阿尔及利亚问题和苏伊士运河问题上坚持民族沙文主义立场和政策，与他所宣称的社会主义价值观完全背道而驰。结果在选举中，法国社会党接连失败。

1971年法国社会党重建后，密特朗继承老党的理论和传统，同时，根据战后法国社会结构的变化，强调法国社会党是一个"群众性的党"和"人民的党"，也是一个"工人阶级的党"，提出实行自由、民主、人道主义、人的解放和自治管理的"法国式社会主义"理论。20世纪80年代，密特朗执政时，法国社会党主张实行宽容、公正、进步和团结的价值观，并以国有化、权力下放和自治管理作为三大理论支柱。密特朗认为，法国式的社会主义不仅要实现制止人剥削人社会的愿望，而且也要大大触动经济结构，实现国有化和经济计划化。必须通过结构改革打

六、法国社会党：世间已无"密特朗"

击大资本及其剥削的利润来源，限制资本的经济权利；同时，通过改革税收制度、社会保障制度等，保证收入的转让，使工人有参与企业管理的权利。只有实现工人自治管理，才能使公民更加接近决策中心，最终实现劳动者自己组织对生产的监督和对劳动成果的分配。而自治管理扩大到全社会，就意味着剥削的结束和敌对阶级的消失，这样的话民主就成为现实。从密特朗的这些主张可以看出，他的法国式社会主义除了具有民主社会主义的共性以外，明显具有法国工人运动的历史传统和特色，并结合了法国当代社会经济结构的变化和世界形势的发展。正因为如此，法国社会党得到了越来越多的支持者，并创造了历史的辉煌。

然而，密特朗之后的法国社会党逐渐忽视党的思想理论建设与意识形态工作，放弃革命和阶级斗争的目标，很长时间里找不准前进的方向，陷入了不知要走向何方的迷茫境地。2017年法国社会党在总统与国民议会选举中惨败的最根本原因就是意识形态模糊。不少分析家认为，现在的法国社会党传统的价值观被极大地削弱，而新的价值观又没有建立起来，党内的思想异常混乱，而且党只把选举作为中心活动，把党员活动转向选举日程，仅仅吸收对地方、大区和国家管理有兴趣的公民，没有发挥党的意识形态的力量。同时，与非意识形态的发展相应的是个人主义精神的上升和集体战斗精神的受侵蚀，而非政治化、非社会化、非建设性的倾向也都不再鼓励发展群众性的党的组织结构。这样一来，法国社会党很难再代表社会的不同阶层了，其向下滑坡也就是必然的了。

（二）拓宽党的代表性和包容性，夯实党的阶级基础和社会基础，是增强党的吸引力和号召力的前提条件

政党是民主的产物，政党存在的价值基础就在于可以通过谋求政权，将其代表的特定阶级、阶层的意志转化为国家意志。不过，在当今政治多元化发展不可逆转的潮流中，政党又要尽可能地拓宽代表性和包

沉 浮

容性。一个政党如果希望自己能够永葆生机活力，就必须广开大门，不断夯实党的阶级基础和社会基础，并通过严格的民主制度与民主程序，来吸引新人、补充力量，否则，狭隘的招募渠道必定会影响政党的吸引力和号召力。法国社会党的兴衰沉浮就充分说明了这一点。

应该讲，法国社会党在成立之后能够敢于同资本主义制度进行斗争，全力争取民主自由和社会进步，党的阶级基础和社会基础得到了不断扩大。如在 20 世纪 30 年代人民阵线时期，勃鲁姆政府就进行了大规模的改革，积极调整劳资关系，为其他社会改革提供较稳定的社会秩序；推出提高人民群众的社会福利待遇，改善劳动条件，实施 40 小时工作周、15 天带薪年假的法案；加强国家对经济生活的干预；改组法兰西银行；对军火、飞机制造业等重要企业实行国有化等。这些举措深受法国民众的欢迎，法国社会党的影响力不断扩大。1981 年密特朗当上总统后，在"社会公正""分享劳动成果"等口号下，实行社会改革，主要有提高最低工资，增加家庭补助，提高最低养老金和对残疾人的补助，缩短工时，实行 39 小时工作周，每年 5 周带薪休假，降低退休年龄等。这些措施给广大中下层民众带来了许多实际利益，使这些人成为法国社会党的坚定支持者。1988 年，密特朗蝉联总统后，根据法国实际情况，对法国社会党政策主张作了新的调整，使法国社会党在理论上向社会民主主义靠拢。1990 年 3 月，法国社会党雷恩代表大会修改了1974 年制定的党的《原则声明》，去掉了原声明中的"把生产及交换资料社会化""消灭剥削和阶级"等提法，把"推进建立在自由和责任基础上的民主社会主义"作为党的奋斗目标，主张建立"混合经济""通过改良主义来实现革命的愿望"。在这一思想的指导下，法国社会党政府除了经济上实行紧缩政策外，密特朗还提出了"两不政策"，即不再搞私有化，也不再搞国有化，赋予计划经济以新的职能，强调计划经济应适应需要并设计出展望未来的方法，采取温和务实乃至自由主义的措

六、法国社会党：世间已无"密特朗"

施，促进经济稳定发展和实现经济现代化。这些做法无疑在一定程度上拓宽了法国社会党的包容性。

然而，20 世纪 90 年代以来，随着经济全球化和新科技革命的加速发展，法国的就业人口结构和社会阶级结构发生了深刻变化，第一和第二产业持续缩小，第三产业日益扩大，农民和工人在就业总人口中的比重持续下降。而由中小企业主、手工业者、商人、中高级管理人员及从事各种知识劳动的人组成的中产阶级人数则迅速增加，占就业人口的50％以上。可以说中产阶级已成为社会的主体，其社会地位和政治影响不断增强。法国社会的这种变化使原来以工人阶级和中下层民众为主要载体的法国社会党的阶级基础和主要依靠力量受到较大削弱。在这种情况下，1999 年 8 月若斯潘提出了建立"新阶级联盟"的思想。若斯潘认为，当今的法国社会仍然存在着阶级，社会是由不同群体和阶级组成的，其中，中产阶级已成为社会的核心和稳定因素，在经济发展中发挥着特殊的作用，这一阶级对法国社会党的政策有好感，是法国社会党的社会基础。同时，持续 20 年的大规模失业导致了众多"被社会排斥者"（因失业、贫困等原因而被排除在正常现代社会生活之外的人）的出现。此外，尽管平民阶层（主要指包括产业工人在内的中低收入领薪者）已发生变化，但并没有消失。这些社会阶层虽存在差异，但在消除就业不稳定、促进就业、改进教育体制、巩固社会福利等问题上有共同点，有可能参加法国社会党的政治计划和社会改造计划。若斯潘提出法国社会党应同时考虑这三个阶层的愿望和要求，调和、兼顾他们的利益，建立一个以中产阶级为中坚，包括平民阶级和"被社会排斥者"在内的新阶级联盟，使他们成为法国社会党的依靠力量。若斯潘的这一主张后来逐渐被法国社会党所接受。法国社会党认为，在社会构成更为多样化，各阶层利益愈益分散，非政治化、讲究实际和追求个人利益的倾向更为明显的情况下，如果继续坚持原有的传统政策主张，包括坚持以单一阶级为党的社会基础，就会彻底失去社会的认同与支持。而"新阶级联盟"的战略，有助于党考虑、调和社会不同阶层的愿望、要求和利益，寻找各阶层的利益结合点，在社会各阶级之间实现和解，并通过"新阶级联盟"扩大党的阶级基础和选民队伍，争取各阶层更广泛的支持。

应该讲，法国社会党的"新阶级联盟"战略，从过去代表特定的阶级到转而建立跨阶级的广泛联盟，既考虑中产阶级的利益，也不忽视平民阶层和"被社会排斥者"的愿望和要求；既强调发展经济，又注意维护社会公正，照顾社会的弱势群体，减少不平等，保持社会的稳定。这一战略具有较大的包容性，对法国社会党增强阶级基础和扩大群众基础起到了很好的作用，这也是法国社会党占据法国左翼第一大党地位的一个重要原因。

不过，尽管法国社会党采取了许多措施来扩大党的影响，但党员人数下降、党员年龄老化、党内中产阶级人数过多、党的群众基础削弱、党的战斗精神下降等问题依旧困扰着全党。目前法国社会党正在采取一些灵活的办法来吸引个人参加党的活动与拓宽党的包容性。如非党人士可以参加党的会议，在政策制定过程中享有一定的发言权和投票权；合理利用党外的思想库、咨询机构、研究所及专门委员会作为决策的参谋助手，吸收一些从事思考、学习和研究的特别组织参与党的生活，增强社会科学家在政党政策研究中的作用，使党的联系扩大到社会的各个重要层面；加强与各种协会、非政府组织和工会等社会团体的合作，发挥这些组织的作用，加强与社会活动者和不断变化着的利益团体的对话和联系；发展党内民主，扩大党员的参与决策权，让党员讨论党的路线和方针，所有党的决议交由全党表决；革新党的各级领导机构，在党的各级决策机构中实现男女均等，减少兼职，注重培养青年干部，每届党代会应将党的领导机构成员更新1/3等。这些措施有的已经取得了效果，有的效果不太明显，还需要付出更多的努力。

六、法国社会党：世间已无"密特朗"

（三）加强与左翼政党合作，组成最广泛的政治联盟，是党摆脱孤立和困境赢得新的发展的重要条件

法国是一个多党制的国家。所谓多党制是指在多党存在的条件下，议会的席位由许多政党分别占有，极少出现由一个政党控制多数席位从而单独组织政府的情况。在通常情况下，由几个政党在议会选举前结成政党选举联盟，以求获得议会多数，或在议会选举后由几个政党联合起来构成议会多数，从而组成政党联盟政府或多党联合政府。因此，法国政府往往不是由一党长期独占，也不是由两大党轮流执政，而是由两个以上的政党共同执掌政权，成为多党政府。在这种情况下，政党之间的合作显得尤为重要。从1958年法兰西第五共和国以来，法国政治绝大多数时间是由法国社会党与法国共产党等组成的左翼阵营，和由保卫共和联盟与法国民主联盟等组成的右翼阵营之间的政治较量，而进入20世纪90年代中期以后，法国左右政治的天平开始明显地向中右一方倾斜。在这种情况下，左翼力量只有团结起来，组成最广泛的政治联盟，才能摆脱困境，赢得新的发展。法国社会党的兴衰沉浮也充分说明了这一点。

翻开法国社会党的历史不难发现，法国社会党的历史是一部同法国共产党进行斗争和合作，党的力量和影响由衰到盛的历史。从1920年图尔代表大会以来，法国社会党同法国共产党先后实行过五次合作：1935年法国社会党参加了法国共产党发起与组织的反法西斯统一战线——人民阵线，1936年即赢得了大选，成立了第一届人民阵线政府，莱昂·勃鲁姆出任法国历史上第一位社会党总理；1940年至1944年第二次世界大战期间，法国社会党和法国共产党参加了以戴高乐为首、由让·穆兰在本土建立的全国抵抗委员会，共同进行反纳粹德国的抵抗运动，为法国的解放和人类的正义事业做出了贡献；第二次世界大战结束后，法国社会党同法国共产党、人民共和运动三党成立过联合政府；

沉浮

1981年至1984年期间，法国共产党参政三年，但因反对紧缩政策而退出法国社会党人莫鲁瓦政府；1997年至2002年期间，法国共产党实行"共产主义变革"，参加社会党人若斯潘为首的左翼联合政府，长达5年之久。从这些合作可以看出，每次合作，法国社会党都有了新的发展，其力量逐渐由衰到盛，使法国政局出现了"社（会党）强共（产党）弱"的局面。

历史表明，法国社会党之所以能够兴盛，成为与右翼政党抗衡的左翼第一大党，主要是因为在20世纪70年代重建后，抓住了"光荣的三十年"（1945年至1975年期间，法国经济获得重大发展，并实现了工业化）所提供的机遇，顺应了法国社会经济结构和阶级结构巨变的历史趋势，并依靠"左翼联盟"和联合中间阶级的战略，不断壮大党的阶级基础和群众基础。这与法国共产党长期思想僵化，固守原有的传统工人阶级队伍，不能代表广大左翼选民和中间阶级的要求和利益，形成了鲜明的对比。

当今，欧洲政坛和法国政坛均出现了向"右"转的趋势，左翼力量的发展受到了极大影响。在这种严峻的形势下，作为法国左翼第一大党的法国社会党一定要深刻反思，不仅要主动与法国共产党、绿党等左翼力量进行谈判，还要做出诸多让步，以组成最广泛的政治联盟。只有这样，才能在激烈的政党竞争和各项选举中取得主动权。但目前，法国社会党在政党合作方面依旧步履维艰，如在2017年大选期间，法国社会党尝试与其他左翼政党建立联盟，但没有取得成功。无论是法国社会党第一书记让—克里斯托夫·冈巴德利斯发起组建的"人民决胜联盟"，还是法国社会党推出的总统候选人伯努瓦·阿蒙与欧洲生态-绿党、激进左翼党建立的选举协约，都只吸引了一小部分左翼力量，法国共产党、"不屈的法国"党等实力较大的左翼政党都没有参与。因此，如何使极度分化的法国左翼力量进一步联合起来，还需要法国社会党做出巨大的努力。

（四）科学整合内部力量，推出一名既权威又富有魅力的领袖人物，是确保党走出困境的关键所在

领袖对政党的发展影响极大。法国社会党的历史就是一部涌现出像饶勒斯、勃鲁姆、密特朗这样杰出的党的领袖人物，在理论和实践方面探索法国社会主义道路的历史。然而，随着密特朗的逝世、若斯潘等重要人物先后退出政坛，党内矛盾异常突出，出现了严重的领袖危机。这场危机显然对法国社会党的兴衰沉浮影响极大。

法国社会党这场领袖危机其实是从 2002 年总统选举失败，若斯潘突然辞去党内职务开始的。若斯潘于 1995 年在全体党员投票中当选为法国社会党全国第一书记，并带领全党赢得 1997 年议会选举，担任总理职务，随后把第一书记职务交给奥朗德。当时，法国社会党的重心在执政的政府中，因此，第一书记在党内只能算是一个"小人物"，比不上党内的"大佬"，若斯潘在党内依旧发挥着重要作用。等到若斯潘离去后，法国社会党才发现党内矛盾已经非常突出，各派意见严重对立，互不相让，这之后的历次总统大选的党内候选人提名之争、党的全国第一书记之争都说明法国社会党的领袖危机还在不断加剧。

2017 年法国社会党在总统大选与国民议会选举惨败后，法国社会党全国第一书记让—克里斯托夫·冈巴德利斯于 2017 年 6 月宣布辞去该职务。这之后，法国社会党全国第一书记的职位一直空缺。2017 年 7 月至 9 月，法国社会党由一个集体机构领导，2017 年 9 月 30 日特马尔被指定为临时代理人。随后，法国社会党全国委员会决定于 2018 年 3 月选举产生新的全国第一书记，但党内那些赫赫有名的政治人物纷纷表示不参加竞选。2018 年 1 月 27 日，法国社会党全国委员会最终确定了 4 位参加竞选的候选人，分别是卡尔武纳斯，其提案是《为赢得左派的共享进步》；勒福尔，其提案是《亲爱的同志》；福尔，其提案是《社会主义者，复兴之路》；莫雷尔，其提案是《团结和希望》。这些提案都获得5％以上全国委员会委员的签字支持。2018年3月29日，法国社会党组织党内活动分子投票，最终49岁的福尔当选为党的全国第一书记。福尔是巴黎大区塞纳马恩省议员，曾任法国国民议会社会党党团主席。他虽然不认可奥朗德的一些观点和做法，但是拒绝完全否认奥朗德在2012年至2017年总统任期内的政策。这使得他与主张对前总统奥朗德进行严格审查，从根本上重新调整社会党的未来走向的另一候选人莫雷尔形成了鲜明对照。

人们希望新任的法国社会党全国第一书记福尔能够拥有权威，以结束组织涣散、四分五裂的局面。在2018年4月召开的法国社会党第七十八届党代会上，福尔强调法国社会党既不走民粹路线，也不走"不屈的法国"领导人让—吕克·梅朗雄鼓吹的反建制路线。但福尔面临的考验是极其严峻的，他是否能够率领法国社会党走出困境，重新站起来，还需要时间检验。

七、印度国大党：一党独大成历史

七、印度国大党：一党独大成历史

1985 年 12 月 28 日，印度国民大会党（简称国大党）迎来了成立 100 周年纪念日。印度各地纷纷举行庆祝活动，《国大党百年史》正式出版，国大党著名领导人的纪念碑相继建起。在国大党诞生地孟买，国大党执政派（即英迪拉·甘地派）举行了全国委员会会议，一些侨居海外的国大党元老和外国代表团也前来参加庆祝活动。

然而，百年庆典再隆重，也难以挽回国大党的颓势。作为印度所有政党中历史最久、影响最大、力量最雄厚，曾在印度独立后连续执政 27 年的国大党虽然此时依旧执政，但一党独大的局面已不复存在。1977 年 3 月在第六届印度人民院选举中的惨败已敲响警钟，接替遇刺身亡的英迪拉·甘地出任国大党（英）主席与政府总理才一年多的拉吉夫·甘地，虽在自己力所能及的领域采取一系列改革措施，但却无力再创国大党往日的辉煌。

100 年的国大党无疑走到了一个十分艰难的十字路口。正如《印度史》一书所言："经济改革的措施虽然在继续，但改革的强劲势头消退；其他方面的改革则除个别外俱已偃旗息鼓。从经济方面看，改革显露出了成效，但远不够理想；就政治方面而言，则成效较小，给人总的印象是，印度在迈出最初的几步后又基本上徘徊不前了。"[①] 果然，在 1989 年 11 月举行的第九届印度人民院选举中，国大党只获得 39.5％的选票，占总席位 37.3％。因席位不足半数，又不想寻求其他政党支持，只好放弃组织政府，继 1977—1979 年后，再一次沦为在野党。那么，这种艰难处境又是如何造成的？让我们一起翻开国大党的历史，从头说起。

---

① 林承节：《印度史》，人民出版社 2004 年版，第 562 页。

印度民族运动的领导者

　　印度历史悠久，是举世闻名的世界四大文明古国之一。但是，到了近代，印度却沦为大英帝国殖民地。英国的入侵摧毁了印度自给自足的经济基础，给印度亚细亚生产方式的基本制度即村社以致命打击，但也为印度工业化起步奠定了一定的物质基础。尤其是19世纪中叶开始，随着铁路的兴建，印度资本主义工业有了较快发展，印度民族资产阶级开始崭露头角，他们纷纷投资于纺织工业、银行信贷、钢铁、水电、水泥等部门，开始拥有印刷、造纸、榨油等小型企业。

　　从当时情况看，印度民族资产阶级与英国资本家有着密切的联系，他们依赖英国的资金、技术和设备；同时，大多数由买办商人、高利贷者、封建王公和地主转化而来，又与农业和封建土地占有制有着广泛联系。当然，英国殖民政府是代表英国资产阶级利益的，他们只是把印度当作原料产地、商品销售市场和投资场所，决不希望印度经济得到大的发展。如此一来，英国殖民当局对印度民族工业采取了扼杀政策，对印度工人、农民实行残酷压迫与掠夺，由此导致印度工人运动、农民运动和民族资产阶级改良运动日益高涨。19世纪后期，印度不断发生工人罢工、农民起义的事件。

　　面对日益高涨的革命形势，英国殖民当局开始寻找新的解决危机的对策。一方面采取各种手段镇压工农运动，另一方面又竭力把已经开展起来的群众运动引导到合法、改良的非暴力轨道上去。英国总督杜富林在同退休的英籍印度文官、激进的自由主义者休谟经过一番策划后，决定由休谟出面，游说印度上层社会和资产阶级知识分子，说服他们成立一个改良主义的政党。此时印度的民族主义者也正在酝酿成立民族主义政党，以维护自身的利益。经过各方努力，成立改良主义政党一事进展十分顺利。

1885 年 12 月 28 日，印度国大党成立大会在孟买举行。出席大会的有来自孟买、旁遮普和其他英属印度各省的 72 名代表，他们大多是民族资产阶级上层分子、资产阶级知识分子的富裕阶层和农村地主。作为国大党创始人的休谟出席了大会。会议一开始就确立了与英国友好的基调。会议主席威·西·巴纳吉在开幕词中说："英国对印度造福无穷，全国都为此对英国表示感激。英国给了我们秩序，给予我们铁路，而最重要的是给了我们欧洲教育的无价之宝。"成立大会一共通过了 9 项决议，主要包括：请求英国政府派皇家委员会调查印度行政管理情况；取消英国印度事务大臣会议；扩大立法会议在财政和税收方面的立法和监督职权；各省立法会议增加民选成员名额；在英、印同时进行文官考试，放宽报考年龄限制等。会议结束时在休谟的带领下，全体代表向英国女王起立致敬。[①] 可见，国大党要达到的最终目标不是民族独立，而是区域自治；它主张采用的手段是改良，而非革命。这些政治主张反映了当时印度地主和上层资产阶级的要求，体现了印度资产阶级的两重性，也表明印度国大党是一个资产阶级改良主义的政党。

印度国大党就这样成立了。尽管英国殖民统治者的初衷是要国大党充当沟通英国殖民当局与印度民众的"桥梁"，将印度的民族运动控制在安全轨道上，但国大党的成立标志着印度民族运动从分散走向统一，由地域性的运动发展成全国性的运动，这对于唤醒印度人民的民族觉醒具有积极的意义。

如同英国殖民者所期望的一样，国大党成立后相当长的一段时间，领导权掌握在代表民族资产阶级和自由派地主利益的温和派手中，这些人在经济上与英国殖民者联系密切，在思想上受英国自由主义思想影响

---

① 林承节：《印度史》，人民出版社 2004 年版，第 297 页。

沉浮

深，对英国抱有许多幻想，这就决定了他们奉行的是资产阶级改良主义路线，不敢也不能提出超出英国殖民统治范围之外的任何要求。

进入 20 世纪后，随着民族解放运动和无产阶级革命两大历史潮流的汇合，国大党上层逐渐产生分歧和矛盾。与此同时，随着国大党的发展，一批小资产阶级、小地主和自由职业者阶层的人纷纷入党，他们的加入为国大党注入了新鲜血液，改变了国大党阶级构成，扩大了国大党的社会基础。他们的斗争目标是推翻英国的殖民统治，实现印度独立；在斗争方式上，主张发动群众，唤起整个民族觉醒。这些人也因此被称为激进派。

1905 年，由印度总督寇松对原英属印度孟加拉省的分割而引起的印度民族运动空前高涨，使温和派一直坚持的改良主义受到严重冲击。在这年 12 月召开的国大党年会上，激进派领导人提拉克在国大党历史上第一次提出了"印度必须获得司瓦拉吉（意为'自立'）"的口号。在1906 年国大党年会上，提拉克进一步提出自治、自立、抵制英货、民族教育等"四点纲领"，其中自治是政治目标，后 3 项则是实现自治的手段。国大党年会通过了这一纲领。这样，国大党的斗争目标从争取局部改良变为实现英帝国范围内的自治；斗争方式也突破了宪法允许的范围。这是国大党改良主义政策的一次重大变化，标志着印度资产阶级民主运动正在由改良阶段向革命阶段转变。然而，历时三年的"司瓦拉吉"运动由于印度资产阶级政治上的软弱和英国殖民者的狡猾，最终以失败而告终。在 1907 年召开的国大党年会上，温和派和激进派因发生激烈冲突而分裂，直到 1916 年双方才重新携手合作。

1918 年 7 月，英国殖民当局抛出关于印度行政改革基本原则的《蒙太古—蔡姆斯福方案》，断然拒绝给印度以自治领地位，只同意在地方政府结构及立法机关进行一些有限的改革。希望英国在第一次世界大战后能给印度自治地位的国大党领导人，对此深感失望。1919 年 4 月

七、印度国大党：一党独大成历史

13 日，英国殖民军队在旁遮普省阿姆利则城一手制造的屠杀事件终于惊醒了国大党人，彻底打破了他们对大英帝国的幻想，印度民族独立运动由此进入了一个新的阶段。在此历史转折关头，站在民族斗争最前列、把斗争引向深入并为其提供锐利思想武器的，是后来被尊称为"圣雄"的莫罕达斯·卡拉姆昌德·甘地。

甘地 1869 年 10 月 2 日出生在英属印度波尔班达尔一个虔诚信奉仁爱、不杀生、素食、苦行的印度教家庭，父亲是当地土邦首相。19 岁时，甘地不惜被开除种姓身份，远赴英国伦敦大学学院学习法律，获得律师资格。学成归国后，从事律师工作，但却屡遭挫折，倍感苦闷压抑。当有来自南非印度人的案子要他处理时，甘地便义无反顾地踏上了前往南非的征程。在南非，甘地遭受到一连串歧视与侮辱。民族自尊心和同胞在此所受的苦难驱使他走上了领导南非印度人反种族歧视的斗争道路，成为引人注目的人物。正是在南非这块充满种族歧视的土地上，甘地对他曾经倾慕过的西方文明产生否定，培养和锻炼了自己从事公众工作的能力，基本形成了他的宗教观、人生观、社会政治观。甘地在为南非印度人争取到基本平等的权利的同时，自己也从中试验成功了一种有效的武器——真理与非暴力学说及其实践。1915 年回国后，甘地到处发表演讲，宣传自己的主张，从事非暴力斗争。在印度全民反英斗争高涨的形势下，甘地的不合作思想趋于成熟。

1920 年 9 月，国大党在加尔各答召开特别会议。经过激烈辩论，会议通过了甘地提出的"非暴力不合作"纲领。其主要内容包括：抵制英国人授予的爵位，抵制立法机关的选举，抵制法庭、政府机构和英国式学校，抵制税收，鼓励为了抵制英国的纺织品和服装而进行手工纺织，鼓励不加抵抗甚至自愿去坐牢。这种斗争策略，既能对英国殖民当局形成强大压力，又不会让印度资产阶级作出过多的牺牲；既能发动群众，又能控制群众，非常适合印度资产阶级的需要。甘地在印度民族独

沉浮

立斗争中的领袖地位也由此确立，并成为这一斗争的核心力量——国大党的灵魂。

同年 12 月，国大党通过了甘地主持起草的新党章。新党章明确规定："印度国大党的目标是由印度人民用一切合法的和平手段实现司瓦拉吉。"① 这是国大党首次把实现司瓦拉吉作为党的纲领。为了实现这一纲领，国大党在全国村一级设立党组织，在省一级设立省委员会，并在工人、农民和手工业者中发展党员。1927 年国大党年会又通过了另一位领袖贾瓦哈拉尔·尼赫鲁提出的脱离英国殖民统治、实现民族独立决议。两年后，尼赫鲁当选为国大党主席，在他的领导下，国大党把争取印度完全独立确定为党的奋斗目标。如此一来，国大党的性质发生了根本性变化：从一个仅代表资产阶级的地方性政党变成了代表全民族利益的全国性政党，从一个主张宪政改革的政治论坛转变成了以争取民族自治为目标的民族主义政党。而且，印度的民族主义运动"从一个由出身上层、受到英国教育、彻底西方化的知识分子所领导的小圈子扩展为一个受到广大中间阶层和小城镇支持的民众性运动"②。

20 世纪 30 年代后期，英国殖民当局开始在印度实行省级政府自治。在各省立法议会举行的选举中，国大党大获全胜，说明它已经得到了印度人民，特别是广大农民的拥护和支持。选举的胜利在客观上为国大党提供了参与政府管理实践的机会，使其积累了一定的政治经验。1942 年，乘英国首相丘吉尔公布解决印度问题空头支票之机，国大党全国委员会通过了英国"退出印度"的决议。英国殖民当局以国大党正在"危险地进行非法的在某种程度上是暴力的活动"为借口，宣布国大

---

① 李吟、张树森主编：《不比不知道——九十年政党之比较》，人民武警出版社 2011 年版，第 30 页。

② 〔美〕塞缪尔·亨廷顿著，周琪、刘绯、张立平、王圆译：《文明的冲突与世界秩序的重建》，新华出版社 1998 年版，第 406 页。

党为非法组织，并在全国范围内逮捕国大党领导人，甘地、尼赫鲁等国大党领袖先后入狱，直到 1945 年 6 月才获释。

1945 年底到 1946 年初，英国殖民当局在印度举行中央和邦议会选举，国大党在国会获得超过半数席位，并在 8 个邦获得执政权。1946 年英国殖民者组织成立印度临时政府，尼赫鲁出任副总理兼外交部长和联邦关系部长。1947 年迫于印度人民日益高涨的反殖民统治斗争的压力，英国政府派出的印度总督路易斯·蒙巴顿于 6 月公布了"印度独立法案"（又称"蒙巴顿法案"）。同年 8 月 15 日，印度、巴基斯坦实行分治，印度自治领政府成员在英国总督主持下宣誓就职，尼赫鲁出任总理，新政府成员共 14 人，其中国大党占了 8 人。这是一个以国大党为主的联合政府。1950 年 1 月 26 日，印度宪法正式生效。宪法规定，印度是一个主权独立的民主共和国，权力来自人民。这是印度人民的胜利，也是国大党的胜利。

毫无疑问，作为印度民族运动的领导力量，国大党为印度赢得独立做出了巨大贡献。在整个民族解放运动中，以国大党为代表的民族主义力量坚决维护民族工商业利益，领导群众开展抵制英货和自力更生运动；相继发动四次"非暴力不合作"运动以及英国"退出印度"运动，直接促成英国殖民统治的土崩瓦解，同时也扩大了党的群众基础，使党变成了一个包容不同信仰、不同政治派别、不同阶级阶层力量的政党。这样一来，国大党在印度民众中获得了极高的声誉，自身也拥有了十分雄厚的政治资本，这为其今后长期执政奠定了坚实的基础。

一党独大局面的形成

印度是一个多党制国家，独立后政党林立，数量众多，但国大党却牢牢控制着印度的政治、经济乃至社会生活各个方面。在独立后最

沉 浮

初 20 年的三次大选中，国大党都大获全胜，一党独大的局面就此形成。

1951 年 10 月 25 日至 1952 年 2 月 21 日，印度举行了首届联邦人民院和邦立法院选举。由于实行成人普选权，全国登记的年满 21 岁的选民达到 1.7 亿人。参加选举的包括国大党、共产党、社会党在内的 77 个政党，其中绝大多数为地方性政党，并且是为参加这次选举而刚刚成立的。所有政党都利用竞选广告造势，发表竞选宣言，争取选票。国大党凭借其不同凡响的经历以及在自治领政府建立后的工作业绩，在民众中树立了极高威望，得到了众多选民的青睐，结果无论在人民院还是在各邦立法院的选举中，国大党都赢得了胜利。在人民院，国大党获得 45％的选票、364 个席位，占总席位的 74.4％。而众多的反对党在人民院中得票甚少，超过 10 个席位的政党只有印度共产党、印度社会党和农工人民党 3 个。在联邦院选举的 200 个席位中，国大党获得 146 席，占总席位的 73％。这样，国大党在两院中均占有稳定的多数。在各个邦立法院选举中，国大党获得 42.2％的选票、2248 个席位，占总席位的 68.4％，取得了压倒性多数并控制了各个邦政府（查谟—克什米尔未进行选举）。这样，国大党成为当之无愧的执政党。大选之后，国大党主席尼赫鲁出任共和国首届政府总理，组成了印度共和国第一届国大党政府。1952 年 5 月 13 日新政府宣誓就职。

1957 年 2 月，印度举行人民院和邦立法院第二届选举。参加选举的有国大党、印度共产党、人民社会党和人民同盟 4 个全国性政党、12 个邦级政党和众多地方性小党。国大党作为执政党，除了原来的威望外，又新增了执政成绩，尤其是 1951 年至 1956 年间执行的"一五计划"取得的辉煌成就，为其赢得了巨大的声誉。大选的结果依然是国大党以绝对优势获胜。无论是人民院还是邦立法院的选举，国大党所得的票数和席位都遥遥领先：在人民院，获得 371 个席位，占总席位的

75.1％；在各邦立法院，获得 2012 个席位，占总席位的 64.9％。[1] 大选之后组成了第二届国大党政府，尼赫鲁继续担任政府总理。只有在喀拉拉邦，印度共产党联合其他政党取得胜利并组织政府，这也是印共建立的第一个共产党的邦政权。但由于受到邦内右翼势力和国大党的敌视，该邦在 1959 年实行总统治理，一个合法的非国大党政权被取消。

1962 年 2 月，印度举行人民院和邦立法院第三届选举。与前两次一样，国大党依旧获得了压倒性的胜利。在人民院，获得 361 个席位，占总席位的 73.1％；在各邦立法院，获得 1984 个席位，占总席位的 60.2％，在除克什米尔外的各邦中都获得了绝对或相对多数地位。这样，国大党又一次在联邦和各邦建立了政权。

印度独立后建立的三届政府都是以尼赫鲁为首的国大党政府，国大党的执政地位十分稳固。究其原因，除了国大党献身民族解放事业获得的巨大威望外，还得益于其内外政策基本上反映了时代的要求和民众的愿望，以及其自身有着十分健全的组织与较好地解决党内矛盾的能力。

首先，国大党提出了得到民众拥护的建国主张。印度独立后应建立一个什么样的国家、如何建设国家是当时领导者首先需要解决的问题。以尼赫鲁为首的国大党政府根据当时国际政治力量对比的变化和印度本身的实际情况，提出了符合历史和现实的建国方略，确立了民族主义、议会民主、社会主义和世俗主义四大立国之本，得到了广大民众的支持和拥护。

民族主义是主权要求，主要包括两个方面，一方面，印度是一个多民族、多宗教的统一体，是一个领土完整和主权独立的国家。因此，任何一个生活在这片土地上的公民，不管其肤色、信仰如何，都是印度

---

① 林承节：《印度史》，人民出版社 2004 年版，第 416 页。

沉浮

人；他们不管走到哪里，都认为自己是印度人，也被别人看作印度人。① 这对于长期没有国家观念的印度民众来说，的确十分重要。因为这在独立初期对于克服传统上小国寡民、一盘散沙、我行我素的思想意识和凝聚民心、树立民族自信是非常重要的，也为维护印度的统一和民族向心力的形成确立了理论基础。另一方面，印度不仅是独立的、完整的，而且要走到世界的前列，成为"有声有色的大国"。这一思想虽然容易引发盲目乐观和霸权主义心态，但却有利于印度人民树立自信和远大的民族抱负。

议会民主即建立议会民主制。尼赫鲁认为在所有的民主政府形式中，议会民主是最好的民主形式，它不仅有助于广泛讨论、辩论和达成一致意见，而且对民众负责，能更好地保证民众利益。1950 年，尼赫鲁亲自主持制定了印度共和国宪法，虽然这部宪法照搬英国模式，具有浓厚的西方色彩，但它通过规定公民的基本权利保障印度人民的政治地位和权利，通过建立联邦三权分立、相互制衡的政治体制使国家民主生活正常运行，在多党制原则和直接普选制度下，把各党派和群众斗争纳入合法轨道。宪法的制定以及尼赫鲁成功地组织了三次全国大选，为印度的议会民主制奠定了良好的基础。可以说，在一个极其贫穷落后的宗教大国里，在政治、经济条件还不具备，民族、宗教、文化等社会背景十分复杂的情况下，把数亿人民推上议会民主的道路，的确是人类政治生活中的伟大壮举。

社会主义则是争取民心、缓和国内矛盾的口号。尼赫鲁提出要建设社会主义类型的社会，但他并没有给社会主义下一个明确的定义，只是认为这个社会最根本的事情是扩大生产和增加财富，在这个社会里每个

---

① 〔印度〕贾瓦哈拉尔·尼赫鲁著，齐文译：《印度的发现》，世界知识出版社 1958 年版，第 65 页。

人都有同等的机遇，都能过上美好的生活。这一思想在他制定印度经济政策时得到了贯彻并付诸实施。尼赫鲁政府在英国殖民当局撤离后，没收了铁路、邮电和军火工业，并对民用航空业、帝国银行、人寿保险公司等实行国有化。此外，尼赫鲁政府新建了大批国营企业，主要集中于重工业和基础工业。与此同时，连续实行三个五年计划。通过建立国有经济和实行计划经济，印度基本上摆脱了殖民经济形式，走上了经济独立发展的道路。在农村，20世纪50年代初期，即实行了大规模的废除柴明达尔地主制的土地改革和租佃改革，推行乡村建设计划，兴修道路，建立学校、医院、娱乐中心。1959年，尼赫鲁又正式提出了合作耕种思想，在农村大规模开展合作化运动。到1964年，合作社覆盖了83％的村庄与4.07亿人口。合作化运动与乡村建设计划的实施，在一定程度上改变了印度农村地区的落后面貌与村民的思想观念，唤起了他们的信心和尊严，也得到了联合国使团的高度评价，被称为当时亚洲经济发展和社会改造最有意义的实验。

世俗主义也就是政教分离，这是印度的建国原则。尼赫鲁的世俗主义与西方意义上的世俗主义不尽相同，具有较强的印度特色，是在西方近代世俗主义思想的基础上，以科学精神和理性主义为指导，以印度现代社会的国情为依据，以国家统一和改善民众生活为根本宗旨而建立起来的。尼赫鲁特别强调要把印度建成一个世俗的国家，主张政治非宗教化，各宗教及各教派之间平等共处，他严厉批判了教派主义。这种世俗主义原则对维护国家统一和安定，促进社会平等和进步，抑制教派之间的冲突发挥了十分重要的作用。

其次，国大党拥有比较健全的组织机构。政党是人类社会过渡到资本主义社会才开始孕育、形成和发展起来的政治组织，它是以执政为目标的。对于任何一个政党而言，组织都是它的生命。组织强的政党才能具备强大的政治领导力、思想引领力、群众组织力、社会号召力。正因

沉浮

为如此，"具有一套健全、严密的组织，是一个政党重要的力量源泉，是其战胜竞争对手，实现政治目标的重要保障"①。

其实，国大党的创建者们一开始并没有想要建立一个严格意义的政党，而是要建立一个类似议会的组织。当时，国大党没有自己的组织系统，只有一个总书记作为这个实体的象征存在。1886年，国大党年会通过决议，要求在重要城市建立国大党常设委员会。1898年，规定各城市常设委员会负责建立各省的中央委员会，贯彻国大党决议。1899年，正式规定建立国大党省委员会，国大党省一级组织正式产生了。同年，成立了中央机构——印度国大党委员会（1908年后改为国大党全印委员会）。

1905年兴起的民族运动高潮把国大党的组织建设推进到一个新阶段。党内激进派强烈要求党担负起领导革命的重任，成为一个经常性、能动性的组织，同时还要深入群众，发动群众。在激进派的呼吁下，为了适应群众运动的潮流，国大党对组织体制进行了调整，建立了常务委员会，作为中央常设执行机构，由国大党年会选举产生。随后，国大党为争取更多的民众，又开始把视线延伸到县一级。

1920年，在甘地的领导下，国大党通过了新党章。新党章规定：建立由15人组成的国大党工作委员会，作为中央执行机关，领导党的日常工作；按民族语言区建立国大党省级组织；建立国大党县级组织；在工人、农民中发展党员，党员要注册并交纳党费。新党章的实施，使国大党建立了上自中央下到基层的完整的组织网，党员成分得到扩大，国大党也就真正具备了代表性和群众性。在领导民族独立运动过程中，为广泛动员民众，国大党又建立了从村、区、县、市、省直至中央的各级党组织。这些组织几乎遍及全国各地，起着与政府机构平行的作用，使国大党成为印度当时唯一的一个全国性政党。印度独立以后，国大党

---

① 赵晓呼：《政党论》，天津人民出版社2002年版，第95页。

七、印度国大党：一党独大成历史

又进一步发展、完善了各级组织机构，使其在政权和民众之间发挥了重要的桥梁和纽带作用，为国大党长期执政奠定了坚实的组织基础。

再次，国大党具有较强的解决党内矛盾的能力。政党是阶级利益的集中代表，但政党内部的利益又并非完全一致，随着党员人数越来越多，党内的利益也越来越呈现多样化。如何把不同利益诉求的人团结起来，使党内出现的各种矛盾得到及时有效解决，避免党内分裂，无疑是对政党领导力的重大考验。

国大党就是一个各种社会和政治力量的联合体，几乎包罗了社会各阶层，人称它是跨阶级、跨阶层，不分民族、宗教和种姓的政党。正因为如此，它党内有党，党中有派，内部关系极其复杂甚至尖锐。在历史上，国大党就曾因党派之争而出现分裂，但每次都能分而又合。如20世纪初有以提拉克为首的激进派和以郭克雷为首的温和派的分裂与重新统一，其后有20世纪20年代以甘地为首的"不变派"（又称建设派）和以达斯为首的"主变派"的分裂和统一。

在"不变派"和"主变派"争论之时，以尼赫鲁和鲍斯为首的年轻人提出了激进的民族主义口号，组成了国大党左翼。1929年，甘地力荐尼赫鲁担任国大党年会主席，希望通过此举既发挥左翼作用又控制左翼行动。1934年10月，左翼在国大党内建立国大社会党，并通过了争取独立和建立社会主义国家的目标。由于受国大党右翼和资产阶级的影响，1936年以后，尼赫鲁重新考虑自己主张的现实可能性并作出新的调整，使左翼与右翼能够相辅相成、各得其所。当时，左翼侧重于在党的建设和发展民族运动上多做工作，右翼则更多地在管理政府和议会斗争中发挥作用，"形成了右翼掌握政权，左翼掌握群众的局面"[1]。正是这种合作，国大党既保证了对广大民众的影响，又保证了党的团结。

---

① 林承节：《印度近现代史》，北京大学出版社1995年版，第613页。

沉浮

印度独立以后，印度民族与英国殖民当局之间的矛盾得以消解，被民族斗争长期掩盖下的民族内部矛盾开始显现。不同社会阶层和社会集团之间的利益冲突不仅表现在国大党的外部，也不可避免地波及国大党内部。当时，尼赫鲁与克里帕拉尼、帕特尔之间出现了分歧和斗争。分歧的焦点集中在走什么道路的问题上。尼赫鲁主张走中间类型的社会主义道路，而克里帕拉尼和帕特尔则主张走传统的资本主义发展道路。不过，尼赫鲁采取了避免极端和激进的"调和主义"政略，强调在制定重大国家政策时的意见一致，这种做法有效地抑制了党内分裂。

可以说，在尼赫鲁时代，国大党高层有比较强的处理党内矛盾的能力，并形成了一套处理程序，如呼吁保持党和民族的团结，积极开展党政协调，通过劝导和调解后进行仲裁，科学评估各竞争派系实力，以便将领导权交给多数派。同时，在邦政府中给予少数派以代表权等。这些举措，最大限度地满足了党内意见极为分歧的各派追随者的要求，避免了党的内部分裂，使国大党能够持续有效地把持政权。

此外，国大党一党独大局面的形成还与反对党力量过于弱小有很大关系。在野党阵营方面，印度共产党和人民社会党组成了左翼，人民同盟和自由党组成了右翼。左翼力量和右翼力量严重对立，甚至作为左翼力量的印度共产党和人民社会党也不能合作共事。各反对党均提出一些不现实的政治纲领，想以其一党取代国大党。在前三届联邦人民院和邦立法院选举中，国大党正是利用了反对党之间的对立来分散选票，各个击破，从而轻而易举地获得了胜利。

从巅峰走向衰落

印度独立后三届联邦人民院和邦立法院选举，国大党都获得了压倒

七、印度国大党：一党独大成历史

性的胜利，这一时期的国大党无疑走向了巅峰，随后也就是从 20 世纪 60 年代中期开始，国大党便开始走下坡路。

1964 年 5 月 27 日，被誉为"印度共和国之父"的尼赫鲁不幸病逝。国大党议会党团经过紧急协调，最后选举内政部长拉尔·巴哈杜尔·夏斯特里为国大党议会党团领袖，接替尼赫鲁出任印度政府第二任总理。夏斯特里继任总理后，邀请英迪拉·甘地入阁，担任新闻和广播部长。

英迪拉·甘地是尼赫鲁的独生女，年轻时在英国牛津大学留学，1941 年回国，随即参加国大党活动，印度独立后担任自己父亲的秘书，陪同父亲访问过美、中、苏、法等国，出席每年的英联邦总理会议，还参加了万隆会议和其他国际会议，会见和接待了不少国家元首和知名人士。1955 年任国大党工作委员会和中央选举委员会委员，1956 年任全印青年国大党主席，1958 年任国大党中央议会局委员，1959 年被选为国大党主席（任期 11 个月，因照料重病的丈夫离任，1960 年丈夫病逝后重返政坛）。这段经历，使她积累了丰富的政治和外交经验，并成为尼赫鲁的得力助手。由于尼赫鲁极力反对任人唯亲，英迪拉·甘地未能参加 1962 年国大党主席的竞选。

1966 年 1 月 11 日，夏斯特里突发心脏病不幸去世，国大党在不到两年的时间里再次面临着挑选总理的困难局面。当时有意竞选总理的有两人，一位是德赛，一位是南达。德赛是国大党党内资深的政治家，尼赫鲁去世时，他就宣布要竞争总理职位，可惜败给了夏斯特里，这次他发誓决不放弃总理一职。南达此时是代总理，尼赫鲁去世他也曾任过代总理。正当德赛和南达互不相让之时，人们的眼光开始转移到英迪拉·甘地这位前总理的女儿身上。当时的国大党主席卡马拉奇全力支持英迪拉·甘地竞选。结果在国大党议会党团的选举中，英迪拉·甘地得 353 票，德赛得 169 票。就这样，年仅 48 岁的英迪拉·甘地成为印度

沉浮

共和国的第三任总理、第一位女总理和尼赫鲁家族的第二位总理。

英迪拉·甘地上台之时，印度国内外形势十分严峻。先后经历了1962年中印边界冲突和1965年印巴冲突两场战争，一年半时间里又有两任总理去世，而连续两个干旱年使农业大幅度歉收，1966—1967年度物价上涨约14%，经济面临崩溃，民众怨声载道，因民族、宗教、语言等矛盾而带来的纠纷更是此起彼伏，疲于应付。对外关系方面，印度的穷兵黩武及其与美国的公然亲近使它在不结盟运动中的威望和领导地位遭到极大削弱。在国大党内部，党内分裂严重，邦级势力迅速增长，不少地方实力派人物退党另立门户，成立各自的小党，而以卡马拉季为首的辛迪加派又在政府组阁及内外政策方面时时进行掣肘，英迪拉·甘地由此感到阻力重重，举步维艰。

面临这种处境，为挽救经济，渡过粮食危机，英迪拉·甘地在西方压力下实施了卢比贬值政策，卢比贬幅为36.5%，但此举并没有达到预期效果，反而引起了党内外许多人的指责。人们担心对美国援助的依赖会使印度丧失在外交事务中的独立性。1966年6月，印度共产党通过一项正式决议，要求英迪拉·甘地领导的中央政府立即辞职。如此一来，国大党在全国的政治影响和凝聚力开始削弱，其垄断地位发生变化。

1967年2月，印度举行第四届人民院和邦立法院选举。为了消除民众对国大党的失望情绪，第一次领导国大党参加竞选的英迪拉·甘地，在竞选宣言中特别强调，"印度国大党确定的国家建设目标是民主社会主义社会"，并许诺："最重要的是保证每个人的基本口粮，并且尽快地满足国民在食品、衣着、住房、教育和健康方面的最低限度的需要。"[1] 此次选举结果显示，国大党仍然处于领先地位，但是得票率和所获席位与前三届大选相比有很大的跌落。在人民院，国大党获得的选票占总选票

---

[1]　林承节：《印度史》，人民出版社2004年版，第462页。

数的 40.8％，比上次降低 4 个百分点，获得席位 284 个，占总席位数的
54.6％，比上次降低近 20 个百分点，这是国大党自执政以来在选举中
表现最差的一次，国大党由此丧失了在议会中的绝对多数地位。在邦立
法院的选举中，国大党也频频受挫，在全国 17 个邦中只掌握了 9 个邦
的邦政权，在比哈尔、喀拉拉、马德拉斯、奥里萨、旁遮普、拉贾斯
坦、北方、西孟加拉等其他 8 个邦没有获得立法院多数，失去了在这些
邦的执政权。

不过，尽管国大党选举成绩不佳，但英迪拉·甘地在国大党内的力
量却得到了加强。卡马拉季等人落选，国大党内强烈反对英迪拉·甘地
的力量暂时消失。大选后的英迪拉·甘地被顺利推选为国大党议会党团
领袖，并基本上按照自己的心愿组成了新内阁。为保持党内平衡，德赛
担任副总理和财政部部长。英迪拉·甘地再度出任政府总理后，从印度
发展的现实出发，采取了一系列政治经济措施，甚至是比较激进的措
施，来谋求摆脱困境。

在农业上，为根本改变长期落后的局面，实施了"绿色革命"，以
此来促进印度的粮食生产，提高粮食商品化的程度。1968—1969 年度，
印度粮食总产量达到近亿吨，大大缓解了粮食危机，促进了社会稳定。
与此同时，为进一步扭转经济发展的颓势，缓解社会矛盾，英迪拉·甘
地于 1967 年 5 月推出了十大措施：一是对银行实行社会控制，二是普
通保险业实行国有化，三是私营进出口贸易逐步由国营公司接管，四是
实行粮食的配给政策，五是广泛建立城乡消费合作社，六是采取有效步
骤遏制垄断和经济权力的集中，七是采取措施保证整个社会最低限度的
需要，八是限制个人在城市土地上的不劳而获的收入，九是进一步实行
土地改革和农村发展计划，十是废除王公的年金以外的一切特权。[1] 十

---

[1]　林承节：《印度史》，人民出版社 2004 年版，第 469 页。

沉 浮

大措施中，银行国有化、控制私人垄断资本、普通保险国有等不仅获得了国大党高层的广泛赞同，而且推行后也达到了预期的效果。

为树立自己平易近人、关心民间疾苦的良好形象，英迪拉·甘地效法父亲尼赫鲁，每天早晨都抽时间接待各地上访者，耐心听取他们的倾诉，然后在有关文件上批示督办。她尽量接触社会底层的贱民和乡村贫民，及时出现在灾区，慰问灾民，帮助解决实际困难。英迪拉·甘地的所作所为，为她赢得了良好的声誉。

1970 年 12 月 27 日，英迪拉·甘地利用自己政治声望高涨的时机，宣布解散人民院，于次年 2 月提前举行第五届大选。这是印度独立以来人民院第一次任期未满就举行下届选举，被反对党称之为是对宪法、民主的挑战，他们组成反对党"大联盟"，提出"消除英迪拉"的口号。英迪拉·甘地则将提前选举解释为希望从选民的决定性仲裁中重新获得施展政治策略的自由。以英迪拉·甘地为首的国大党执政派竭尽全力开展竞选活动，针对社会现状提出了"消除贫困"的口号。这一口号深得民心，既张扬了英迪拉·甘地不理会反对派对她个人人身攻击的气节，又迎合了广大选民最关心最急需解决自身问题的愿望。1971 年 3 月选举揭晓，在人民院 525 个席位中，英迪拉·甘地领导的国大党（执政派）获得 352 席，比 4 年前国大党未分裂时还多了 70 席，国大党（组织派）则由分裂时的 68 席下降到 16 席。这一胜利使英迪拉·甘地结束了依靠左翼党派维持少数派政府的局面，免除了后顾之忧。

选举结束后，英迪拉·甘地权势和威望大幅度上升。其实，在竞选活动期间，印度全国就掀起了"英迪拉热"，刮起了一股"英迪拉旋风"。当时英迪拉·甘地作了 6 万公里的竞选旅行，开展了 41 天的竞选活动，在 250 次以上的大规模群众集会和数百次较小的集会上发表演说，这使社会上大批农民有了第一次直接参加全国政治的经历，促进了整个社会民主意识的提高，而英迪拉·甘地本人的威望更是如日中天，

七、印度国大党：一党独大成历史

以至于印度的一些观察家认为她已经超过了她的父亲，成为印度独立以来最强势的一位总理，甚至连英国的《星期日泰晤士报》都称她为"世界上最强有力的女人"①。1971 年第三次印巴战争时，民意测验显示，93％的印度人表示坚决支持英迪拉·甘地。此时的英迪拉·甘地在印度国内的影响力达到了一呼百应的地步。正是在她强有力的领导下，印度才一举击败宿敌巴基斯坦，通过扶持建立孟加拉国削弱巴基斯坦的力量，进一步确立和巩固了印度在南亚次大陆的大国地位。

然而好景不长。在凯歌声中建立起来的第五届国大党政府，不久即陷入了内交外困的境地之中。把大选的胜利看成人民对政府实行激进政策的肯定和新的授权的英迪拉·甘地，继续推进其激进的经济改革政策，大规模的国有化浪潮一浪高过一浪，政坛上的"左"倾情绪越来越浓厚。先是通过宪法修正案扫除可能的障碍，然后是取消王公年金和特权、扩大国有化范围、推进土改和合作化等。这些措施在一定程度上为国大党树立了良好的形象，但却加重了政府的负担，如煤矿在国有化后，产量明显降低，政府不得不从国库中拨出巨款来维持。

与此同时，天灾人祸接踵而至。第三次印巴战争使军费开支直线上升，加之收容大量难民的巨大消耗，政府的财政负担不断加重。1972 年的大旱灾使全国的粮食产量大幅下降，导致粮价上涨，进而引发了物价的全面上涨。而 1973 年的国际石油价格上涨对已经捉襟见肘的印度财政来说更是雪上加霜。

面临日益严重的经济困难，英迪拉·甘地政府只好压缩投资与滥发纸币，这不仅加剧了通货膨胀，而且引发了政治动乱。仅在孟买市，1972 年至 1973 年间，就至少发生了 12000 次罢工和静坐抗议。在全国的大部分地区都出现了罢工、抗议游行和民众与警察冲突的事件，因粮

---

① *Sunday Times*，March 12，1973.

沉浮

食短缺而引发的骚乱更是遍布全国各地。学生们站在动乱的前沿，在全国来回穿梭串联。

这一切使得开局不错的"四五计划"没有办法实现。英迪拉·甘地领导的国大党政府为应对日益恶化的经济形势，不得不忘掉过去自力更生的宣言，屈尊向世界银行、国际货币基金组织申请紧急援助。援助得到了，但其条件是经济政策必须适合世界银行的胃口。英迪拉·甘地政府背上了反通货膨胀的包袱。于是从 1974 年起，印度开始采取紧缩通货政策，政府颁令限制红利分配，冻结工资，并削减政府开支，减少对私营成分的信贷，同时，大力号召提高效益，增加生产。这些措施又提高了失业率，广大民众当然更加不满。人们对国大党政府的失望情绪日益增长，"英迪拉热"也骤然降温。曾经何时，国大党"消灭贫穷"的竞选口号，给予下层民众以极大的希望，而眼前的现实却使人们怨声载道。当英迪拉·甘地小心翼翼地解释贫穷不能"一夜之间"被消除时，她的批评者抨击为"只有穷人的贫困没有被改善"。新一届国大党政府在上台两年时间里就败光了人们对它的希望和信任。

人们对国大党政府的强烈不满，给了反对党扳倒国大党的可乘之机。各反对党（除印度共产党外）组成了一场反英迪拉和国大党（执政派）的全国性运动。地方势力也趁火打劫，如在古吉特拉邦发生的骚乱，始于反对高物价和执政党的腐败行为，但很快就演变为一场如火如荼、更大范围的改革运动，人们对英迪拉·甘地的领导是否正确的质疑变成对"她统治的整个体制的合理性"的挑战。不仅如此，在社会党领导人拉杰·纳拉因的控告下，阿拉哈巴德高等法院判决英迪拉·甘地在1971 年的选举中有舞弊行为，宣布要取消她的议员资格。如果英迪拉·甘地失去议员资格，自然也就失去了总理职位。在强大的外部压力下，执政党内部的分歧加剧。

面对如此危机，毫不示弱的英迪拉·甘地非但没有辞职，反而要求

七、印度国大党：一党独大成历史

总统宣布在全印度实行紧急状态。1975 年 6 月 25 日午夜，总统签发了实行紧急状态法，26 日清晨，英迪拉·甘地召开内阁会议，告知内阁相关情况。这是印度独立以来第一次由于政局不稳而实行的国内紧急状态。人称印度现代史上"最可悲和最黑暗"的时代已经来临。在紧急状态下，短时间内就有 10 万多名持不同政见者被逮捕，其中包括几乎所有党内反对势力的头面人物和反对党的主要领袖。到 1977 年 3 月为期 18 个月的紧急状态停止时，还有 34630 人被关押在监狱里。政府又颁布了新闻管制令，实行严格的新闻检查，同时宣布禁止 26 个政治组织活动。英迪拉·甘地还让议会通过两项宪法修正案，禁止法庭受理任何有关实施紧急状态的起诉，总理在任期间，免除对总理的任何诉讼。

毫无疑问，紧急状态的实施，使国大党的执政地位受到了前所未有的挑战和冲击。两年之后在 1977 年 3 月举行的第六届印度人民院选举中，国大党果然如大家所预料的那样惨遭失败，只获得 34.5％的选票与 154 个席位（占总席位的 24.4％），内阁 49 位部长中有 34 位在议会中失去了席位，就连英迪拉·甘地本人也失去了席位。在国大党的优势选区，如北方邦、哈里亚纳邦、比哈尔邦和德里直辖区，居然一席未得。连续一党执政 27 年的国大党无可奈何地交出了政权，国大党首次成为议会中的反对党。

这之后的国大党始终游离在执政与在野之间，再也难以创造昔日连续执政多年的辉煌历史。如，1980 年 1 月在第七届印度人民院选举中，重新打出百姓牌的国大党，大获全胜，但到了 1989 年第九届印度人民院选举，国大党又一败涂地，丧失了执政地位。1991 年第十届印度人民院选举，国大党获得了接近半数的 225 个席位，勉强建立了国大党的少数党政府，并维持到任期结束。1996 年第十一届印度人民院选举，国大党只获得了 28.8％选票与 140 个席位，再次沦为在野党，直到 2004 年才重新上台执政。2009 年第十五届印度人民院选举，执政的国大党在人民院总共 543 个席位中获得 260 席，虽然没有达到单独组阁所需的 272 席，但仍是议会中的第一大党，继续执政。但到了 2014 年以后，由于国大党的整体衰落和印度人民党的全面扩张，印度政党政治进入了新时期。印度人民党在 2014 年与 2019 年连续两次大选中均获得半数以上席位，而且席位数从 2014 年的 282 个，上升到 2019 年的 303 个，得票率从 31% 上升到 37%。国大党在 2019 年印度人民院选举中只获得区区 52 个席位，在 542 个总席位中占比不足 10%。按照印度宪法规定，一个政党必须在人民院中拥有 10% 以上的席位才能成为正式的反对党。因此，目前的国大党连正式的反对党都算不上。这出乎许多人的意料，也意味着印度的政党政治正在从 20 世纪 90 年代以来的两大党制向印度人民党"一党独大"转型。这无疑是有着 130 多年历史的国大党的悲哀。

风光不再的原因与思考

国大党这个百年老党为何沦落到如此地步？国大党自己官方著作《国大党百年史》将国大党的衰落归结于英迪拉·甘地。该书作者认为 20 世纪 60 年代末，英迪拉·甘地试图将国大党从一个走群众路线的政党改组为寡头政党，直接导致了国大党失去了北部印度，特别是北方邦的政治支持，而她与党内辛迪加派的分裂则是国大党开始走下坡路的标志。其实，这一说法不够全面。认真研究不难发现，百年国大党风光不再的原因是极其复杂的。

原因之一：内外政策失误，民众日益不满，削弱了国大党的执政基础

民众的拥护和支持，是国大党长期执政的一个重要原因。同样，国大党由盛转衰、风光不再，与国大党内外政策失误，导致民众不满又有着密切的关系。国大党执政后，在外交战略上，竭力谋求南亚次大陆的地区霸权，由此直接导致了三次印巴战争和 1962 年的中印边界武装冲突。不断的战争，势必劳民伤财，节节攀升的巨额军事国防开支不可避免地影响以至破坏国内的经济建设。在国内发展上，国大党在其执政期间制定的许多社会、经济发展目标和政策，如实现社会公正和经济平等、实施土地改革以及充分就业和消除贫困等，实际上既没有真正实现，也没有认真贯彻执行。整个国营企业效益低下，农业投资严重不足，基础设施没有得到明显改善。独立后的 30 年，印度 GDP 年增长率仅为 3.5％，人民生活水平一直在低水平徘徊。具体地说：

广大农民的土地没有得到有效解决。印度是一个农业人口占主导地位的典型农业大国，据统计，农民占总人口的 75％以上。国大党执政后，曾在 20 世纪 50 年代宣布废除封建剥削的柴明达尔制度，推行"土地最高限额法"，进行土地改革，但这项法律的实施并没有从根本上触动全国农村原有的封建土地关系。到了 1979 年，国大党为了赢得新兴地主的支持，在竞选中干脆放弃土地要求。这样一来，占全国农村人口约 4.5％的地主和 10％的富农依旧占据着农村 75％以上的土地，贫苦的农民和无地的农业工人占到了农村人口的 25％以上。[1] 他们依旧过着悲惨的生活，自己的处境在独立后的印度并没有得到多大改善。

社会财富的分配严重不公。印度是世界上比较贫困的国家之一，国大党执政后，虽然历届政府都提出要缩小贫富差别，实现社会公平，并出台了十几个扶贫解困计划，但这些计划贯彻不力，收效甚微。国大党的经济改革政策，往往是中产阶级和大企业家受益，而广大下层民众的

---

① 王长江、姜跃主编：《世界执政党兴衰史鉴》，中共中央党校出版社 2005 年版，第 145 页。

生活状况没有得到一些实质性改变。据印度新闻媒体报道，全印度富人阶层约占总人口的 10%，中产阶级近 30%，50% 的人口生活在贫困线以下。① 据瑞士银行统计，印度商人、公司和政客在该银行的外汇存款高达 2.5 万亿美元，占全印度私人财富的 1/3，是印度 GDP 的 6 倍。如此悬殊的两极分化，必然导致广大民众的不满。

涉及国计民生的基础设施十分落后。国大党执政以来在涉及国计民生的基础设施建设上欠债太多，许多老百姓连最基本的水、电都用不上，医疗和教育设施也严重不足。据统计，国大党虽然断断续续执政 40 多年，但印度仍有 1.5 亿多人生活在贫民窟，有 5 亿多人没有用上电、没有使用清洁与安全的水源，有 7 亿多人没有卫生设施，有 1.3 亿多人得不到医疗服务，有 4 亿多人是文盲。② 而且印度防御自然灾害的能力很弱，每年都有数千万人遭受各种自然灾害的袭击，其中许多人无法得到及时而有效的救助。

此外，种姓教派冲突严重，社会治安状况差。印度的民族、宗教对立由来已久，情况复杂，冲突激烈，国大党执政后对这一问题一直处置不当，结果在查谟和克什米尔地区以及东北部七个小邦，长期存在暴力恐怖活动；社会上的教派、种姓、民族冲突更是从未间断，国大党领袖圣雄甘地、英迪拉·甘地、拉吉夫·甘地等均成为教派冲突的"牺牲品"，民众更是缺乏安全感。如此一来，国大党必然会逐渐失去人心和政治号召力。

原因之二：派系纷争不断，矛盾持续激化，影响了国大党的凝聚力、战斗力

党内派系斗争和不断分裂，是国大党逐渐走向衰落的另一重要原

---

① 《商业旗报》（加尔各答）1982 年 4 月 29 日。

② 王长江、姜跃主编：《世界执政党兴衰史鉴》，中共中央党校出版社 2005 年版，第 145 页。

七、印度国大党：一党独大成历史

因。前文已经说过，国大党自成立开始，党内就存在着派系斗争，有时党内斗争还十分激烈。好在党内重要领导人如甘地、尼赫鲁等，既有出色的人格魅力，又有纵横捭阖的能力，一次次消弭分歧，化险为夷，确保了党内没有出现大的分裂。

印度独立后，随着执政时间的延长，党内矛盾与斗争日益激烈。一旦遭遇危机，国大党自身就会出现大规模的党派分裂。如1963年，由于尼赫鲁政府在中印边界冲突中失利，腐败现象丛生以及严重的饥荒和物价飞涨，国大党的威信急剧下降。在实行卡姆拉季计划后，大批党的重要成员辞去政府职务，一些强有力的邦领导人，另立山头，成立新的组织。党员人数从20世纪50年代初期的1700万下降到1963年的264万。尼赫鲁去世后，不仅国大党党员倒戈、脱党现象屡见不鲜，国大党上层也出现了新的矛盾，在继任的总理人选上分歧严重。后来尽管分歧和平解决了，由夏斯特里任总理，但党内就此形成了力图操纵中央决策的地方实力派小集团，被称为"辛迪加派"，他们试图通过控制党魁来操纵政治。

1969年5月，总统胡赛因病逝世，需要选举一位新总统。在国大党内提名总统候选人时，英迪拉·甘地与辛迪加派针锋相对，各自提出自己的候选人。结果在党内表决时，辛迪加派的候选人雷迪得到多数票。在总统选举时，作为党的领袖，英迪拉·甘地没有支持本党的候选人雷迪，转而支持现任副总统吉里作为独立候选人竞选，同时，号召国大党的两院议员和邦立法院的议员不要受任何约束，只凭良心投票。结果，吉里当选。在这场斗争中，看起来英迪拉·甘地占了上风，但是，党内矛盾和积怨却越发严重，辛迪加派不肯就此罢手。他们利用其在国大党工作委员会中的微弱优势，对英迪拉·甘地实行党纪惩罚。1969年11月12日，辛迪加派宣布英迪拉·甘地被开除党籍，同时，要求国大党议会党团重新选举领袖，下决心要把英迪拉·甘地从总理位置上拉

沉浮

下来。国大党议会党团的 282 位议员中，有 220 人投票支持英迪拉·甘地，其余 62 人另行组成议会党团。由此，国大党的分裂成为事实。同年 12 月，英迪拉·甘地派在孟买召开国大党年会，选举贾·拉姆为主席。这样，国大党正式分裂。国大党英迪拉·甘地一派被称为国大党（执政派），另一派被称作国大党（组织派）。国大党（执政派）在人民院依靠印度共产党和德拉维达进步联盟等党派支持，保持了在议会中的微弱多数，但地位很不稳固。

这之后由于紧急状态的实施等因素影响，国大党又出现了多次分裂。如 1977 年，国大党内老资格领导人之一、农业部长贾·拉姆辞职并退出国大党（执政派），与一批支持者建立了民主国大党，不久加入了人民党阵营。1978 年 1 月，国大党（执政派）再次分裂成两个党，两个党都宣布自己是正宗。以英迪拉·甘地为首的一派称为国大党（英迪拉派），以雷迪为首的一派称国大党（正统派），国大党（正统派）后来改名为国大党（社会主义派）。分裂后的国大党（英迪拉派）力量有限，只有 5 名原工作委员会成员、1/3 的原全国委员会成员和 1/6 的原议会党团成员留在她的党内。国大党的 4 名邦首席部长中，只有卡纳塔克邦的乌尔斯暂时没有离党，但不久乌尔斯也加入了正统派。从此，印度政坛上出现了一个由乌尔斯领导的国大党，简称国大党（乌）；一个由英迪拉·甘地领导的国大党，简称国大党（英）。

英迪拉·甘地遇刺后，党内纷争依然如故。1987 年 7 月，拉吉夫·甘地与时任国防部部长维·普·辛格等人发生矛盾纠纷，无法调解后，拉吉夫·甘地只好将辛格等人开除出党。1995 年，以北方邦首席部长纳拉因·达特·蒂瓦里和前联邦政府人力资源发展部长阿琼·辛格为首的一批人马另立新党，导致国大党再次出现分裂。到了第二年，在第十一次联邦人民院选举中，国大党的传统地盘泰米尔纳杜邦的邦国大党主要领导人集体造反，带头抵制国大党中央确定的该邦竞选联盟，他们组织自己的竞选联盟与之抗衡，结果，国大党在该邦的 39 个席位全部丢失。正是在 1996 年这次选举中，内讧不断的国大党被多数选民冷落，得票率直接下滑，只有 28.8%，再次沦为在野党。

总之，一次次的内部斗争和分裂，消耗了领导人的精力，也严重削弱了国大党自身的凝聚力、向心力和战斗力，使其无法在激烈的党派竞争中举全党之力获取政治上的优势，并把这种优势维持巩固下来。国大党的分裂不仅表现在领导人和中央机构中，而且各邦组织也分裂出独立的，甚至对立的两个派别，这无疑削弱了其组织力量和在群众中的威望。每分裂一次，国大党就削弱一次。最终，国大党就这样被一点一点肢解。

原因之三：腐败之风兴盛，党内丑闻不断，冲击了国大党的执政合法性

权力导致腐败，绝对的权力导致绝对的腐败。要防止权力被滥用，最大程度杜绝腐败的发展，必须建立一整套有效的监督制约机制。然而，由于长期掌握执政大权而且一党独大，国大党缺乏有效监督，腐败现象频频发生也就不令人意外了。

早在国大党执政初期，腐败现象就开始出现。当时，国大党推行国家主导的混合经济发展模式，实行国家对经济的严格干预政策，这就为政治家和公务员提供了新的贪污机会，导致贪污在每一个层次上蔓延。据报道，当时人们为了接上电、买上火车票或公共汽车票，为获得别的常规便利，都必须进行贿赂，更不要说企业家和商人贿赂政治家和官僚了。到英迪拉·甘地执政时期，官员受贿、权钱交易更加肆无忌惮。正如《印度史》一书所讲的："贪婪的商人（包括外国大公司）眼睛总是盯住需要大量采购物资的主管部门和有权发包工程、有权签订贸易合同的部门，总是想方设法进行贿赂，或向掌权的政党'捐赠'，或向负责官员送礼，目的很明确，就是要获得回报，得到工程或订货的合同单。"[1]

　　筹措政党经费，是国大党腐败的又一个领地。在实行选举政治的印度，一个政党要成为执政党，一个候选人要成为议员，赢得多数选票，必须在大选中下大本钱。一般而言，提供选票和政党活动的经费是政党的外围组织，而这些组织都具有独立性，都有自己的利益和诉求。在这种情况下，政党靠感情和信念来建立和维系自己外围的支持力量是不现实的。事实上，它们更多的是靠相互利益的交易来建立和发展这种外围支持力量。政党与外围组织谋求建立一个"互惠互利"的关系：政党是各种利益组织和支持者在政权领域的利益代表者和实现者；反过来，这些利益组织和支持者是政党赢得政治权力所需要的基础力量，即保证政党在选举中获胜的"票仓"和"金库"。这样一来，政党维持和发展外围组织的关键，就在于能否最大限度地表达和实现各外围支持组织的利益与要求。从一定意义上讲，利益政治是国大党长期掌权的生命力之所在。而恰恰就是这种利益政治，成了把国大党逐渐推向腐败的动力。另一方面，作为执政党，国大党是国家政策形成和社会资源分配的核心力量。对于印度这样一个政府主导性很强的社会来说，政府制定什么样的政策以及政府对社会资源如何分配，都将直接影响到社会各阶层、各集团的利益，关系到它们的生存与发展。这样，在国大党与利益集团之间，就形成政治腐败的土壤。和其他国家一样，政治腐败的核心就是权钱交易。国大党通过出卖政治资源，获得支持，巩固政权。而印度社会中想借助政治权力实现自己利益的各种利益组织和团体则是交易中的"买方"，它们通过购买这种政治投资以便赢得更多的经济利益。这种权钱交易不断发生，使政治腐败成为印度政治的"顽症"。其实，尼赫鲁

---

① 林承节：《印度史》，人民出版社 2004 年版，第 556 页。

在世时，对自身的要求还是很严的。他有一条原则，并曾就此告诫过英迪拉·甘地，这就是永远不要在为自己的党募集资金时玷污了自己的手指头。尼赫鲁总是把这项工作交给一个杰出的领导人去干，他自己从不参与，以免产生舞弊行为。英迪拉·甘地执掌政权后，改变了尼赫鲁的做法，她把国大党当成了尼赫鲁家族的私有财产。为确保国大党在印度政坛上长盛不衰，她和她的儿子桑贾伊、拉吉夫等人不择手段地聚敛竞选经费，然后用这些经费笼络选民，买通政客，甚至收买利用锡克教极端主义分子；掌握政权后，又利用自己手中的权力大搞权钱交易，非法聚敛财富。这就不可避免地败坏了国大党的形象。

在地方和基层，国大党的腐败更是有恃无恐，在邦党组织一级甚至出现了利用黑社会势力捞钱拉选票的腐败风气。在选举中，从邦立法会成员到中央议员都利用黑钱赎买选票，国大党内能为党拉到大量黑钱的人就跃升为党的权势人物。自然，国大党政府各级权力机构和官员们的切身利益与黑钱的经济关系越来越密切，以至于对逃税和其他经济违法行为的阻止软弱无力，甚至包庇纵容，使违法者有恃无恐。

如此一来，在英迪拉·甘地执政时期，"毫无节制的腐败"成为印度执政党与反对党之间愤怒的控告与反控告的拉锯战。而英迪拉·甘地对此颇能泰然处之，见怪不怪。拉吉夫·甘地执政后，意识到问题的严重性，准备痛下决心清除党和国家政治生活中的腐败，并把廉洁政治与整顿党风联系起来，采取相关措施予以实施。正因为如此，拉吉夫·甘地获得了"廉洁先生"的美名。然而颇具讽刺色彩的是，这位"廉洁先生"也被牵扯到"博福斯"受贿案，自己有口难辩，甚为尴尬。

毫无疑问，政治上的恶性腐败极大地败坏了国大党在民众中的声誉，每逢大选民众的注意力都集中到政治腐败上，反对党更是借题发挥、借机造势，国大党执政的合法性一次又一次地受到质疑，这就直接动摇了国大党执政的合法性基础。

沉 浮

原因之四：反对党联合行动，地方性政党崛起，挤压了国大党的政治空间

印度是一个政党众多的国家。独立时就有上百个形形色色的政党和政治团体。但由于国大党是印度独立运动的主要领导力量，印度的政党制度主要是围绕着以国大党为核心、多党竞争的局面来展开。有很长一段时间，国大党一党独大的地位牢不可破。但尼赫鲁去世之后，情况开始发生变化，国大党面临着诸多在野党的挑战。

在1967年举行的印度人民院和邦立法院选举中，国大党一党支配的地位受到较大冲击，自由党、人民同盟等右翼政党势力不断上升。这些反对党深知仅靠自身的力量难以与国大党相抗衡，于是出现了联合的要求。最先是一些较小的政党采取联合行动。如1974年8月，印度革命党、自由党、统一社会党、乌塔尔国大党和其他4个小党合并建立了印度民众党。1975年在古吉拉特邦立法院选举前，从国大党分裂出去的国大党（组织派）和人民同盟、印度民众党、社会党结成"人民阵线"参选，并一举击败了国大党（执政派），组建了邦政府。1977年印度第六届人民院选举前，国大党（组织派）、人民同盟、印度民众党和社会党合并组建了新党，名为人民党，以统一的旗帜、统一的纲领、统一的候选人参加竞选。选举结果显示，人民党获得人民院542个席位中的270个，占总席位的49.8%，所得选票占总选票的41.3%。与人民党紧密合作、后加入人民党的民主国大党获得1.7%的选票与28个席位，占总席位的5.1%。两者共获得43%的选票和298个席位，组建了印度独立以来的第一个非国大党政府——人民党政府。而国大党只获得154个席位惨遭失败。人民党政府的成立标志着印度政坛多党制下国大党一党长期执政的格局在联邦一级被打破，也充分显示了联合起来的反对党的强劲实力。从20世纪80年代末开始，由于没有一个政党在人民院选举中获得单独组阁的多数席位，印度进入了或是少数派执政或是多党联合执政的时期。国大党想单独执政可谓难上加难。

与此同时，地方性政党的崛起，是当代印度政治的一大特色。自20世纪70年代中期起，地方性政党在国家政治生活中扮演的角色愈来愈重要。各地方性政党的蓬勃发展既与国大党日益衰败有关，也有其自身生存与发展的必然性。印度民族、语言、宗教、种姓的多样性是其兴旺的土壤。历史上的地区分割，独立后印度政治、经济、社会发展的不平衡以及国大党政策失误则是催化剂。地方性政党的权力基础和选举力量囿于某一特定地区，在其他地区和群众中则影响甚微。由于地方性政党主要关注本邦事务，维护本邦利益，所以深得本邦群众拥护，这对国大党的邦一级政权造成了巨大的冲击。不少观察家指出：英迪拉·甘地执政后期所面临的主要威胁不是各反对党的联合行动，而是纷纷崛起的地方性政党。当时许多邦政府由地方性政党与反对党所控制。英迪拉·甘地曾试图通过各种手段推翻这些邦政权，如策动反对派推翻印控克什米尔地区的国民会议党政府，借助邦长的力量解散在安得拉邦执政的泰卢固之乡党政府，通过武力镇压手段来对付旁遮普邦和阿萨姆邦的抗议活动等，但这些做法却引发了全国在野党和地方性政党的强烈抗议，导致国内政局在很长一段时间动荡不安。

拉吉夫·甘地执政时期，吸取了他母亲执政之时的教训，以对话和谈判代替对抗和镇压，制定反倒戈法，使倒戈问题基本得到解决，中央和地方关系也逐步得到改善。但随着国大党威信大幅度下降，昔日那些弱小的政党已达到与国大党分庭抗礼、共同角逐地方政权的地位，国大党的政治空间遭到进一步挤压，国大党的日子越来越不好过。

原因之五：印度人民党全面扩张，一党独大，抑制了国大党的进一步发展

印度人民党是1980年4月从原人民党中分立出来的，前身是1951

沉浮

年成立的印度人民同盟。印度人民党成立后迅速发展，到 1996 年就成为印度议会第一大党，成了国大党最强劲的对手。2014 年后，由于印度人民党连续两次在大选中获得半数以上席位，并将势力范围扩大到全国绝大多数地区，印度政党政治由此发生了重大变化，正在朝印度人民党"一党独大"的方向发展，国大党的发展空间进一步被压缩。如 2014 年大选时，在 189 个国大党和印度人民党直接对峙的选区（国大党和印度人民党分别排名第一或第二）中，印度人民党赢得 166 个选区，获胜比例为 88%。而在 2019 年的大选中，国大党和印度人民党直接对峙的选区有 192 个，印度人民党赢得 176 个选区，获胜比例为 92%。[①] 在国大党和印度人民党两党对峙的选区，印度人民党的得票率明显上升。

出现这种情况的原因是复杂的，归根结底还是印度人民党坚强的民族主义意识形态，以及莫迪的超强个人魅力和形象塑造。印度人民党自成立之日起，就旗帜鲜明地宣扬印度教民族主义的意识形态，即实现以"印度教特性"为基础的"一个国家、一个民族、一种文化"，具体表现在印度人民党对废除穆斯林属人法、建立统一民法典、重建阿约迪亚神庙、取消克什米尔特殊地位等问题的立场上。印度人民党认为，印度穆斯林必须接受印度教文化，否则他们只能成为这个国家的二等公民。2014 年莫迪执政以来，印度教民族主义已渗透到印度社会的各个领域。与此同时，莫迪和印度人民党又将自己包装成国家民族主义的代言人，让民众相信，只有在印度人民党和莫迪的带领下，印度才有可能真正成为"有声有色的世界大国"。正是这种不遗余力在国内煽动国家民族主义情绪，才构筑起了印度人民党和莫迪的坚强政治基础。

---

① 陈金英：《2019 年大选后印度政党政治的发展动向》，《当代世界》2019 年第 10 期。

七、印度国大党：一党独大成历史

反观国大党，在过去30年中淡化了意识形态色彩，逐步放弃了尼赫鲁式的世俗主义，只剩下在世俗主义口号下的一些空洞言论和机会主义，导致印度以公民为中心的世俗主义观念不断被侵蚀。正是由于缺乏核心的意识形态，国大党在面对印度人民党的印度教民族主义意识形态及其政治动员时，拿不出系统的应对措施，提不出一套有力的、有针对性的话语体系，以重建自己关于民族主义的解释。同时，还是由于缺少核心意识形态，国大党也难以将地方小党团结在自己的旗帜下，建立一个能够对抗印度人民党的政党联盟。

此外，莫迪本身的支持率非常高。在印度，中产阶级、工商阶层、印度教中的保守派势力以及首次参加投票的近8500万年轻人都非常支持莫迪，再加上莫迪本人的领袖魅力，他的支持率更高。而国大党目前已找不出与莫迪相抗衡的人物。国大党领袖拉胡尔·甘地虽然出自显赫的印度政治世家，但他的个人魅力远比不上莫迪，他所在的政党也没有提出太多吸引选民的政策，自然难以撼动莫迪的地位。正因为如此，今后很长一段时间，印度人民党一党独大的局面不会改变，国大党的发展还会进一步受到抑制。

当然，从圣坛上掉下来并不意味着国大党的崩溃。前车之覆，后车之鉴。国大党由一党独大到风光不再，的确有许多教训值得我们吸取，有许多问题值得我们思考，尤其是在坚持全面从严治党的今天。

思考之一：一个政党要保持强大，必须适应形势的变化及时调整政策

从政党政治发展的角度看，党的建设的一个重要目的，就是适应政党政治的要求，赢得选民的认同和支持，进而在政治竞争中赢得选举。但民众的认同不是一成不变的，而是随着政治环境的变化而不断变化。发展中国家在现代化变迁中，社会利益呈现多元化趋势，政治、经济体制改革继续深化，社会生态环境的迅速变化向政党政治提出政治变革的要求，执政党如果不能适应形势的变化，势必影响到其在民众中的信任度，最终丧失执政机会。

就国大党而言，20世纪前期，为摆脱英国殖民统治、争取民族独立，国大党领导印度人民进行了长期不懈的斗争，赢得了人民的拥护和支持，国大党力量不断壮大，不仅成为民族独立运动的中坚领导力量，而且在印度独立后自然而然地成了执政党。但执政后尤其是一党独大局面形成后，国大党对印度整个社会形势的变化发展判断不够准确，其自我调节功能出现了诸多问题。

其实，印度是在传统的社会结构的基础上，引来的西方议会民主模式。从实际情况看，印度的社会发展变化落后于政治制度，其议会民主模式并不完全适应其自身的传统。而20世纪70年代以来，印度社会政治又发生了许多深刻变化，其中三大变化尤为突出：一是印度教民族主义思潮的兴起。以中产阶级为代表的印度教民族主义者认为国大党的社会主义未能消除本国贫困，也未赢得印度应有的大国地位，于是主张振兴印度，建立基于印度教思想和文化的独立国家；鼓励在私有经济基础上的快速发展；发展以核武器为主要威慑手段的强大国防力量；实行真正不结盟的自主外交政策。这股思潮在占人口80.5％的印度教徒中颇有市场。迎合这一思潮建立的印度人民党很快成为国大党最有力的挑战者。的确，在一个多民族、宗教的国度里，作为一个成熟的执政党必须高度重视民族与宗教问题，应制定行之有效的政策，缓解彼此的矛盾纠纷，使各族民众、各教信徒和平共处，同谋发展。但国大党未能正确处理印度教与其他教派的矛盾，结果既引发了穆斯林、锡克人等少数教派的不满，又未能继续保持印度教徒的支持。二是印度政治多元化的出现。随着生产力的提高和社会的发展，一批代表地方利益的政党产生并逐渐壮大，与此同时，受益于20世纪60年代末"绿色革命"的低种姓阶层也建立了一批代表其利益的政党，此外代表广大印度教徒利益的印度人民党来势凶猛，这些后起政党都在很大程度上挤压了国大党的"政治空间"。围绕社会多元化的权益斗争常常以民族矛盾、宗教冲突形式表现出来。国大党和其他政党一样，在大选中充分利用民族、宗教、种姓力量争夺选票和扩大势力，却没有根据社会政治、经济、文化的发展和阶级、阶层的演变调整政策，从而削弱了党的民众基础。三是多党联合政治的出现。20 世纪 70 年代初，印度国内联合政治已萌发，发展到后来，任何大党要执政必须联合地方小党。而国大党对联合政治的发展趋势意识不强，丧失了许多机遇。由此可见，一个党要保持强大，就需要适应不断发展变化的形势，及时调整政策，否则历史再悠久，执政时间再长，也无济于事。

思考之二：一个政党要保持执政地位，最重要的是发展经济和为民造福

经济基础决定上层建筑，经济的发展是解决包括公平问题在内的一切社会问题的物质基础。执政党的命运同执政党能否发展经济、不断提高人民的生活水平紧密相关。正因为如此，发展经济是执政党保持执政地位的首要政治任务。但仅发展经济还不够，还需要使经济发展的成果为广大民众所享有，这也就是为民造福的问题。只有经济发展了，民生改善了，广大民众生活水平与生活质量提高了，才能有效地调动各方面的积极性，确保社会的稳定与执政党执政地位的稳固。

就国大党而言，其执政时期最大的失误就是经济没有搞上去，老百姓的生存状况没有得到改善，消灭贫困和实现工业化的目标没有实现。其实，印度独立后，执政的国大党就把发展经济和促进社会公平作为孜孜以求的目标。尼赫鲁执政 17 年，为了实现这一目标，兢兢业业，坚韧不拔，采取一系列政策措施，如公营经济占领制高点，对私营经济实行管制，限制资产的增长，等等，但是效果并不明显。整个国家经济增长速度慢，特别是农业严重滞后，贫富差距依旧，下层人民的生活没有大的改善。

英迪拉·甘地掌权后，下决心在政策上进行新的调整，以激励民心，争取更多群众回到国大党的旗帜下。除了实行绿色革命，尽快解决缺粮问题外，她把实现社会公平摆到更突出的位置上，提出了对银行实行社会控制、普通保险业实行国有化等"10点计划"，并排除干扰，大力施行，初步结果甚得民心。1971年3月第五届人民院提前选举，英迪拉·甘地乘势而上，提出"消除贫困"的口号，国大党大获全胜。第五届国大党政府组建后，英迪拉·甘地进一步推行以社会公平为主旨的激进政策，甚至将国有化方针扩大到贸易领域，对小麦批发贸易实行国营。然而，1973年后经济政治形势骤然恶化，其原因之一，就是一系列国有化措施带来的不是这些部门经营的改善，相反有些部门效率更低，政府每年都要从国库中拨出巨款维持收归国有的病态企业，人们的生活状况依然如故，有的甚至还恶化了，"消除贫困"的口号成为笑柄。这是导致国大党后来丧失执政地位的重要原因。

由此可见，发展经济和为民造福是何等的重要。作为执政党一定要正确处理效率与公平的关系，既要大力发展经济，不断增加社会财富，又要人民至上，坚持以老百姓的根本利益为出发点和落脚点，正确处理大多数人的共同利益与不同阶层的具体利益的关系，更加关心经济社会地位下降明显的群体，维护他们最现实、最关心、最直接的利益，通过采取各种切实可行的措施，使他们的生活有保障，经济状况有改善，这样才能赢得广大老百姓的拥护，才能有效化解社会矛盾，进而巩固自己的执政地位。

思考之三：一个政党要有大发展，就要不断提高自身的建设水平

任何政党要想有大发展，首先就要从自身抓起，全面提高党的自身建设水平，只有这样，党才能永远保持强大的生命力、凝聚力和战斗力，才能赢得越来越多人的支持和拥护。但就执政党而言，往往由于执政时间长了而放松了对自身的要求，最后导致问题成堆。国大党由盛转衰就充分说明了这一点。

在领导印度民主运动中，国大党对自身的要求是严格的，印度独立后，尼赫鲁在国大党的自身建设尤其是党内民主建设、党的作风建设等方面也下了很大的功夫。国大党能够在印度独立后很长一段时间保持一党独大的局面，与其自身建设的加强有很大关系。但是，尼赫鲁去世后，国大党内部矛盾日益突出，党的自身建设水平日益下降。如此一来，以前的党内民主选举一度中断，协商一致的原则遭到破坏，党的领袖专权、武断越来越严重，而党内宗派林立、争权夺利又直接导致了党的分裂。与此同时，由于缺乏监督与制约机制，一党独大的国大党难以遏制腐败的滋生蔓延，这又使得党的肌体受到严重损害。在这种情况之下，国大党自然不可能维持长期执政的局面。

的确，政党是推进民主政治的工具。党内民主是政党自身发展的内在动力。就执政党而言，党内民主建设是实现与民众沟通的重要渠道，是提升政党形象、增加政党吸引力的重要手段。随着现代民主政治的发展和民众参政意识的增强，民众不但要求实现国家的社会民主，也对执政党民主提出新的希望和要求。因为执政党的党内民主与国家的社会民主具有强烈的关联。作为执政党，一定要扩大党员的直接参与，充分发挥党员的主体意识，实现决策民主化、科学化。与此同时，还必须对权力进行有效监督和制约，既要建立和强化党内监督约束机制，又要建立国家和社会的权力制约监督机制。只有这样，才能有效遏制腐败，保持自身的良好形象，才能赢得广大民众的支持和拥护。

八、美国民主党与共和党：
"驴象之争"两巨头

八、美国民主党与共和党："驴象之争"两巨头

19 世纪 70 年代，美国《哈泼斯杂志》先后刊登了政治漫画家托马斯·纳斯特的两幅漫画，分别以长耳朵的驴和长鼻子的象比拟民主党和共和党。后来，托马斯·纳斯特又在一幅画中同时画了驴和象，比喻 1900 年的美国两党竞选。画中，这两种动物分别坐在以白宫为支点的跷跷板的两端，忽上忽下，极富讽刺意味。未曾想到漫画问世后，民主党和共和党却欣然接受了这两种动物。民主党认为驴子其实是既聪明又有勇气的动物，共和党则认为大象代表了尊严、力量和智能。从此以后，驴和象就逐渐成了民主党和共和党的象征，两党分别以驴、象作为党徽的标记。每到选举季，海报和报纸铺天盖地出现驴和象的"光辉形象"，竞选的会场上也时常出现充气塑料做的驴和象。正因为如此，后来人们干脆用"驴象之争"来形容美国的两党政治。

其实，美国并非只有民主党和共和党这两个政党，还有许多其他政党，但这些政党力量弱小，无力挑战民主党和共和党的巨无霸地位。如此一来，美国便成了典型的两党制国家，民主党和共和党长期轮流执政，操纵国家政权，控制国家机器。这种压倒性的权力垄断地位，基本上断绝了两大政党之外其他政党的参政机会。不过，准确地说，美国并不是两党专政，而是资产阶级专政。无论是民主党还是共和党，本质是一样的，都是资产阶级政党，都代表资产阶级利益。其中民主党主要代表资产阶级偏下层，共和党主要代表资产阶级偏上层。在意识形态方面，民主党倾向于自由主义，共和党倾向于保守主义。正因为如此，两大政党之间也有分歧和争论，有时争论还十分激烈，但这种"驴象之争"并不是政策目标的分歧，只是实现资产阶级专政的手段不一样而已。因此，研究美国政党政治，有必要把民主党、共和党这两大政党放在一起研究。

追根溯源：两大政党由来

美国早在殖民地时期，就出现了所谓的"辉格党"和"托利党"，这实际上是英国辉格与托利两党在形式与意义上的延伸与扩展。当时殖民地内部的矛盾和与之相关联的与宗主国之间的冲突，大都被打上了这两党斗争的烙印。不过，这两党并不是有纲领、有章程、有组织的政党，仅仅是人们对亲英分子和反英分子的通称。与之相类似的还有联邦派与反联邦派。

联邦派、反联邦派与美国新宪法制定有关。1776 年北美宣布独立后不久，第二届大陆会议（北美 13 个州的代表会议）着手起草全国宪法——《邦联和永久联合条例》，简称《邦联条例》。1777 年 11 月，大陆会议通过了《邦联条例》。这部条例是北美殖民地筹建 13 个新州统一政府的第一个正式文件。1781 年 3 月，经北美 13 个州批准正式生效。根据该条例，美国建立了邦联政府，但邦联政府仅具有各州联盟的性质，权力十分有限，而各州则享有征税、征兵和发行纸币等权力。

为了维持稳定的统治秩序，有效应对国内外复杂局面，保护国家利益与主权，美国统治者急需建立一个强有力的中央政府。为此，邦联国会于 1787 年 2 月邀请各州代表到费城召开制宪会议，修改《邦联条例》。经过长时间的秘密讨论，会议决定重新起草一部宪法，以取代《邦联条例》。1787 年 9 月会议通过了新的宪法草案——《美利坚合众国宪法》，交由各州批准。1789 年 3 月，美国第 1 届联邦国会宣布新宪法正式生效。从此，美国由邦联制变更为联邦制。

在是否批准新宪法的争论中，出现了联邦派与反联邦派。前者拥护

八、美国民主党与共和党："驴象之争"两巨头

新宪法，赞成建立联邦，后者不同程度地持反对意见。[①] 不过，这两派同样没有形成正式的政党，而且在新宪法被各州相继批准后很快就消失不见了。

美国有组织的全国性政党，是在联邦政府成立后伴随美国政治制度的确立而逐渐形成的。在美国初创时期，包括乔治·华盛顿在内的政治精英们对党派大多持反对态度。华盛顿从未参加过任何政党，并公开表示不希望看到任何政党的组建，认为政党会损害国家的民主及个人的自由，使美国变为一个独裁的国家。在自己两个总统任期即将结束时所发表的那篇著名的《告别辞》演说中，华盛顿指出："各党派总是在涣散人民的议会，削弱政府的行政机构。它以毫无理由的嫉妒和虚假的警报使社会动荡不安，它向外来势力和腐化敞开了大门。"[②] 与华盛顿一样，其他一些有影响的政治精英们也都认为党派对整个联邦是有害的，因为党派代表着"邪恶""阴谋"和"欺骗"。他们觉得在一个和谐的联邦里面，不应该存在任何党派纷争，党派的存在是良好美德价值所不齿的。

正因为开国之初的舆论普遍反对建立政党，美国第一届总统选举没有任何政党力量参与其中。在这次选举中，全部 69 位选举人一致投票推选乔治·华盛顿担任总统，获得 34 票的约翰·亚当斯当选为副总统，其余 35 票分散到参选的 10 位候选人手中。同样，第一届国会议员的选举也表现出这种无政党参与的特点。

但是，随着政治、经济、文化诸多因素错综复杂地交织在一起，美国统治者内部的纷争甚至冲突不可避免地出现了。当时，在宪法解释、联邦与各州权限，以及公债、设立国家银行等问题上，统治者内部发生

---

① 陈其人、王邦左、谭君久：《美国两党制剖析》，商务印书馆 1984 年版，第 6 页。

② 聂崇信、品德本、熊希龄译：《华盛顿选集》，商务印书馆 1989 年版，第 317 页。

沉浮

了严重分歧。其中，华盛顿内阁财政部部长亚历山大·汉密尔顿与国务卿托马斯·杰斐逊是激烈斗争两派的核心人物。

汉密尔顿和杰斐逊两个人的成长背景完全不同，前者出生于北方上层阶级，后者是南方种植园主的后代。他们对于国家的看法大相径庭。当时，汉密尔顿从维护国家信用的角度出发，主张以联邦政府的名义发行长期债券。1790 年 1 月，汉密尔顿将此项财政计划提交国会，立即在国会议员中引起分歧与冲突。首先是联邦权与州权之争，其焦点是收税的权力应交给联邦还是应为各州所保留。其次是不同经济利益之争，战争债券的原始持有者大多数为农民、退伍士兵和小产业者。他们在战后困难时期将所持有的债券低价转让给北方一些投机商人。政府的债券偿还计划中只照顾现有持券人的利益，而未考虑原始持有者，从而使投机商人从中渔利，而那些真正为战争做出贡献的穷人们的利益却遭到忽视。再次是地区之争，由于北方的债券持有者多于南方的债券持有者，使得此计划有偏袒北方各州之嫌。虽然在汉密尔顿的多方斡旋之下这一计划最终通过，国家信用得以重建，美国成功融入欧洲市场，商贸和经济快速发展起来，但此计划的负面影响也不可忽视。它使部分投机商人获得暴利，并使腐败问题滋生，反对派力量以此为契机迅速聚集。在汉密尔顿提出第二项财政计划，即建立国家银行时，遭到了以杰斐逊为首的反对派的强力抵制。

总统华盛顿在汉密尔顿与杰斐逊的矛盾当中起初保持中立，但他的决策却慢慢偏向汉密尔顿。这些矛盾使得国会分裂成两个派别，进而出现两个政党：北方的州大部分支持汉密尔顿，南方的州大部分支持杰斐逊。国会议员的分歧通过选举渗透到选民当中，选民与自己所支持的代表分别形成两个分支：一方是以汉密尔顿为首的联邦党，另一方是以杰斐逊为代表的共和党。

1792 年，共和党改称民主共和党，又称反联邦党。反联邦党主要

八、美国民主党与共和党："驴象之争"两巨头

代表南方种植园主、西部农业企业家和北部中产阶级利益，主张从严解释宪法，保留各州的主要权力，反对建立国家银行及实行高关税，积极发展与法国的外交关系。汉密尔顿领导的联邦党是代表当时东北部商业集团和债权人利益的一个松散的政治联盟，主张对宪法从宽解释，加强联邦权力，建立国家银行，实行高关税，加强与英国联系。

1796 年，已任两届总统的华盛顿宣布不再参加下届总统选举，美国历史上出现了首次政党竞选总统。最终，联邦党推举的约翰·亚当斯当选。联邦党人掌握的政府奉行亲英的外交政策，在经济上推行设立国家银行、由联邦政府偿付国债、征收高额进口税等有利于大资产阶级、刺激资本主义发展的政策，但这些政策毫无疑问遭到了民主共和党的反对。

1800 年美国大选中，民主共和党领袖杰斐逊当选总统。此后，民主共和党保持了较强的政治影响，连续 24 年占据总统职位。在民主共和党执政期间，美国于 1812—1814 年进行了第二次反英战争。这次战争胜利后，联邦党由于其亲英政策的失败而瓦解。这样，美国历史上出现了民主共和党一党统治的政治局面，这就是 1816—1824 年所谓的"和睦时期"。

然而，党外无党，党内就要分派。对立党派的消失加速了民主共和党的党内分裂。和睦时期开始不久，民主共和党就分裂成两大派：一派主要是原联邦党的继承者，他们集中在北部，自称"青年共和党人"；另一派是以杰克逊为首的"老派共和党人"，仍自称民主共和党。1824 年，美国新一届总统选举，几名总统候选人都没有获得超过半数的选举人票，遂由众议院复决，结果青年共和党人约翰·亚当斯当选。此后，民主共和党公开分裂，青年共和党改称国民共和党，以杰克逊为首的民主共和党在 1828 年总统大选中简称为"民主党"，并在 1840 年召开的第三次全国代表大会上正式命名为"民主党"，该党名称一直沿

沉浮

用到现在。

杰克逊的民主党在主体上继承了杰斐逊的政治传统，但实行了更为民主的政治。杰克逊大力拓展所谓的"普通人"自由，坚定支持领土扩张，要求排除联邦政府或国家银行那样的金融垄断的干扰，反对高利贷资本。如此一来，该党得到了包括西南部新兴植棉种植园主和旧南方种植园主、西部边疆的农业垦殖者、纽约的商业集团、北方城市工人和城市贫民等支持，迅速发展壮大起来，在1828年到1860年间，它是美国举足轻重的大党，曾5次获得总统选举的胜利。杰克逊本人在1828—1836年连续两届就任美国总统。

1834年，国民共和党分子克莱等人标榜反对杰克逊政府的"独裁暴政"，与某些反杰克逊势力结合起来，以英国自由派自居，改组国民共和党，成立"辉格党"，辉格这一名称取自英国反皇室特权的政党。该党追求的目标是建立强大的联邦政府，拥护联邦政府对经济和社会事务的干涉；建立美国国家银行；实行保护性关税；废除奴隶制或至少限制奴隶制扩大到新州。该党力量的核心部分是受商业化农业和工业化影响最大的地区，如新英格兰，以及西部的北方地区，即所谓的老西北地区。其社会基础主要是北部和西北部从商业化发展中得益的工商业者，以及同他们关系紧密的南部种植园主和金融资产者。

由于辉格党顺应了美国政治经济发展的大方向，因而其力量和影响不断增强，并在1840年和1848年两次总统大选中获胜，在国会中也取得了主导地位，进而成为全国性的主要政党。虽然在1836年和1852年大选中辉格党落败，但却分别获得了49.1%的选举人票和44.1%的选民票，产生了较大影响。

这一时期，由于争夺西部土地，北部雇佣劳动制与南部种植园奴隶制的冲突日益尖锐化。资产阶级中的一些先进分子，要求废除和禁止奴隶制。1848年他们成立了自由土地党，提出"自由土地、自由言论、

八、美国民主党与共和党：“驴象之争”两巨头

自由劳动、自由人民”的政治口号，坚决反对奴隶制向新的还未开垦的土地扩张。但南部奴隶主势力强大，他们在联邦政府中一再通过立法手段，实现扩充蓄奴州的阴谋。

1854 年，在关于新建立的堪萨斯州是否为蓄奴州的问题上，爆发了堪萨斯内战①以及美国各个政党的分裂和重新改组。内战中代表工业资本家的北部辉格党人、自由土地党人以及其他废奴主义者组织联合起来，于 1854 年 7 月 6 日在密歇根州杰克逊市的一次集会上成立了共和党。共和党在理念上融汇了很多其他党派的思想，兼容了本土主义、自由土地、西进扩张主义、辉格价值观等综合价值追求，具有广泛的兼容性和普遍的感召力，成为北部工业资产阶级、中产阶级、工人、北部西部小农和废奴主义者的广泛联盟。它与民主党对立，把反对南方奴隶制的政治势力基本招至自己麾下。而南部辉格党人却转向了民主党。这样，经过分裂和改组，民主党完全成为南部奴隶制种植园主阶级的代表。

在 1854 年之后的四年中，共和党在北方各州取代了辉格党成为民主党的主要对手。虽然它未能在 1856 年总统大选中获胜，但在 1860 年大选中，共和党候选人林肯在北方 18 个州获得 180 张选举人票和近40％的选民票，成功当选总统。

林肯就任总统后，南部奴隶主决定进行武装叛乱，南部 11 州相继宣布脱离联邦，于 1861 年 4 月组成南部联盟。林肯政府领导了维护联邦统一的国内战争。南北战争的结果，先进的北部资本主义工业战胜了落后的南部奴隶制种植业，奴隶制被废除了。在这场战争中，民主党由

---

① 1854 年，美国国会接受堪萨斯州和内布拉斯加州加入联邦，准许两州居民自行决定该州是蓄奴州还是自由州。南部奴隶主为了在新州强制实行奴隶制度，组织武装匪徒进入这两个州，从而引发废奴主义者坚决反抗，于是爆发了堪萨斯内战。后在联邦国会和联邦军队的干涉下，直到 1858 年 8 月才得以平息。

于代表反动的奴隶主阶级的利益，采取维护奴隶制的立场，对抗社会进步的潮流，丧失了对人民群众的影响，一蹶不振。而新起的共和党代表了经济上强大的工业资产阶级，并由于其在内战中的表现，在人民群众中建立了威信。这样，从南北战争开始，美国出现了共和党连续执政24年的局面。

从联邦党、共和党，到联邦党、民主共和党（反联邦党）；从国民共和党、民主党，到辉格党、民主党，再到共和党、民主党，随着政治、经济、文化的发展，美国各种政治力量此消彼长，众多党派在复杂的纷争中不断分化组合，最终形成了民主党与共和党这两个占垄断地位、具有决定性影响的政党。

轮流执政：两大政党发展

从 19 世纪 60 年代开始，民主党、共和党这两大政党在美国选举中，一直占有绝对的优势，垄断着从总统职位到国会中的 99％以上的议席，由此开始了这两大政党轮流执政的历史。与此同时，为了赢得选举，民主党、共和党这两大政党都在不断调整其内外政策与选举策略，以适应激烈的选举环境与不断发展变化的新形势。

谈起两大政党的发展，还要从南北战争说起。南北战争是美国历史上一个重要的转折点，解决了自 1776 年以来一直困扰全美的奴隶制问题，确立了美国公民首先是美国的国家公民，其次才是各州的公民的原则，美国也由松散的联邦开始变为一个真正意义上的统一国家。在战争中民主党、共和党这两大政党都经历了巨大考验。战后，随着全国经济的一体化发展，两大政党的性质均发生了根本性变化。

就民主党而言，南北战争彻底摧毁了南方的奴隶制度，北方的资本主义工商业经济模式开始向南方延伸，旧奴隶制种植园主逐渐转化为资

八、美国民主党与共和党："驴象之争"两巨头

本主义农场主或工厂主，奴隶主作为一个阶级已不复存在。由于民主党在南方具有传统的影响和广泛的社会根基，以及战争给奴隶主阶级造成的创伤，战后新型的资产阶级大都趋附于民主党。民主党南部势力由内战前的奴隶主阶级的政党演变为资产阶级的政党，具有浓厚的资本主义色彩。就共和党而言，战前共和党是由各阶层组成的反奴隶制政党，在摧毁南方奴隶制后，也变成了利益更加趋于一致的政党，一个纯粹的资产阶级政党。

当然，南北战争进一步提高了共和党的地位。当时共和党以民族救星自居，在与民主党的竞争中占据明显优势，一直执政至1885年。其中共和党人格兰特曾任两届总统（1869—1877）。格兰特在任总统期间，同南方奴隶主妥协，1872年赦免南方叛乱领袖，1877年撤销对南方的军管。不过，在他任职内，也发生了共和党政府买卖官职、贪污舞弊的丑闻，引起民众不满，再加上1873年与1882年发生两次经济危机，共和党渐渐丧失了原先建立起来的威信。民主党正是利用民众的失望和不满，在1884年总统选举中获胜。

1885年民主党人克利夫兰就任美国总统，虽然他对共和党人进行"清洗"，在联邦政府12万共和党的公务人员中，撤换了其中的2/3，但却继承了共和党的基本政策。他进一步集中和加强国家权力，改组各州民兵为常备军，制订庞大的海军建设计划，袒护和支持铁路公司的舞弊行为，尤其是残酷镇压1886年的工人大罢工，激起了广大民众的反对。这样在1888年大选中，共和党人哈里逊赢得了胜利。

哈里逊在任期间签署了三项重要法案，即《麦金莱关税法》《谢尔曼购银法》与《谢尔曼反托拉斯法》。关税法规定把关税平均提高约50％，以满足一些资本家集团的利益；购银法规定由财政部每月收购450万盎司白银，铸造银币，调和不同资本家集团之间的利益；反托拉斯法声称由政府出面限制资本家垄断组织的活动，以缓和广大民众对大

公司的不满情绪，但却把工会组织说成垄断组织，以反垄断为名，限制和剥夺工人群众的罢工权利。

哈里逊这些举措，带来了不少负面影响。民主党人利用关税问题大做文章，捞到了大量选票，曾担任过总统的民主党人克利夫兰在1892年再次当选为美国总统。此时美国爆发了严重的经济危机，克利夫兰上台后以应对经济危机为名，废除了《谢尔曼购银法》，以维护东部大工业家、大银行家的利益。在关税方面，他把税率平均降低37%，对羊毛、木材、钢材等实行免税进口，但对糖、煤、铁等却保持高额保护关税。同时，对工人和其他劳动群众进行的争取改善生活与谋求就业的斗争，克利夫兰政府全力镇压，如出动军队镇压普尔曼工人大罢工与进军华盛顿的失业者。这样，到1896年总统大选时，克利夫兰已声名狼藉。共和党乘机赢得了大选，《麦金莱关税法》起草人麦金莱当选为新一届美国总统。

从麦金莱当总统开始，一直到1912年，共和党人一直连续出任四届总统。1901年麦金莱连任总统不久即遇刺身亡，由西奥多·罗斯福（即老罗斯福）继任并于四年后连任，1909年上台执政的是塔夫脱。在这16年中，几届共和党政府基本上都实行了高税率关税政策，其中麦金莱在任期间签署的《丁格列关税法案》，比以前的《麦金莱关税法》的税率提高了25%。这些政策虽然遭到了一些资本家集团的反对，但塔夫脱在任期间仍然否决了3个降低关税税率的法案。西奥多·罗斯福的突出"政绩"是所谓的"反托拉斯战"。他虚张声势地向一些托拉斯组织起诉，目的是缓和民众对垄断组织的不满，借以捞取资本。实际上，他本人是反对禁止托拉斯，赞成垄断组织发展的。

在这几届共和党政府时期，随着美国由自由资本主义向垄断资本主义即帝国主义过渡的完成，美国对外走上了侵略扩张的道路。1898年美国发动美西战争，夺占了西班牙殖民地菲律宾、波多黎各和关岛，同

八、美国民主党与共和党："驴象之争"两巨头

年总统麦金莱签署一项法案，正式吞并夏威夷；1899 年美国提出对中国的"门户开放"政策，承认列强在中国的势力范围，要求美国在一切势力范围内与列强"利益均等"；1900 年美国参与八国联军侵华战争，镇压中国的义和团运动；1903 年美国策动巴拿马独立，攫取修筑巴拿马运河的权利。后来，塔夫脱总统又提出所谓的"金元外交"，即以资本输出作为辅助手段的侵略政策，主张外交应成为扩展美国贸易的工具。不过，这一时期共和党内部的斗争也很激烈。如 1909 年通过的《潘恩—奥尔德里奇法案》设置了美国建国以来的最高关税率，引起了民众的强烈反对，随后共和党出现分裂。在 1912 年总统选举中，民主党人威尔逊以"新自由"为口号，轻而易举地击败了意欲连任的塔夫脱和代表进步党①竞选的老罗斯福。

民主党重新执政后，一方面适应美国资本主义发展早已超过其他国家的实际，取消了保护关税政策，并建立联邦储备银行，同时采取了一些新的策略，如限制法院颁布禁止罢工命令的权力、将反托拉斯法系统化、规定铁路工人 8 小时工时等，以缓和社会矛盾。这个时候第一次世界大战爆发。1916 年，威尔逊以美国不参加战争为口号竞选连任成功。但第二年，威尔逊就宣布美国参战，1918 年美国又参加了干涉苏维埃俄国的战争。第一次世界大战结束后，威尔逊还亲赴法国参加所谓的巴黎和会，并发起组织国际联盟。

1920 年，美国发生经济危机，在此背景下进行的大选使共和党人哈定笑到了最后。虽然共和党把反对参加国际联盟作为其竞选政纲之一，但从哈定开始的三届共和党政府都积极推行了与其他帝国主义国家

---

① 进步党又称"雄麋党"，是美国前总统老罗斯福在 1912 年共和党总统大选党内初选中败给现任总统塔夫脱后成立的，系美国第三党运动组织，成员主要是受老罗斯福领导的一批共和党人，采取进步主义和民族主义立场。1912 年老罗斯福总统选举受挫后，进步党支持度迅速下滑，1920 年消失。

沉浮

争夺霸权、扩张美国利益的政策。如通过 1921 年的华盛顿会议拆散英日同盟，扩大了美国在远东的权益；通过支持蒋介石，进一步确立了美国在中国的优势地位；通过道威斯计划、扬格计划，大力扶植德国军国主义与法西斯主义，为美国渗入欧洲的目的服务。

哈定任职仅两年就因病去世，副总统柯立芝接任总统。随后柯立芝竞选连任成功。柯立芝执政时期（1923—1929 年）正是美国繁荣之时。当时英、法、德等国刚经历第一次世界大战，经济处于停滞或恢复状态。美国抓住机遇，通过技术革新、固定资本革新和企业生产及管理的合理化，向欧洲大量出口商品，而柯立芝政府采取的自由放任的经济政策，不干涉工商业发展的做法，又进一步促进了美国经济的迅速发展与高涨。到 1929 年，美国在资本主义世界工业生产的比重达到 48.5％，超过了当时英、法、德三国所占比重之和。不过，生产和资本的进一步集中也加深了资本主义社会的固有矛盾，孕育着新的危机。

1928 年共和党推出胡佛为总统候选人，以"巩固和延长繁荣"为口号，赢得大选胜利，继续共和党执政。然而，胡佛上台不久，一场席卷整个资本主义世界的经济危机首先在美国爆发。面对这场危机，胡佛政府束手无策，经济大萧条持续多年，阶级矛盾异常尖锐，到 1933 年总统大选时，胡佛政府威信扫地，资本主义制度也面临崩溃的危险。在这种情况下，主张社会改良的民主党人富兰克林·罗斯福当选总统。

这是民主党人在时隔 12 年之后，再次入主白宫。为摆脱危机，挽救资本主义制度，罗斯福政府实行政府干预经济的"新政"，其核心就是救济、复兴和改革。救济主要针对穷人与失业者，复兴则是将经济恢复到正常水准，改革主要是针对金融系统以防止再次出现大萧条。新政使垄断资本家获得大量利润，同时也减少了一些失业，缓和了社会矛盾。后来，罗斯福又领导美国参加了第二次世界大战。由于实行新政和领导战争，罗斯福破例连续四次当选美国总统。也正是在罗斯福的领导

八、美国民主党与共和党："驴象之争"两巨头

下，美国确立了在资本主义世界的霸主地位。

1945 年 4 月罗斯福逝世，杜鲁门继任总统，并于 1948 年连任。杜鲁门政府基本上继承了罗斯福的资产阶级改良主义的社会经济政策，提出所谓"公平施政"纲领，宣称修建公共住房、清除贫民窟、实行老年医疗保险和教育补助、实现不分肤色种族的公平就业等。在对外方面，实行杜鲁门主义、马歇尔计划和"第四点计划"，积极巩固和扩大美国的势力范围和霸权，而且支持蒋介石发动内战，后来又发动侵略朝鲜战争。侵朝战争失败，使杜鲁门及民主党声望大跌。

1953 年 1 月，艾森豪威尔就任总统，这是共和党历经 20 年在野后首次上台。艾森豪威尔政府反对扩大社会福利计划，拒绝工会提高工资要求，拒绝扩大住宅建筑计划，将墨西哥湾浅滩油田和国有水电站、公园、森林等转让给私人资本家经营。在对外政策方面，一方面被迫在朝鲜停战协定上签字，另一方面实行所谓的"实力地位"政策、"战争边缘"政策和大规模报复战略，极力维持美国的霸主地位，并在 1957 年 1 月推出艾森豪威尔主义，力图把英法势力挤出中东取而代之。

艾森豪威尔任职 8 年间，共发生了三次经济危机，1960 年总统大选就是在经济危机中进行的。民主党再次提出要由政府更积极地干预经济，许诺扩大就业，发展社会福利，并以"新边疆"为口号。结果年仅 43 岁的肯尼迪当选总统。1963 年 11 月，肯尼迪遇刺身亡后，副总统约翰逊继任。肯尼迪、约翰逊政府实现了杜鲁门提出而未能实现的一系列社会福利立法，实际上是"新政"式的资产阶级改良主义政策的继续。在对外方面，加紧扩军备战，镇压各国发生的解放运动和进步运动。如直接组织雇佣军入侵古巴、刚果（利）、多米尼加等，尤其是 1961 年发动了侵略越南的战争，遭到了世界爱好和平的国家和人民的强烈反对，并造成了美国国内阶级矛盾的激化，民主党的 8 年执政就此黯然结束。

1969 年，共和党人尼克松就任新一届美国总统。即位之初，美国

沉浮

财政赤字急剧上升，通货膨胀恶性发展，尼克松提出了"新经济政策"，但收效甚微，想靠扩大侵略印度支那战争实现从越南"体面"撤退也未能奏效，被迫于 1973 年在关于印度支那问题的《巴黎协定》上签字。为了保持日益衰落的霸权地位，尼克松又提出了一套称为"尼克松主义"的主张，以适应美国争霸全球又力不从心的现实。同时，尼克松着手实现与中华人民共和国关系正常化，并亲自访华，签署了中美两国上海公报。1973 年尼克松获得连任，但因发生"水门事件"，被迫于 1974 年 8 月辞职，副总统福特接任总统。

1976 年美国大选，民主党推出的候选人卡特获胜。卡特上台时，美国还处在战后第六次经济危机中，经济停滞与通货膨胀相交织。卡特政府尽管采取了种种对策，但难以扭转政府开支越来越大，纳税人负担越来越重，经济停滞不前的局面。在这种情况下，垄断资产阶级急于改变现状，并适应群众要求变革的心理，支持共和党里根上台，组织政府。

1981 年至 1988 年里根就任两届美国总统。里根是一个典型的保守主义右派，他不主张政府大包大揽福利社会，对很多进步的政策也缺乏兴趣，不过里根执政时期实行自由企业制度，削减政府开支，平衡预算，减轻税负，美国经济得以强势反弹。除此之外，里根对苏联采取强硬手段，迫使苏联玩了一场无力支撑的军备竞赛。最终，冷战以苏联的解体而告终。振兴经济，对外强硬，这是民主党花了许多年时间都做不到的事情，而保守的里根却做到了。里根执政的这些年，被称为美国"充满活力的 80 年代"。

1989 年共和党人乔治·赫伯特·沃克·布什（老布什）执政。老布什政府的内政可谓平平，失业人数居高不下，政府赤字持续增加，但外交却十分活跃，老布什提出了"超越遏制"战略，并在 1991 年对伊拉克发起了"沙漠风暴"军事行动，该行动获得胜利。老布什利用冷战

八、美国民主党与共和党："驴象之争"两巨头

后美国的有利地位，以海湾危机为契机，提出了旨在维护美国"主宰"地位的"世界新秩序"主张，企图按照美国的价值观，在全球推进和巩固所谓的"自由"与"民主"，但收效甚微。

1992 年美国举行新一届总统大选，民主党推出的候选人克林顿击败了共和党候选人在任总统老布什，克林顿的当选使民主党夺回了已失去 12 年之久的总统宝座。4 年后克林顿又成功连任。克林顿任职期间，发起了大规模财政改革，增加税收，精简政府机构，减少国防开支，效果比较明显。1992 年美国的财政赤字是 2900 亿美元，到 1997 年财政赤字降至 220 亿美元，2000 年也就是克林顿 8 年任期的最后一年，财政竟然盈余 2000 多亿美元。这一年也被公认为美国经济最好的一年。

也是在 2000 年，美国进行了一场号称历史上最曲折的大选，也是唯一一次递交到最高法院判决的大选。历经 36 天的计票风波，共和党候选人乔治·沃克·布什（小布什）终于击败民主党候选人戈尔，拿到了入住白宫的钥匙。小布什前后执政 8 年时间，任期内，由于遭遇 2001 年 "9·11" 事件，先后发动了阿富汗战争与伊拉克战争，没有想到这两场所谓的反恐怖战争都成了劳民伤财的拉锯战。连年的战争投入，使得国家经济倒退，民众苦不堪言，再加上 2008 年金融危机爆发，共和党威信大幅下降。

正是在这一背景下，民主党候选人奥巴马在 2008 年美国总统大选中，轻松战胜共和党候选人麦凯恩，奥巴马也成为美国历史上首位非洲裔总统。奥巴马执政 8 年，成功地让美国经济从衰退走向复苏，还创造了大量就业岗位，使美国家庭年收入在 2016 年创下美国历史上最大增幅，他所进行的医疗改革，让至少 5000 万人享受到了"免费"医保。在外交上，奥巴马成功推动与古巴关系正常化，并与伊朗达成核协议，还与近 200 个国家一道签署了应对气候变化的《巴黎协定》。在军事上，实施"亚太再平衡"战略，加强在亚太地区的军事部署，增加对台军

售，企图进一步遏制中国的发展。

按说，奥巴马执政时期的表现足以让美国民众对民主党很有好感，但没有想到的是在 2016 年总统大选中，那个"看上去怎么都不能当总统"的共和党候选人特朗普居然战胜了民主党候选人、前国务卿希拉里·克林顿。特朗普以"美国优先"为宗旨，坚持经济民族主义和外交单边主义，推行强硬贸易政策，加大外交军事布局，放松金融监管，屡屡挑战美国自身的民主与法治体制，加剧了美国政治与社会分裂，激化了美国种族歧视，并使美国与其主要盟友的关系变得紧张。同时，对中国采取疯狂的贸易战、科技战、外交战、媒体战和人才战，颠覆了市场开放、自由竞争等基本的国际机制与规则，造成了国际秩序的紧张与倒退。特朗普也是美国历史上唯一一个被国会弹劾两次的美国总统。

2020 年，新的一轮美国大选举行。代表共和党参选的是 74 岁的在任总统特朗普，代表民主党参选的是 78 岁的奥巴马政府时期的副总统拜登，结果拜登战胜了特朗普。但特朗普声称大选有"舞弊"行为，迟迟不承认败选，他的支持者还在 2021 年 1 月 6 日冲击国会山大厦，使美式民主弊端暴露无遗。拜登内政和外交经验丰富，他在竞选时提出了比较温和的执政政策，如政治上推动修复、重振国内民主制度，强化民主同盟；经济上，反对贸易战，维护多边贸易协定等。但由于民主党和共和党两党对立加深、阿富汗撤军、病毒变异、通货膨胀等因素影响，拜登上台以来的两大目标——抗疫与团结，双双落空，其支持率不断走低。

总之，从 1861 年到 2021 年的 160 年中，前 80 年即 1861 年至 1941 年，共和党人当总统 56 年，民主党人当总统 24 年，共和党执政时间比民主党多 32 年，是这一时期美国政坛上最有影响的政党；后 80 年即 1941 年至 2021 年，共和党人当总统 40 年，民主党人当总统 40 年，两党执政时间相等。这充分说明，民主党、共和党这两大政党的确是通过

八、美国民主党与共和党："驴象之争"两巨头

竞选总统而轮流执政的。而这两大政党轮流执政的历史，就是美国资产阶级有意识地交替运用这两只手，借以维护美国的社会制度和经济制度，保持美国传统的核心价值观，捍卫美国的国家利益的历史。

奥秘探寻：两大政党解码

美国民主党于 1840 年正式命名，共和党于 1854 年正式成立，这两大政党从正式形成至今已经历了一个多世纪的风风雨雨。100 多年来，这两大政党作为资产阶级实现其统治的工具，作为美国整个资产阶级民主制度的一个重要环节，随着资本主义生产方式统治地位的确立而形成，随着资本主义在美国的发展而发展，又随着自由资本主义发展到垄断资本主义、国家垄断资本主义而刷新。今天，世界之变、时代之变、历史之变正以前所未有的方式展开，国际力量对比发生了极其重大变化。美国国内矛盾重重，政治恶斗、社会撕裂、贫富悬殊问题突出，制度失灵、政府失信、民众失望困局难解。但这两大政党依旧地位稳固，仍然活跃在政治舞台上，仍然扮演着极其重要的角色，而且这两大政党势均力敌的态势短期也不会改变。为什么会如此？其中的奥秘值得我们去探寻与思考。

奥秘之一：选举制度的独特设计，是两大政党垄断权力的前提条件

美国民主党、共和党能够长期垄断权力，与美国政治体制，特别是选举制度密切相关。可以说，美国之所以出现迥异于英国、德国、法国等欧洲国家的两极垄断型两党制，直接原因就在于选举制度的设计。

众所周知，美国总统选举不是直接选举而是间接选举，美国总统虽然表面上看是选民投票产生，但实际上选民并不是直接选举总统，而是由各州及华盛顿特区选举人团选举产生。全国选举人团成员（也称选举人）共 538 人，是参议员（100 名）、众议员（435 名）、华盛顿特区代

沉 浮

表（3名）的总数。参议员按州分配，50州每州2名；众议员按人口产生，50多万人选出1名。如纽约州约有1600多万人口，相对应的有31名众议员，再加上2名参议员，总共有33张选举人票。除缅因州和内布拉斯加州外（这两个州有2张选举人票由该州普选得票最多者获得，余下的2到3张选举人票分别由对应的2到3个国会选区内普选得票最多者获得），任何一个总统候选人如果赢得了这个州普选的多数人投票，哪怕只是微弱多数，即可赢得该州的全部选举人票。这被称为"赢者通吃"。而候选人在各州赢得的选举人票累计超过538票的一半（270票），就可当选总统。鉴于只有民主党、共和党这两大政党的候选人才有机会在各州及特定选区成为普选得票最多者，这种"赢者通吃"的选举制度安排极其有利于这两大政党。也就是说，这两大政党之外的第三党或者独立候选人即使在每个州及特定选区均能赢得20％的普选票，赢得的选举人票也可能为零。如在1992年总统选举中，第三党候选人罗斯·佩罗虽然在全国范围内获得19％的普选票，但在538张选举人票中连1张也没有获得。

美国国会和州议会议员的选举采取的是单一代表选区制，也同样对民主党、共和党有利。所谓单一代表选区制，也就是每一个选区对应的国会议员职位仅有一个，只有在该选区得票最多的候选人才能当选国会议员。这种"只取冠军、不计其余"的竞选，基本上断绝了两大政党之外第三党的参政机会。从历届国会选举情况看，与总统选举结果相似，所有单一代表选区最终选出的国会议员往往不是民主党人就是共和党人。如2018年11月的国会中期选举，在联邦参议院100个议席中，共和党占据53席，民主党占据45席，倾向于民主党的独立人士占据2席；在联邦众议院435个议席中，民主党占据235席，共和党占据200席。由此可见，无论是立法还是行政，美国能有效参与联邦权力分配与运行的政党只有民主党、共和党这两大政党。美国从未出现过像英国那

八、美国民主党与共和党："驴象之争"两巨头

样在立法机构拥有相当数量议席的第三党，更没有如德国那样动辄参与组建联合政府的第三党。

而且，联邦政府的选举竞选法和各州的选举法都有利于民主党、共和党这两大政党而不利于第三党。民主党、共和党这两大政党长期掌控政府机构，它们制定了许多有利于自己的选举规定。如1974年制定的《竞选法》规定联邦政府对竞选总统的各政党竞选费实行补助的办法，明确联邦政府可以从"联邦竞选基金"中提供给总统候选人经费资助，但所附加的限制是第三党或独立候选人必须在上届或本届总统选举中赢得5%以上的选票，这样才有资格按照其所得票数与两大政党所得票数的平均数的比例领取资助。这样的资助条件无疑有利于两大政党候选人，因为获得5%的选票不是一般人能做到的，这实际上决定了第三党和独立候选人获得政府财政支持的机会微乎其微。而各州的选举法对于参加竞选的资格的规定也有利于这两大政党，有的州规定将一个新党的名字添加在选票上有复杂的程序，还需要支付一大笔费用。如在2004年大选中，北卡罗来纳州规定，将一个新党的总统候选人添加到州选票上，必须递交一份有58842人签名的请愿书。

此外，与众不同的提名程序又成为第三党发展的一个结构性障碍。美国不仅依赖预选提名各政党的国会和州议员候选人，而且依靠州的预选来选择总统候选人。在这种提名制度下，参加预选的普通选民选出其政党的大选候选人。这种参与式提名程序无疑有利于民主党、共和党这两大政党主宰的选举政治。因为党内的反抗者可以通过公开预选的胜利赢得党内大选提名，而无须组织第三党来增加赢得大选胜利的机会。因此，预选程序能将不同政见者纳入两大政党怀抱之中，使持不同政见者组建第三党失去意义。

奥秘之二：选民阵营的相对稳定，是两大政党轮流执政的关键因素

美国的政治是"以候选人为中心"，而不是"以政党为中心"。正因

沉浮

为如此，美国的政党与其他国家的政党完全不一样，它并非"实体党"，而是"概念党"。美国的政党只是将民众组织起来进行投票，从而实现政府有序更替的一个平台。也就是说，美国政党的产生和发展是与每4年一次的总统竞选紧密联系在一起的，是为4年一次的总统竞选服务的。美国的民主党、共和党这两大政党也是如此，都是以候选人为中心的竞选型政党。

具体地说，这两大政党的组织形式极其松散，无统一党章和党规，入党和退党也无任何手续，只是在选民登记时声明拥护哪个党派即被视为该党党员。对党员的要求只限于希望其拥护和宣传党的主张、在选举中投本党候选人的票，并无其他党纪约束。而且，党内权力结构分散，全国和州及地方党的委员会只是以组织竞选为中心的工作机构，其主要任务是组织竞选、募捐和管理竞选经费。各级组织间的关系也很松散，而且党内无长期固定的政党领袖。党的全国委员会主席不是政党领袖，只是党日常工作的负责人。被推举为总统候选人者或国会政党领袖被视为党的领袖，但其对党员并不是直接领导，而是以领袖身份施加影响，影响力的大小往往因人而异。民主党、共和党这两大政党每4年举行一次全国代表大会，主要议程是通过本党总统和副总统候选人提名，并制定和通过党的政治纲领。这个纲领只是为赢得大选、争夺总统职位的竞选纲领，对本党候选人并无约束力，候选人当选总统后在政策上不必对党组织负责，也不一定按照竞选纲领执政。

不过，尽管民主党、共和党这两大政党无法强化党派意识，尽管约有一半的选民是无党派选民，而且在选举时一个党派的党员可以将选票投给另一个党派的候选人，但自20世纪60年代以来，学术界公认美国民主党与共和党形成了各自稳定的投本党候选人票的选民阵营。一般而言，民主党代表改良势力，相对接近于欧洲的中左翼政党，其选民基础是城市中产阶级、蓝领工人、工会会员、有色人种及少数族群等，其中

八、美国民主党与共和党："驴象之争"两巨头

蓝领工人传统上是民主党的大票仓。共和党代表保守势力，相对接近于欧洲的中右翼政党，其选民基础主要是保守的基督教白人和工农商阶层。

当然，民主党、共和党的选民基础并非一成不变，这两大政党都在努力扩大选民基础。比如，20世纪50年代，非裔美国人在美国人口中只占9%，在选民中仅占5%，其他少数族裔可忽略不计。因此，民主党、共和党都不重视争取少数族裔选民，均以白人选民为主体。20世纪60年代民权运动兴起后，大量非裔美国人获得选举权，民主党开始迎合非裔选民。这又导致南部保守白人抛弃民主党转向共和党，进而造成共和党更加保守化和依赖白人选民。20世纪80年代后，拉美裔和亚裔的移民大量进入美国，共和党对移民的排斥使其进一步疏远少数族裔选民，这些移民逐渐成了民主党的支持者。目前少数族裔人口占美国人口总数的比例已上升到40%，预计到21世纪40年代白人很可能变成少数。这就意味着，民主党的支持者数量每天都在增长。

这些年，种族和民族观念强烈的白人基本上都聚集到了共和党旗下。特朗普曾敏锐地意识到保守白人的民意，采取"加倍下注"的策略。一方面，他利用比以往共和党精英更直白的带有民族主义、种族主义、本土主义色彩的言论来深入动员保守的白人选民。2016年共和党初选数据证明，诉诸白人的种族怨恨是特朗普超越其他16个党内竞争者迅速崛起的首要因素。另一方面，特朗普通过反对全球化、移民、自由贸易和重振制造业来争取经济上受损的白人蓝领。这样，在2016年美国总统大选中，特朗普以微弱多数赢得宾夕法尼亚、密歇根、威斯康星三个传统"蓝"州，从而获得超过半数的选举人票。特朗普的策略取得出人意料的效果，使共和党在白人比例下降、普选票占少数的情况下依然能赢得选举，同时也使共和党沿着过去几十年的方向进一步依赖保守白人选民。由此可见，正是有了相对稳定的选

民阵营，民主党、共和党才能成为美国政坛上的巨无霸，而其他政党很难做到这一点。

奥秘之三：利益集团的资金支持，是两大政党地位稳固的重要保障

毫无疑问，资金对于以民主党、共和党这两大政党为基础的美国政治的顺利运作有着至关重要的影响。一方面，资金是获得选举资格的前提。美国宪法虽规定符合要求的每一个美国人都有机会作为候选人参加竞选，但实质上并非如此。无论是总统还是议员的选举都要耗费巨额资金，如果没有大量资金就不可能竞选任何职位。另一方面，资金是获得选举胜利的保障。在美国任何选举活动都离不开资金的支持，如组建自己的竞选班子需要资金，购买电视、广播、报纸等信息资源并在各地进行巡回演讲向选民推销自己也需要大量资金。这些年来，无论是党内选举还是两大政党竞选，那些能够吸引更多资金的候选人更容易获得提名，也更容易在最后的比拼中获胜，资金已成了民主党、共和党这两大政党得以控制白宫和国会的钥匙。

据统计，在 1988—2008 年的 6 次总统大选中，5 个竞选经费多的候选人入主白宫；在 1998—2008 年的 5 次国会选举中，97% 的众议院和 86% 的参议院席位由开销最多的候选人赢得。到 2012 年，候选人竞选众议院席位通常需要 200 万至 300 万美元，参与参议院选举通常需要 900 万至 1100 万美元[①]。在 2020 年美国大选中，特朗普筹款 6.01 亿美元，拜登筹款 9.52 亿美元并赢得选举。尽管筹款多寡并不直接决定选举成败，但没有筹款或筹款不足都将直接断送候选人的选举进程。正因为如此，民主党、共和党这两大政党为了实现各自政党利益，都大力进行筹金活动，主动向以大财团、大企业公司为主的利益

---

① 〔美〕威廉·多姆霍夫著，杨晓婧译：《谁统治美国？公司富豪的胜利》，外语教学与研究出版社 2017 年版，第 190 页。

八、美国民主党与共和党："驴象之争"两巨头

集团寻求支持。而这些利益集团为了自身的利益考虑，也纷纷向这两大政党"慷慨解囊"。

从历史上看，共和党的后台主要是洛克菲勒、摩根、梅隆、杜邦等东部财团以及西部加利福尼亚财团和中西部财团，民主党的后台主要是洛克菲勒、摩根、波士顿、哈利曼、南部得克萨斯等财团。有的财团如洛克菲勒和摩根，同时是两大政党的后台老板。很长一段时间，美国总统选举是由东部摩根和洛克菲勒财团所操纵。第二次世界大战后初期至20世纪50年代初，民主党杜鲁门当选总统，靠的是摩根财团的支持。共和党艾森豪威尔上台，则是摩根与洛克菲勒两大财团相互争夺又相互妥协的结果。20世纪60年代以来，西部和南部新兴军火财团实力迅速增强，以洛克菲勒和摩根为首的东部财团的地位相对削弱。随后，许多有实力的大企业和富翁也纷纷加入其中，有的给某一个政党投资，有的两大政党都"捐助"。如1996年大选期间，向共和党捐助5.49亿美元的人中，许多是向民主党捐款3.32亿美元的相同的一些富人。

金钱既然能影响总统和议员当选，当然也就能影响他们当选后政策和法律的制定，因为接受捐款的人感到要以某种形式报恩，捐款者也期待某种形式回报。事实也是如此，如1995年1月，美电信集团赞助国会2350万美元，结果在1996年初国会就通过了一项有利于电信业的新电信法。再如1996年美国国会通过的加强制裁古巴的赫尔姆斯—伯顿法案，就是由总部设在迈阿密的古美全国基金会用320万美元拉拢美国政客所致。

近些年，随着竞选经费的急剧增加，民主党、共和党两党候选人更加依赖利益集团的支持，而且有的候选人还把提供巨额捐款的机会当作商品来拍卖，导致竞选中非法政治捐款的丑闻和不正当行为频频发生。而为了维护自身的经济地位和利益，各行各业的利益集团纷纷成立政治行动委员会参与竞选活动，以影响政策的制定。正因为如

沉浮

此，人们把利益集团同政府机构、政党、国会看作美国政治体系中起决定性作用的四个主要方面。当然，这些利益集团一般不会去资助民主党、共和党之外的其他政党候选人，它们知道那些候选人基本上不可能获胜，投资得不到回报。而有了这些利益集团的资助，民主党、共和党掌控的资金更加雄厚，更容易在选举中拔得头筹，其巨无霸地位也就更难撼动。

奥秘之四：政党理念的不断调整，是两大政党稳定发展的内在因素

从总体上看，美国民主党与共和党无本质区别，都是代表占统治地位的资产阶级根本利益的政党。在意识形态上，两大政党都信奉一个主义——资本主义；维护一个制度——资本主义制度；坚持一个基本原则——私有财产不可侵犯原则；宣传一种思想理论——资产阶级政治经济学理论和自由平等学说；固守一种价值观念——以个人主义为核心的资产阶级价值观念和人权观念。但在政党理念方面，两大政党还是有很大区别的。

民主党秉持自由主义的价值观，在经济议题上，主张政府对市场加强干预与调控，主张实行最低工资标准、扩大政府福利；在社会议题上，民主党长期以少数族裔与中下阶层劳动人民的代言人自居，与各地的工会组织等劳动者维权机构形成了牢固的政治联盟，同时不遗余力地推动同性恋、双性恋等少数群体与女性权益的平等化，坚持要求修改或废除赋予所有美国公民拥枪权的美国宪法第二修正案；在宗教议题上，民主党倡导政教分离，认为美国是一个政教分离的国家，反对宗教团体介入政治。共和党则长期坚持基督教传统价值观以及新保守主义，在经济议题上，主张小政府大市场、社会保障系统市场化、减税等；在社会议题方面，共和党长期反对同性恋婚姻合法化，反对人口多元化，主张修改移民法、加强边境审查等来限制外国移民入境；在宗教议题上，共和党维护基督教在美国社会的统治地位，认为美国是基督教的美国，主

八、美国民主党与共和党："驴象之争"两巨头

张基督教在美国应当获得高于其他宗教的地位，甚至共和党内有部分保守派主张修改宪法将基督教确立为美国国教。

但随着社会的发展与赢得选举的需要，民主党、共和党这两大政党在政党理念及战略方针上均进行一定的调整。如民主党总统克林顿在执政的头两年仍实行民主党传统政策，增加政府财政开支，实行增税，扩大社会保障体系等，但在中期选举受挫后，克林顿政府开始推行民主党的自由主义和共和党的保守主义之间的中间路线，节制政府开支，争取平衡预算；签署了停止向社会福利提供联邦津贴的议案。民主党总统奥巴马也同样采取了中间路线。他在位之时提出了3000亿美元的减税政策，其中包括1000亿美元的公司减税。以前民主党只是为中产阶级以下的个人收入减税，大规模为公司减税前所未有。此举无疑为民主党赢得了更多的支持者，为民主党执政奠定了坚实的基础。

在共和党方面，共和党的主导力量是南方的白人保守派，他们历来不重视黑人诉求。但随着民权运动的深入，共和党人意识到，除非做出调整，否则共和党不会得到黑人的支持，共和党将有失去执政的可能性，因此，共和党开始放弃原先的意识形态，重视黑人权益，并采取了若干维护黑人权益的措施。在共和党人尼克松担任总统期间，根据就业领域的歧视现状和黑人民权运动的新特点，提出了旨在增加黑人就业机会的"费城计划"。小布什竞选和担任总统期间，抛弃仅仅依靠白人、男性选民和企业界的共和党"南方传统"，采取争取黑人、底层、贫穷选民和同性恋团体的策略，把民主党的传统核心票源，即黑人、拉美裔美国人、游离选民和其他少数族群作为争取对象。而且在竞选时，他还抛出"有同情心的保守主义"的竞选口号，强调共和党同样支持政府对低收入弱势群体的扶助。特朗普在参加2016年总统选举时还以"铁锈地带"劳工阶层代言人自居，高喊着"关于贸易、税收、移民、外交的每一个决定，都将致力于让美国工人和美国家庭受益"，最终如愿成为

沉 浮

继小布什之后又一位成功入主白宫的共和党人。

由此可见，为了获得更大范围选民尤其是中间选民的支持，民主党、共和党这两大政党在理念上不断调整，呈现出更多的包容性与更大的灵活性，也正因为如此，这两大政党依然能够稳定发展。

不过，近年来美国政党政治又出现了新的发展趋势，其中最显著的趋势就是民主党更加自由化，共和党愈发保守化，民主党代表的"自由派"和共和党代表的"保守派"之间的两极化愈演愈烈，党派裂痕愈难弥合，零和博弈更加突出。尤其是 2017 年特朗普上台后，坚持策动对立、激化矛盾的执政方式，使两党对立逐渐从政策之争演变为身份之争，两党在经济、种族、气候变化、执法以及其他一系列问题上的分歧日益明显。两党的恶斗必然加剧社会撕裂。如在 2020 年美国大选中，美国民众以截然不同的诉求分裂为两个相互对立的群体。一派以居住在市区的少数族裔和白领中产阶级为主，高呼"黑人的命也是命"，反对种族歧视，反对特朗普连任；一派以信奉基督教的郊区白人为主，支持"法律与秩序"，拥护特朗普连任，双方还在美国各地爆发激烈的对抗与冲突。2021 年 1 月 6 日发生的"占领国会山"事件，其实质就是美国民众对宪法、政治体制和治理制度的国家认同发生了巨大分裂。不少美国民众对两党恶斗感到厌倦。据盖洛普公司 2021 年 2 月发布的民调数据显示，62％的美国人指称民主党、共和党这两大政党已经无法代表民众意见，企望第三个主要政党出现。① 因此，民主党、共和党这两大政党何去何从，现在下结论还为时尚早。

总之，一个国家政党的形成与其政党制度的特点，是与这个国家的历史传统、文化背景、社会性质、政治制度紧密相连的。不能离开阶级

---

① Jeffrey M. Jones. Support for Third U. S. Political Party at High Point. （2021—02—15）（2021—02—18）. https：//news. gallup. com/poll/329639/support-third-political-party-high-point. aspx.

八、美国民主党与共和党："驴象之争"两巨头

性质来抽象地看待一个政党和一种政党制度的优劣。不同的国情，不同的社会，产生不同的政党与政党制度。任何企图机械照搬别国政党制度的想法都是错误的。当然，他山之石，可以攻玉。美国民主党、共和党这两大政党在政党制度的健全、选民阵营的稳固、政党理念的调整等方面，也有不少可供我们借鉴的东西。这正是我们对美国两大政党进行比较研究的目的之一。

主要参考书目

1. 《马克思恩格斯选集》第 1—4 卷，人民出版社 1995 年版。

2. 《毛泽东选集》第 1—4 卷，人民出版社 1991 年版。

3. 《毛泽东文集》第 3 卷，人民出版社 1996 年版。

4. 《毛泽东早期文稿》，湖南出版社 1990 年版。

5. 《邓小平文选》第 1—2 卷，人民出版社 1994 年版。

6. 《邓小平文选》第 3 卷，人民出版社 1993 年版。

7. 《江泽民文选》第 1—3 卷，人民出版社 2006 年版。

8. 《十八大以来重要文献选编》（上），中央文献出版社 2014 年版。

9. 王长江主编：《世界政党比较概论》，中共中央党校出版社 2003 年版。

10. 王长江：《现代政党执政规律研究》，上海人民出版社 2002 年版。

11. 王长江、姜跃主编：《世界执政党兴衰史鉴》，中共中央党校出版社 2005 年版。

12. 赵晓呼：《政党论》，天津人民出版社 2002 年版。

13. 李吟、张树森主编：《不比不知道——九十年政党之比较》，人民武警出版社 2011 年版。

14. 陈其人、王邦左、谭君久：《美国两党制剖析》，商务印书馆 1984 年版。

15. 林承节：《印度史》，人民出版社 2004 年版。

16. 林承节：《印度近现代史》，北京大学出版社 1995 年版。

17. 〔美〕塞缪尔·亨廷顿著，周琪、刘绯、张立平、王圆译：《文明的冲突与世界秩序的重建》，新华出版社 1998 年版。

18. 〔印度〕贾瓦哈拉尔·尼赫鲁著，齐文译：《印度的发现》，世界知识出版社 1958 年版。

19. 王丽：《国大党的兴衰与印度政党政治的发展》，厦门大学出版社 2014 年版。

20. 张仲礼：《中国近代经济史论著选译》，上海社会科学院出版社 1987 年版。

21. 张世鹏译，殷叙彝校：《德国社会民主党纲领汇编》，北京大学出版社 2005 年版。

22. 〔德〕汉斯—乌尔里希·韦勒著，邢来顺译：《德意志帝国》，青海人民出版社 2009 年版。

23. 〔德〕苏姗·米勒、海因里希·波特霍夫著，刘敬钦等译：《德国社会民主党简史 1848—1983》，求实出版社 1984 年版。

24. 〔英〕唐纳德·萨松著，姜辉、于海青、庞晓明译：《欧洲社会主义百年史》（上册），社会科学文献出版社 2008 年版。

25. 〔德〕弗朗茨·瓦尔特著，张文红译：《德国社会民主党：从无产阶级到新中间》，重庆出版社 2008 年版。

26. 张契尼、潘其昌：《当代西欧社会民主党》，东方出版社 1987 年版。

27. 〔联邦德国〕弗里德里希·菲尔斯滕贝格著，黄传杰等译：《德意志联邦共和国社会结构》，上海译文出版社 1987 年版。

28. 〔德〕托马斯·迈尔著，殷叙彝译：《社会民主主义导论》，中央编译出版社 1996 年版。

29. 〔英〕威廉·佩特森、阿拉斯泰尔·托马斯主编，林幼琪等译：

《西欧社会民主党》，上海译文出版社 1982 年版。

30. 高峰、时红编译：《瑞典社会民主主义模式：述评与文献》，中央编译出版社 2009 年版。

31. 黄安淼、张小劲主编：《瑞典模式初探》，黑龙江人民出版社 1988 年版。

32.〔英〕亨利·佩林著，江南造船厂业余学校英语翻译小组译：《英国工党简史》，上海人民出版社 1971 年版。

33. 刘建飞：《布莱尔》，当代世界出版社 1997 年版。

34.〔苏〕米列伊科夫斯基著，叶林等译：《第二次世界大战后的英国经济与政治》，世界知识出版社 1960 年版。

35.〔英〕托尼·布莱尔著，曹振寰等译：《新英国：我对一个年轻国家的展望》，世界知识出版社 1998 年版。

36. 中国银行股份有限公司、社会科学文献出版社：《文化中行——"一带一路"国别文化手册·印度》，社会科学文献出版社 2016 年版。

37. 费新录：《法国共产党的兴衰之路》，人民出版社 2008 年版。

38. 肖枫主编：《社会主义向何处去——冷战后世界社会主义运动大扫描》，当代世界出版社 1999 年版。

后 记

一路奋斗，一路辉煌，中国共产党走过了一百多年的岁月。党的创造力、凝聚力、战斗力显著增强，党的团结统一更加巩固，党群关系明显改善，许多长期想解决而没有解决的难题得到解决，许多过去想办而没有办成的大事得以办成。

同样，这100多年间，世界上那些党龄超过百年的老党、大党也发生了许多新变化。有的由执政党沦为在野党，有的正在重整旗鼓、继续奋斗，有的则日趋边缘化，影响力大不如前。

正因为如此，我们觉得很有必要对党龄超过百年的老党、大党进行比较。这些老党、大党在其兴衰沉浮的过程中，留下了许多经验教训。虽然每个政党的经验教训是其特殊社会历史环境的产物，但不可否认的是这些经验教训，具有一定的普遍意义。

对于迈过百年门槛的中国共产党而言，学习与汲取这些老党、大党的经验与教训，无疑十分重要。毕竟他山之石，可以攻玉。我们对党龄超过百年的老党、大党进行比较，就是让读者在比较中，感悟中国共产党为什么"能"、马克思主义为什么"行"、中国特色社会主义为什么"好"，在比较中进一步坚定坚决听党话、铁心跟党走的信念信心，进一步激发在中国共产党的领导下，实现中华民族伟大复兴中国梦的强大动力。

本书由国防大学政治学院江波教授担任主编，参加编写的人员有：国防大学政治学院任龙教授（撰写第五部分）、冯宪书教授（撰写第三部分）、邹丽娜副教授（撰写第七部分）、郑愉副教授（撰写第六部分）。江波教授撰写引言及第一、二、四、八部分，并负责全书统稿工作。

在编写过程中，我们力求多角度展示与揭示党龄超过百年的老党、大党的兴衰历程与经验教训，做到理论与实际的结合，学术性与可读性的结合。但由于编者能力水平有限，受编者研究方向和资料收集困难等各种条件限制，肯定存在不完善之处，有的历史也超过百年的政党没有在本书中展开研究，书中的分析启示仅代表编者的学术研究观点，也尚待商榷。在此，诚恳希望专家和广大读者批评指正。

需要说明的是，本书在编写过程中，参考了大量资料与书籍，其中主要参考书目已附在书后。谨向这些书的作者、编者及出版单位表示感谢。本书的编写得到了国防大学政治学院和武警部队政工部原副主任李吟等领导和专家们的支持、关心与帮助，中共中央党校（国家行政学院）党的建设教研部世界政党比较研究室赵绪生主任和国防大学政治学院高民政、任志江、张增孝教授对书稿进行了认真审读修订，中共中央党校出版社的领导和老师对本书进行了精心编辑，在此一并表示衷心感谢。

编　者

2023 年 1 月于上海